DIOS TE BUSCA EMPLEO

OTROS LIBROS DE REGINA BRETT

Dios nunca parpadea:
50 lecciones para las pequeñas vueltas de la vida

Tú puedes ser el milagro:
50 lecciones para hacer posible lo imposible

DIOS TE BUSCA EMPLEO

50 lecciones para encontrar
un trabajo que te haga feliz

Regina Brett

Título original: *God Is Always Hiring*

Traducción: Alejandra Ramos
Diseño de portada: Liz Batta
Imagen de portada: Alma Núñez y Miguel Ángel Chávez / Grupo Pictograma Ilustradores

© 2015, Regina Brett
Esta edición ha sido publicada mediante acuerdo con Grand Central Publishing, Nueva York, NY, Estados Unidos. All rights reserved.

Derechos exclusivos en español para España y Latinoamérica, y no exclusivos para Estados Unidos y Puerto Rico

© 2015, Editorial Planeta Mexicana, S.A. de C.V.
Bajo el sello editorial DIANA M.R.
Avenida Presidente Masarik núm. 111, Piso 2
Colonia Polanco V Sección
Deleg. Miguel Hidalgo
C.P. 11560, México, D.F.
www.planetadelibros.com.mx

Primera edición: mayo de 2015
ISBN: 978-607-07-2768-9

Un agradecimiento especial por los siguientes permisos:
Las columnas que originalmente aparecieron en el *Plain Dealer* se reimprimen con permiso de Plain Dealer Publishing, Co. El *Plain Dealer* tiene los derechos de copyright de las columnas escritas por Regina Brett, del año 2000 al 2009. Todos los derechos reservados.

Las columnas que originalmente aparecieron en el *Beacon Journal* se reimprimen con permiso de Beacon Journal Publishing Co., Inc. El *Beacon Journal* tiene los derechos de copyright de las columnas escritas por Regina Brett, desde el año 1994 al 2000. Todos los derechos reservados.

No se permite la reproducción total o parcial de este libro ni su incorporación a un sistema informático, ni su transmisión en cualquier forma o por cualquier medio, sea éste electrónico, mecánico, por fotocopia, por grabación u otros métodos, sin el permiso previo y por escrito de los titulares del *copyright*.
    La infracción de los derechos mencionados puede ser constitutiva de delito contra la propiedad intelectual (Arts. 229 y siguientes de la Ley Federal de Derechos de Autor y Arts. 424 y siguientes del Código Penal).

Impreso en los talleres de Litográfica Ingramex, S.A. de C.V.
Centeno núm. 162-1, colonia Granjas Esmeralda, México, D.F.

Impreso y hecho en México – *Printed and made in Mexico*

*Para Bruce, mi esposo, mi porrista,
mi novio por siempre*

Contenido

Introducción 15

Las cincuenta lecciones *17*

Lección 1   Cuando no consigues lo que quieres, obtienes algo mejor: experiencia *19*

Lección 2   Todo cambia cuando tú cambias *26*

Lección 3   Esconder tus talentos les impedirá crecer *33*

Lección 4   El nombre que te den es una cosa, el nombre al que tú respondas es algo muy distinto *39*

Lección 5   En este drama de la vida no hay papeles secundarios *44*

Lección 6   Dales a otros una segunda oportunidad de darte una primera impresión *49*

Lección 7   Todos los empleos son tan mágicos como tú quieras que sean *55*

Lección 8   Hay tiempo para todo, pero no siempre al mismo tiempo *60*

Lección 9	Sólo tú puedes definir cuánto vales *68*
Lección 10	Incluso los errores son pertinentes *75*
Lección 11	Si vas a dudar de algo, que sea de tus dudas *80*
Lección 12	A veces el empleo que quieres es el que ya tienes *85*
Lección 13	Casi siempre, la única persona que se interpone en tu camino eres tú mismo *92*
Lección 14	Dios continúa hablando *97*
Lección 15	Haz que la vida de este mundo sea apacible *103*
Lección 16	A veces tu misión se revela momento a momento *109*
Lección 17	Cuando las cosas se destruyen, en realidad podrían estarse construyendo *115*
Lección 18	Cuando fracases, hazlo hacia adelante *121*
Lección 19	Lo que define tu destino son tus elecciones, no sólo la suerte *127*
Lección 20	No se trata de lo que puedes hacer tú, sino de lo que Dios puede hacer a través de ti *133*
Lección 21	En lugar de tratar de ser el mejor del mundo, sé el mejor *para* el mundo *139*
Lección 22	Si puedes ayudar a alguien, hazlo; si puedes herir a alguien, no lo hagas *145*

Lección 23	Es importante que sepas cuáles son tus poderes y cuál es tu kriptonita *152*	
Lección 24	Dios completa tu trabajo *158*	
Lección 25	No todo lo que cuenta se puede contar *164*	
Lección 26	No confundas tu trabajo con tu valor *171*	
Lección 27	Prepara el camino para la persona que viene después de ti *177*	
Lección 28	Que alguien no esté en tu camino no significa que esté perdido *183*	
Lección 29	Expande tu zona de confort para que otros estén más cómodos *189*	
Lección 30	En el yate no se lloriquea *194*	
Lección 31	Nadie puede drenarte sin tu permiso *199*	
Lección 32	En la vida hay otras cosas además de vivir más rápido *207*	
Lección 33	En lugar de planear una vida mejor, comienza a vivirla *211*	
Lección 34	El mundo necesita gente completamente viva *216*	
Lección 35	Lo mejor que puedes hacer con tu vida es amar *222*	

Lección 36	Para descubrir quién eres, deja ir a quien no eres	229
Lección 37	Primero céntrate, luego actúa	236
Lección 38	Esa pequeña e inmóvil voz en tu interior es el jefe al que más importa responderle	243
Lección 39	El poder se construye desde tu interior	249
Lección 40	Dar inicio a tu vida depende de ti	254
Lección 41	Las cosas no te suceden a ti, suceden para ti y para los otros	260
Lección 42	No mueras sin dejar salir la música que hay en ti	267
Lección 43	Nada de lo que quieres está a contracorriente, así que deja de batallar	273
Lección 44	Crea una zona de grandeza justo en donde estás	279
Lección 45	Aunque te sientas invisible, tu trabajo se nota	285
Lección 46	La vida te la ganas con lo que recibes, pero la construyes con lo que entregas	291
Lección 47	Sé el héroe de alguien	298
Lección 48	Para que el trabajo en red funcione, todos tenemos que ser parte de la red	304

Lección 49   Si no quieres arrepentirte al final de tu vida,
no te arrepientas al final de cada día *311*

Lección 50   Encuentra tu grial. Sé quien Dios
quiere que seas: así incendiarás el mundo *316*

Agradecimientos 323

Acerca de la autora 327

Introducción

En los últimos cinco años he tenido el gusto de hablar frente a miles de personas en incontables apariciones y firmas de libros, y la pregunta que con más frecuencia me hacen, es: ¿De qué va a tratar tu próximo libro?

Entonces le digo al público que quiero escribir un libro para ayudarle a la gente a encontrar más significado y pasión en su trabajo y su vida, y todos se emocionan y quieren leer *ese* libro de inmediato.

Así que aquí está.

Dios te busca empleo es una colección de ensayos inspiradores, historias y columnas con lecciones para ayudarle a la gente a ver su trabajo y su vida desde una nueva perspectiva.

También es para gente que ya no ama su trabajo.

Para gente que ama su trabajo pero quiere encontrar mayor significado fuera de éste, es decir, en todo lo demás que forma parte de su vida.

Es para gente que está desempleada, que tiene un empleo inferior al que merece, o que tiene empleo pero es infeliz en él.

Es para gente que se ha descarrilado de forma temporal o permanente.

Para gente que se acaba de graduar, que va a ingresar al mundo laboral y quiere saber qué escribirá en ese cuaderno nuevo que tiene.

Es para la gente que ya se retiró o no puede seguir trabajando y quiere llevar una vida con mayor significado.

Es para quienes aman tanto lo que hacen, que desean inspirar a otros para que encuentren su pasión en la vida.

Es para gente como yo que, en algún momento se sintió extraviada y deambuló sin dirección a lo largo de un camino incierto que finalmente la llevó al lugar perfecto de su vida. Porque yo creo que hay un lugar idóneo para cada quien, pero tenemos que encontrarlo o, en todo caso, relajarnos y permitir que él nos encuentre a nosotros.

Escribí este libro para ayudarte a encontrar el empleo que amas y a crear la vida que sueñas, con base en ese empleo. Independientemente de quién sea tu jefe, de a cuánto ascienda tu ingreso o de lo que pase en la economía, tú tienes la capacidad de hacer crecer, enriquecer y profundizar tu vida y la de los demás.

Estas lecciones son producto de mi experiencia durante dieciocho años como madre soltera, desde mi perspectiva como superviviente del cáncer de mama, de las vidas de otras personas que he conocido en mis distintos empleos, y de mis veintinueve años de trabajo como periodista. Tengo la esperanza de que estas lecciones te ayuden a salir de la cama por la mañana con un salto, a disfrutar de la vigorización que ofrece la hora de la comida, a sentirte consentido en la noche, o que, simplemente, le den a tu vida una sacudida, una chispa que haga que tu labor y tu existencia importen.

LAS CINCUENTA LECCIONES

LECCIÓN 1

Cuando no consigues lo que quieres, obtienes algo mejor: experiencia

La mayoría de la currícula no menciona los caminos pedregosos por los que te lleva la vida ni la forma en que se han referido a ti otras personas. Todos embellecemos nuestro currículum, cambiamos el nombre de los empleos que hemos tenido y nos deshacemos de la información de lo que nos habría gustado no vivir.

Mi currículum, por ejemplo, solía cambiar cada seis meses. Al principio de mi vida, un semestre era lo máximo que duraba en cada trabajo. Seis meses. Claro, eso se debía a que yo era como una obra en construcción, aunque en realidad no me estaba construyendo mucho que digamos.

La canción «Take This Job and Shove It», era la banda sonora de mi vida, aunque también había otras canciones country con las que me identificaba, como «It's Five O'Clock Somewhere», que describe el momento en que el jefe te presiona hasta el límite y a ti te dan ganas de recordarle a su familia pero prefieres dar por terminada la jornada. Un día, sin embargo, no lo hice. Sólo renuncié a mi empleo de mesera y salí hecha un energúmeno del restaurante. Me dirigí directamente a la salida y ni siquiera me detuve para vaciar mi frasco de propinas.

Algunas personas suben por la escalera del éxito. Yo pasé caminando por debajo. Durante años me pareció que no tenía suerte, y que la poca que me llegaba era mala. Mi primera jefa fue una verdadera perra. Hablo en serio: era una caniche llamada Mam'selle y vivía en el departamento de junto. El primer empleo por el que me pagaron consistió en sacar a pasear al perro de la vecina. Mam'selle llevaba las uñas pintadas con un brillante barniz de uñas color rojo y usaba moño. Después de pasear un largo rato a aquella esponjada bola blanca, la señorita finalmente hacía sus necesidades. Entonces yo la llevaba de vuelta a casa y la dueña levantaba la colita en forma de hisopo esponjado de su pequeña caniche.

«¡¿No... la... limpiaste?!», preguntaba boquiabierta.

Y te juro que Mam'selle me lanzaba una mirada maligna. No duré mucho en ese empleo porque tenía la idea de que me habían contratado para pasear un perro, no para limpiarle el trasero.

Mi siguiente empleo fue como asistente personal en un teatro que ofrecía espectáculos con cena, recientemente inaugurado. El jefe me mantenía ocupadísima limpiando los camerinos y los baños. Yo estaba en la preparatoria y no llegaba a casa sino hasta después de medianoche. Mis padres hicieron que me corrieran de aquel trabajo. Entonces subí de nivel y comencé a desempeñarme como cajera en la farmacia Clark's, en donde pasaba la mayor parte del tiempo desempolvando cajas de vitaminas, tratando de simular que estaba ocupada, y evitando que descubrieran que metía barras de caramelo a escondidas. Luego fui mesera en el restaurante familiar Widener's, en donde la gente me dejaba centavitos de propina en medio de charcos de salsa de tomate.

Más adelante trabajé en el hospital de mi zona. Ahí usaba uniforme rosa y una malla para el cabello. Pasaba horas de pie con mis zapatos blancos, sirviendo batido de ciruela pasa para los enfermos, en charolas que se deslizaban sobre una enorme banda transportadora. El gafete de empleado que portaba, me otorgaba el adorable título de Ayudante de Cocina, pero en mi currículum escribí Asistente dietético. Todavía conservo la malla para el cabello y el gafete de identificación. Están pegados en mi libro de recortes porque quiero recordar aquellos días en que trabajaba de 6:00 a.m. a 3:00 p.m. en el cuarto de lavado de platos, regando con una manguera las charolas y platos en los que los enfermos sangraban y vomitaban. Ni siquiera estoy segura de haber usado guantes protectores.

Luego trabajé algún tiempo como secretaria. Fue en la era a.C., o sea, antes de las Computadoras. En aquel entonces, si lograbas que te dieran una máquina de escribir IBM Selectric con cinta correctora, ya podías considerarte bastante afortunado. Yo siempre tenía las manos manchadas de tinta porque me la pasaba batallando con el papel carbón. Solía ser una maga con el corrector. De hecho me sorprende que mi jefe nunca me haya encontrado desmayada sobre el teclado, intoxicada por los vapores químicos. Odiaba ese empleo. Un día pasé toda la mañana mecanografiando una carta de tres páginas que, posteriormente, mi jefe me regresó con enormes círculos de tinta roja alrededor de las erratas que yo habría podido nada más cubrir con corrector blanco, y tuve que volver a mecanografiar todo el maldito documento.

Tuve que desempeñar muchos trabajos antes de darme cuenta de que quería algo más que un empleo. Un empleo es una labor que uno realiza para poder cubrir sus gastos. Es un lugar en donde te penalizan si llegas cinco minutos tarde, sin importar si te retrasaste porque te detuviste a ayudar a una persona cuyo auto se descompuso. Un empleo es un lugar a donde llamas y te reportas enfermo para tener tiempo de buscar un empleo mejor. Puede ser estable y seguro, pero también es aburrido. Haces lo que te piden y luego vuelves a casa. Te reportas enfermo cada vez que acumulas suficientes pagos por convalecencia porque el lugar en verdad te enferma.

Un empleo es algo que haces para ganarte la vida. Una carrera, en cambio, es algo que haces para construirla. Un empleo es un cheque de nómina. Una carrera, un cheque más jugoso. Una carrera exige educación, capacitación y la disposición para correr riesgos; por eso decidí lanzarme a construir una. En la universidad cambié seis veces mi especialidad: de biología a botánica, a conservación, a inglés, a relaciones públicas y, finalmente, a periodismo. La Universidad Kent State fue misericordiosa conmigo y aplicó su política académica de perdón en mi promedio cuando reprobé química y también saqué varias calificaciones reprobatorias en zoología y psicología infantil. Me tomó doce años obtener un título de cuatro porque me tomé algún tiempo para trabajar y criar a mi hija. Entré a la universidad en 1974 pero no me gradué sino hasta 1986, cuando ya tenía treinta años. Luego llegó el momento de especializarme en periodismo y encontrar mi misión en la vida.

En aquel tiempo pensaba que sólo la gente como la Madre Teresa y Gandhi tenían una misión, pero no es así, todos la tenemos. ¿Cómo puedes encontrar la tuya? Escucha a tu vida.

¿Qué significan todos esos empleos que parecen callejón sin salida? Sencillamente no existen. En la economía de Dios no se desaprovecha nada; los puntos se conectan con el tiempo. Cuando era niña amaba esos libros para colorear que tenían imágenes que se iban formando conforme unías los puntos. Cada punto tenía un número, y eso hacía que fuera más sencillo descubrir la imagen final. En la vida real, sin embargo, los puntos no están numerados.

Por muchos años, mi zigzagueante ruta lució como un camino interrumpido hasta que, un buen día, pude conectar todos los puntos. Es como me dijo una amiga en una ocasión: «Dios escribe derecho, pero con trazos chuecos». Por cierto, me encanta la letra de esa canción de Rascal Flatts que dice: «Dios bendijo el camino roto que me condujo directo a ti». Eso fue lo que sucedió, Dios bendijo mi camino roto y, gracias a eso, nunca estuve perdida. Dios siempre supo dónde me encontraba.

Todos esos empleos que me parecían insignificantes y estúpidos, me enriquecieron muchísimo, pero eso no lo pude ver cuando los desempeñaba. Aquel exiguo cheque de nómina de 200 dólares a la semana, me cegó ante la riqueza de experiencia que estaba obteniendo.

Los empleos que algunas personas consideran «insignificantes», le imbuyeron significado a mi vida. Mi ronda de labores como mesera me enseñó a tener compasión por el ciego que iba todos los miércoles al restaurante por hígado y cebollas, y golpeaba a toda la gente con su bastón blanco para hacerla a un lado, al mismo tiempo que iba gritando su orden.

El empleo en la funeraria me enseñó a consolar a la gente que sufría, para que, años más adelante, cuando llegara a ser periodista, pudiera entrevistar a aquel padre cuyo hijo fue asesinado a balazos cuando regresaba a casa en bicicleta. Trabajar como técnico en emergencias médicas en un lugar en donde la vida se encontraba con la muerte, me enseñó más sobre las fechas límite de lo que pudo haberlo hecho cualquier editor en una sala de prensa.

Cada uno de mis trabajos secretariales me enseñó a mecanografiar mejor y más rápido. De mi empleo como consejera de alcohólicos aprendí a identificar a la gente que me mentía, habilidad que apliqué después, cuando entrevisté a un cliente que estaba en prisión pero no creía que matar a un hombre estando bajo los efectos del alcohol tuviera algo que ver con el problema que tenía con su forma de beber.

Aquel trabajo como empleada en una corte para asuntos viales, en el que tenía que escribir la información de las multas en las listas de casos de la corte, me enseñó a encontrar registros legales, lo cual me sirvió mucho cuando hice la investigación sobre la forma en que un hombre con 32 cargos por manejar ebrio, recuperó su licencia varias veces antes de atropellar y matar a dos universitarios.

Mi empleo como secretaria legal, que implicaba mecanografiar extensos resúmenes, me ayudó a entender el sistema judicial, y cuando escribí sobre un hombre inocente al que habían sentenciado a muerte, mi texto condujo a la modificación de una ley en Ohio para que los fiscales ya no pudieran ocultar evidencia. Después de pasar veinte años en prisión, ese hombre por fin es libre.

Por ahí dicen que «la vida es eso que te sucede cuando tú estás ocupado haciendo otros planes». Y lo mismo pasa con tu currículum: si se lo permites, puede cobrar vida propia. Algunas personas tratan de delinear anticipadamente sus caminos y planear cada paso, pero en la vida real, la vida siempre te regala algo mejor. Un callejón sin salida es en realidad una desviación a una nueva ruta que jamás planeaste tomar. Cada experiencia enriquece tu vida en el momento, o más adelante. Sin darme cuenta, cada uno de los empleos que toleré me preparó para realizar un trabajo que ahora celebro y hago con gusto.

Cuando tu vida está echando raíces, no siempre es posible apreciar el crecimiento. Si eres de ese tipo de personas que se sienten perdidas, alégrate porque, estar extraviado podría llevarte precisamente a ese lugar al que la vida planeaba llevarte de todas maneras.

LECCIÓN 2

Todo cambia cuando tú cambias

Aquello era la clave para el futuro o un trato con el diablo. Y como no estaba segura de lo que era, tampoco sabía qué hacer con el documento que tenía en las manos.

A los veintidós años ya me había convertido en un parásito que vivía de sus padres. No tenía empleo ni parecía que obtendría uno pronto. Era madre soltera y no podía mantenernos, ni a mí ni a mi hija recién nacida. No era justo que viviera con mis padres para siempre sin pagar renta. Además, todo el tiempo sentía que llevaba una invisible letra «A» de color escarlata. «A» de abominable. Abominable hija. Abominable hermana. Abominable madre.

Había descartado por completo la posibilidad de pedirle ayuda al padre de mi hija porque, antes de que ella naciera, le escribí y le dije que no quería casarme con él. Y claro, no podía cambiar de opinión. ¿Qué tal si me la quitaba? ¿Qué pasaría si un juez dictaminaba que él podría darle una mejor vida que yo?

Después de embarazarme abandoné la universidad y luego renuncié a mi empleo como técnico de emergencias médicas cuando tenía cuatro meses de embarazo. En aquel tiempo las funerarias eran las que se encargaban de los servicios de ambulancias, así que, además de salvar vidas, tenían que hacer visitas a hospitales, asilos y residencias de ancianos para atender los decesos. Levantar cadáveres no era un trabajo glamoroso pero me ayudaba a cubrir mis gastos y, como solíamos decir en broma, nadie se quejaba. Pero cuando me embaracé ya no quise correr el riesgo de lastimarme la espalda o a mi bebé por levantar a gente que pesaba más de 150 kilos. La funeraria no quería pagar un tercer asistente para aligerar el trabajo, así que tuve que renunciar.

No sabía en dónde empezar a buscar mi siguiente empleo. ¿Cómo iba a dejar a mi bebé sola todo el día para trabajar? Sólo me tenía a mí y, si yo me iba, se quedaría completamente sola. Los empleos en las fábricas estaban descartados porque no ofrecían flexibilidad. Trabajar de 7 a.m. a 3 p.m. significaba que mi hija despertaría todos los días para pasarlos con alguien más. El turno de 3 p.m. a 11 p.m. jamás me permitiría acostarla a dormir, y el de 11 p.m. a 7 a.m., significaba que ella jamás dormiría en casa.

Solicité varios empleos pero tenía pocas habilidades. Ni siquiera sabía mecanografiar. Comprarme un auto parecía imposible, así que le pedí a mi padre el suyo prestado. Cuando uno es padre soltero, es difícil soñar solo. Siempre necesitas dinero para cumplir tus sueños, así que, excepto por el hecho de que tenía a mi bebé, podría decir que mi vida estaba en bancarrota. Y así fue como esos documentos terminaron en mis manos.

De manera oficial, al documento se le llamaba «Solicitud de ayuda para niños dependientes», pero en el pequeño pueblo en donde yo vivía, le dábamos el nombre de lo que realmente significaba: que el gobierno te mantuviera. En ese momento debatí internamente sobre qué hacer con aquella forma de 32 páginas. Solicitar ayuda del gobierno parecía mucho más sencillo que encontrar un empleo y una guardería que no me despojara de cada dólar que llegara a ganar. Al recibir la ayuda del gobierno también obtendría atención médica para mí y para mi hija, así que parecía la opción más adecuada y responsable.

Pero cada vez que traté de firmar las formas, algo me lo impidió. Firmar me habría obligado a aceptar legalmente que el hombre con quien la concebí era su padre, para que luego la gente de los servicios sociales pudiera contactarlo y solicitarle una pensión. Pero yo ni siquiera quise escribir su nombre en el certificado de mi hija. A final de cuentas descubrí que no quería firmar la solicitud porque tenía miedo de que si el gobierno me prestaba ayuda, yo jamás sería capaz de liberarme. La ayuda gubernamental es una navaja de doble filo. Comienza como un sustento hacia la libertad, pero se puede convertir en la soga que te mantiene sometido. Cada vez que quieres ganar dinero adicional trabajando, corres el riesgo de perder todas las prestaciones y los servicios de salud.

Si no se cuenta con un automóvil, es muy difícil encontrar empleo en un pueblo pequeño porque no hay autobuses ni metro. Los pueblos carecen de transporte público, así que uno sólo puede viajar por sus propios medios. En pocas palabras, lo que te limita es cuán lejos puedes llegar con tus piecitos para ir al trabajo y regresar a casa. La funeraria en donde solía trabajar estaba a poco más de kilómetro y medio de distancia, así que no era difícil caminar hasta allá. Yo no quería volver a levantar cuerpos, pero la gente de la funeraria me ofreció un empleo en el área administrativa y lo tomé.

Ya estando ahí me enamoré. No del empleo sino del jefe. Mala idea, lo sé, pero la desesperación te puede empujar a hacer cosas extrañas. Puede hacerte ver a un alcohólico iracundo como un príncipe encantador. Me enamoré de todo lo que él tenía: éxito, dinero y felicidad. El jefe tenía una casa hermosa, usaba traje en la oficina, comía con frecuencia en restaurantes y bebía un poco. Bueno, bastante. No, demasiado: perdía el conocimiento, manejaba ebrio y faltaba al trabajo.

Durante los meses que salimos me di a la tarea de rescatarlo porque creía que si lo salvaba a él, también salvaría mi porvenir. Lo haría desearme tanto que ya no querría beber más. Pasábamos horas enteras enfrascados en conversaciones que él nunca recordaba. Hacíamos planes de reunirnos a las 8 p.m., y a las 10 p.m. me llamaba de un bar para avisarme que ya venía en camino. Finalmente aparecía a las 2 a.m, cuando los bares cerraban, pero ya estaba tan borracho que no podía mantenerse de pie y terminaba desmayado en el sillón. Pasado algún tiempo, algunos de mis amigos que sabían sobre Alcohólicos Anónimos me dijeron que tenía que desvincularme del amor, dejar de contar los vasos de alcohol que él bebía, y renunciar a la idea de que algún día cambiaría. Con él no había ningún futuro, pero tampoco sin él. A mí me encantaba su casa. Tenía un rinconcito para desayunar, una enorme terraza y montones de habitaciones para todos los hijos que, en mi imaginación, tendríamos algún día. Increíblemente, antes de que yo pudiera dejar atrás aquella tierra de la fantasía, él terminó conmigo.

Para entonces mi hija ya gateaba. Ella crecía a pesar de que yo me había quedado estancada. Finalmente ahorré suficiente dinero para salirme de la casa de mis padres; me mudé a un departamento a dos cuadras. En ese momento me asustó mucho la idea de depender de mi escaso cheque de nómina para pagar la renta de 210 dólares y los servicios. Además, era la primera vez que vivía sola. Como no fui a la universidad, nunca viví en un dormitorio universitario ni tuve que hacerme cargo de mí misma.

Sin embargo, todas las piezas en las que se quebró mi vida cuando me embaracé, comenzaron a encontrar su lugar en el rompecabezas. Hice amigas nuevas, entre ellas, una mujer que me llevó a un retiro para ayudarme a enderezar el camino. También ahí, un sacerdote me recomendó cambiar el patrón que tenía para relacionarme con los hombres, pero nunca lo hice. Dos semanas después, ya me había vuelto a enamorar.

David medía un metro ochenta y tantos, tenía un Mazda RX-7, usaba ropa de diseñador y no bebía. En el aspecto emocional era un adolescente, igual que yo. Un día apareció con un Corvette modificado y yo manejé a 200 km/h en la carretera. A veces desaparecíamos todo el fin de semana por capricho, y mi mamá se quedaba atrapada en casa cuidando a mi hija.

David me enviaba flores, me compraba ropa y me llevaba de vacaciones. Tenía dinero para gastar como loco. Claro, cuando lo gastaba en mí, todo iba bien, pero si se lo gastaba en algún otro lugar, me enojaba. Lo que yo no sabía era que el dinero no era de él sino de sus padres. Una vez, regresando de vacaciones, la empresa de la tarjeta de crédito envió a alguien a su casa para que destruyera sus tarjetas.

David iba a la universidad pero no tenía que pagarla porque recibía financiamiento del gobierno para estudiar. Y a pesar de ello, se iba de pinta para jugar póquer y andar en motocicleta. Yo trabajaba muchas horas en empleos muy mal pagados. Él conducía un auto de lujo, y yo, un Ford Fiesta anaranjado que compré con 2,300 dólares que ahorré, uno por uno. Lo mantenía armado con cinta de aislar y el sellador para canaletas que mi papá le había aplicado en las ventanas.

¿Cuál era mi futuro? David. Yo quería graduarme, tener una casa y formar una familia, y casándome con él podría lograr todo eso. Cuando nos comprometimos, mi anillo tenía un diamante tan grande como mi fantasía. En ese momento creía tenerlo todo.

Pero lo perdí dos meses después. Mientras yo estaba probándome vestidos de novia, él se acostaba con otras. Tal vez lo único peor después de enterarme de que me engañaba, fue que sucediera en un boliche. David llevaba varios días actuando raro, así que le pregunté sin rodeos, aunque medio en broma: «¿Qué pasa? ¿Me estás engañando?». No me respondió y yo terminé saliendo hecha una furia. Pero luego tomé una decisión. No, no volvería a casa a llorar sola, así que regresé, le grité, incluso lo jalé con fuerza del cuello y le rasgué la camisa de diseñador. David no me agradaba, pero lo peor de todo era que, la persona en que yo me había convertido, me agradaba mucho menos.

Todo terminó. Le devolví el anillo y le dije que me lo volviera a dar cuando me quisiera a mí solamente. Jamás recuperé la joya pero conseguí algo mejor.

Enfurecí. Estaba enojadísima con él y conmigo. Lo suficiente para ponerme las pilas.

Tenía veintiséis años y había llegado el momento de crecer. Cuando terminé con David también terminé con la persona que quería dejar de ser. Había llegado el momento de cambiar mi vida.

Sin David, mi futuro lucía vacío. La única que podía escribir algo en él, era yo. Era momento de asumir el control de mi existencia. Para empezar, le regresé todo lo que había dejado en mi casa, incluso las revistas *Playboy* que dejó escondidas en mi cómoda. Cambié la sexy minifalda y los vestidos negros ajustados que él me compró, por prendas más recatadas y zapatos que pudiera usar en un empleo para comenzar una carrera. Luego conseguí un catálogo de opciones de estudio a nivel superior y lo abrí. No tenía idea de lo que quería ser o hacer, pero de algo estaba segura: quería ser feliz.

Y ahí fue cuando el mundo se abrió. En el momento que decidí cambiar yo, todo cambió en mi vida también. Ya no tenía que *encontrar* a la persona adecuada, sino *llegar a serlo*.

LECCIÓN 3

Esconder tus talentos les impedirá crecer

Un día en la preparatoria hicimos un examen de aptitudes para ver qué seríamos de grandes. Nos reímos mucho de los resultados porque, supuestamente, yo iba a ser terapeuta respiratorio. Según el examen, mi amiga Betsy terminaría conduciendo un camión.

Pero Betsy se volvió enfermera y, al final, yo me convertí en escritora.

¿Quién lo iba a saber?

En algún lugar, en el fondo, nosotras lo sabíamos.

Todos lo sabemos.

Es sólo que nos esforzamos muchísimo para ocultar nuestras pasiones más profundas.

Yo, por ejemplo, hice todo lo que estuvo en mis manos para evitar usar mis talentos. Los enterré lo más profundo que pude y alejé a toda la gente que se acercó a mí con una pala en las manos. Cuando estaba en la preparatoria, mi profesor de inglés, el señor Ricco, nos hacía escribir un párrafo a la semana, pero yo me rehusaba a hacerlo bien. Escribía el mío justo antes de clase y elegía los temas más aburridos posibles para cansarlo, pero sin que yo me diera cuenta, él me llevó al límite y me pulió hasta convertirme en escritora.

A pesar de todo, seguí resistiéndome. Nunca escribí para el periódico de la escuela ni para el anuario, ni tomé clases de creación literaria. Me daba mucho miedo aquello que, en el fondo, deseaba ser con desesperación: escritora. En el fondo, muchos sabemos para qué nacimos, lo que adoraríamos hacer, sin embargo, nos da mucho miedo realizarlo porque sabemos que podríamos fallar, y por eso dejamos nuestros deseos enterrados en nosotros mismos, ahí en donde estarán a salvo porque nadie los tocará. El sueño y el deseo de hacer algo nos parecen mucho más inocuos que actuar y correr el riesgo de fracasar y ser rechazados.

Seguí escribiendo, pero sólo en secreto. Llené diarios y bitácoras. Un día, por valentía o tal vez por ignorancia, dejé que mis hermanas los leyeran y, poco después, cuando me di cuenta de lo que había hecho, tiré los diarios al bote de basura de metal que estaba en el patio trasero y los quemé. Mientras las llamas devoraban mis palabras, sentí que me devoraban a mí.

Las brasas siguieron ardiendo. En la secundaria, cuando leí a Henry David Thoreau, algo creció en mi alma. Fue como si de pronto pudiera respirar con mayor profundidad. Como no tenía dinero para comprarme una copia de *Walden*, copié el texto del libro de la escuela palabra por palabra, comenzando con por qué se adentró en el bosque.

Para evitar escribir, casi terminé viviendo en el bosque. Todos hemos escuchado el dicho, «Si quieres hacer reír a Dios, cuéntale tus planes», pero creo que si los dioses hubiesen bendecido mis planes, habría sido guardia forestal. Estaba demasiado asustada para escribir, así que, cuando le di la espalda a la escritura, me enfoqué en la conservación ambiental. Qué ironía que, más adelante, terminara siendo periodista y llenando con palabras el papel de tantos periódicos y libros. Ahora sólo rezo por que esos guardias forestales puedan preservar suficientes árboles para que yo pueda seguir en este negocio.

Los periódicos me han fascinado desde que gateaba y me sentaba junto a las botas de trabajo con casquillo de metal de mi padre mientras él hundía el rostro en las noticias diarias. Yo fingía leer cualquier sección que él dejara caer al suelo, con curiosidad por lo que hipnotizaba a mi padre tras las largas jornadas de trabajo en las que sólo reparaba techos calientes. Cuando mi madre tenía tiempo de leer —lo cual sucedía rarísima vez porque la vida se le iba en criar a once hijos—, le agradaba echarle un vistazo a la columna de Erma Bombeck. Erma hacía que escribir pareciera cosa fácil. ¡Y lo era! Pero sólo en mi diario, en donde se quedaron mis pensamientos a salvo durante años.

Enterré mis talentos porque tenía miedo de que nunca llegaran a ser buenos. Ignoré el llamado, le dije a Dios incesantemente que no estaba lista hasta que pensé: ¿Qué pasaría si un día Dios dejara de llamarme? Lo más atemorizante, después de que Dios te convoque para que aproveches tus talentos, es que dejes de interesarle y se vaya a otro lado.

La parábola de la biblia sobre los talentos siempre me ha fascinado. Un noble le dio a uno de sus sirvientes cinco talentos, a otro dos, y al último, uno. El tiempo pasó y el hombre con los cinco talentos negoció con ellos y ganó cinco más. El que recibió dos talentos también duplicó lo que tenía, pero el sirviente que sólo tenía un talento tuvo miedo y sólo cavó un agujero en la tierra y escondió el dinero. Cuando el amo regresó, recompensó a los dos primeros sirvientes. El que enterró su talento, regresó la moneda intacta. El noble se enojó. Tomó el talento y corrió al sirviente; luego les dijo a los otros dos hombres: «Quien tenga voluntad recibirá más, tendrá abundancia; ustedes han sido fieles poseyendo poco, por lo que les daré mucho más» (ver Mateo 25).

Cuando eres fiel a lo que recibes, obtienes más. Es por eso que no recibirás más talentos sino hasta que uses los que te fueron otorgados.

Todos tenemos dones, pero algunas personas nunca abren el paquete. Todos tenemos un llamado, una vocación, un talento único y particular, pero tu llamado no siempre tiene que ver con el puesto que ocupas. Tal vez no está escrito en tu tarjeta de presentación, en la descripción de tu empleo ni en tu currículum; lo más probable es que esté escrito en tu corazón. Yo tuve muchos empleos antes de encontrar ese lugar en la vida al que el escritor Frederick Buechner llama «el lugar donde se encuentran tu alegría profunda y el hambre insaciable del mundo».

¿Qué quiere Dios que hagas con los dones que te otorgó? Quiere que los uses, no que los acumules. Cuando los israelitas tuvieron hambre en su camino a la Tierra Prometida, Dios dejó caer maná del cielo. ¡Pan gratis! Sin embargo, la gente tuvo miedo y acumuló el alimento para el día siguiente. El maná se echó a perder porque, claro, Dios quería que tuvieran fe en que los regalos de cada día bastarían.

No acumules. Tienes que usar todo lo que has aprendido, develado y descubierto porque no habrá más. Yo comprendí que mi escritura tenía que vivir más allá de mi habitación, pero, ¿quién querría leerla? ¿Quién la publicaría? ¿Quién la compraría? Bueno, ése no era asunto mío. Era momento de actuar porque, aunque en mis plegarias le decía «sí» a Dios, sin acción que lo respalde, el «sí» no sirve.

¿Cuál es tu llamado? ¿Qué tienes que hacer o ser? La respuesta está en ti, así que, en lugar de llevar a cabo una encuesta entre tus familiares y amigos sobre lo que deberías hacer, indaga en tu paisaje interior y encuentra la interpretación espiritual de tu vida. Dios siempre te lo dice en un murmullo, pero casi todos estamos muy ocupados y hacemos demasiado ruido para escuchar.

Muchos nos pasamos la vida confundidos, pero no es porque no sepamos, sino porque tenemos miedo de enterarnos y de que eso nos obligue a actuar. En una ocasión asistí a una fiesta y escuché a una mujer quejarse de que tenía un montón de opciones para su carrera y no podía decidirse. Y cada vez que alguien le daba un buen consejo, ella lo rechazaba sin pensarlo y decía, «No sé qué hacer». La mujer estaba recibiendo bastante atención por no saber, por parecer impotente.

De pronto sentí un jalón del Espíritu. La miré directamente a los ojos y le pregunté: «¿En verdad *quieres* saber?».

La mujer se quedó asombrada y la gente guardó silencio. Luego me contestó en voz baja, «Sí», y nos dijo a todos exactamente lo que amaba pero le daba miedo hacer.

Alguien me contó esta hermosa historia: antes de llegar al mundo ya poseemos toda la sabiduría que necesitaremos para esta vida y el más allá, pero justo antes de nacer, un ángel se acerca a nosotros y nos toca los labios como para acallarnos. Deja ahí su huella y nos hace olvidar todo lo que sabemos. Luego pasamos el resto de nuestra vida recuperando la información perdida.

A veces coloco mi dedo en mi labio superior, justo en la pequeña muesca en el centro, y trato de escuchar.

Inténtalo. Te recordará que, para escuchar toda la sabiduría que ya posees, debes dejar de hablar.

LECCIÓN 4

El nombre que te den es una cosa, el nombre al que tú respondas es algo muy distinto.

La gente lo hace todo el tiempo, sólo pregúntale a alguien, «¿Qué haces para ganarte la vida?», y en su respuesta, todos agregarán esa espantosa palabra de cuatro letras: Sólo.

«Sólo soy intendente.»

«Sólo soy celador.»

«Sólo soy chofer de autobús.»

«Sólo soy secretaria.»

¿Sólo?

A mí me encanta conocer a esa gente a la gente que le urge decirte cómo se gana la vida, esas personas que les inventan nombres originales a sus empleos y disfrutan de ser quienes son. Como la mujer que pinta uñas y se autodenomina Especialista en Embellecimiento Ungular, el individuo que repara pianos y en su tarjeta se presenta como Director de Tecnología Pianística. El señor del parque de diversiones que repara el carrusel pero se considera Técnico en Atracciones Mecánicas. La persona que limpia la alberca de la ciudad y se presenta como Gerente de Saneamiento Acuático, el agente de seguridad del hotel al que la gente identifica por su título de Director de Prevención de Pérdidas y Daños.

¿Pero qué pasa con el título?

Nada y todo. Depende de cuál sea el título, de quién te lo haya otorgado, y de si te limita o te permite crecer. En lugar de empequeñecer para coincidir con un título, a veces tienes que expandir la caja en que te encuentras y crear un título que coincida con tu crecimiento.

Cuando me contrataron para ser reportera de negocios en el *Beacon Journal*, en Akron, lloré durante todo el trayecto a casa. Quería el salario y las prestaciones del empleo pero no quería ser reportera de negocios. No quería escribir sobre cifras de ventas, reuniones anuales y reportes trimestrales de ganancias porque odiaba los números y ese tipo de información. No coincidían con el mantra que nos imbuyeron en la escuela de periodismo: «¡Destaquen el factor humano!» ¿En dónde estaba lo humano de las listas de acciones del mercado y las estadísticas?

Mi labor consistía en encontrarlo, y eso hice. Escribí noticias de negocios pero también me permití una vertiente alternativa en la que detectaba y hablaba de gente que tenía empleos interesantes. Escribí sobre un limpiador de chimeneas, el chofer de un contenedor de cemento y un piloto de dirigibles. Escribí historias para revistas acerca de trabajadores del tercer turno y granjeros, y seguí de cerca la carrera completa de una mujer en la academia de policía.

Al principio no todo mundo apreció mi pasión pero, por lo general, el trabajo final terminaba gustando bastante. Hay muchos jefes que meten a la gente en una caja y la estigmatizan, pero sin importar en qué caja te metan, tú debes ensancharla. O mejor aún: rompe los costados, tírala al suelo y conviértela en una pizarra en blanco en donde puedas escribir lo que tu quieras.

No preguntes, sólo hazlo. Como dicen por ahí, es más fácil pedir perdón que pedir permiso. Cada mañana antes de ir a trabajar, decide quién quieres ser y luego sal y selo. Depende de ti nada más. Tú eres el único a cargo de construir un currículum, de asignarte un trabajo desafiante o de hacer que tu jornada de nueve a cinco adquiera valor.

Antes de obtener mi trabajo soñado como columnista de un periódico, solía decirle a la gente: «Soy una columnista sin columna». Eso me ayudó a ver más allá del puesto que tenía como reportera, para divisar el que verdaderamente quería. Por eso me encantan las famosas palabras de la poeta Lucille Clifton: «El nombre que te asignen es una cosa, y el nombre al que tú respondas, es algo muy distinto». Eso depende de ti.

Cuando era niña tenía una vecina llamada Thelma que trabajaba en la cocina del hospital. Thelma era de la edad de mi madre y me daba lástima porque pasaba toda la vida en la cocina con un uniforme rosa y una malla para el cabello. Pero un día comprendí por qué era así su vida. Tal vez su título era Asistente de cocina, pero Thelma se consideraba mucho más que eso. La señora horneaba la mejor masa de pay del pueblo. ¡Qué regalo para los pacientes! Independientemente del nombre de su puesto, Thelma se veía a sí misma como repostera.

Cuando me pidieron que hablara en una ceremonia para honrar a los empleados con veinticinco años de servicio de la Clínica Cleveland, pensé en Thelma. Pudo ser una noche aburrida, pudo ser poco más que una línea de ensamblaje para estrechar manos, tomarse fotos y entregar relojes. Pudo ser una noche rutinaria de «Gracias» idénticos para doscientos trabajadores. La administración del hospital pudo tratar a la gente nada más como piezas de la enorme maquinaria médica que es la Clínica Cleveland.

Pero en lugar de eso, la ceremonia fue como abrir un arcón lleno de algo más valioso que joyas. A cada persona se le trató como lo que era: un elemento fundamental para salvar seres humanos y mejorar la calidad de vida de pacientes, familias y compañeros de trabajo.

Todas esas personas comenzaron a trabajar en el hospital antes del uso de las computadoras, cuando las facturas se hacían a mano, las enfermeras usaban cofias blancas y nadie pagaba por estacionarse. En aquel tiempo la oficinas eran del tamaño de ascensores, y algunas, de hecho estaban enclavadas en viejos huecos de elevador.

Pero la noche que se honró a los trabajadores, era imposible distinguir a los doctores de los empleados del archivo que se encontraban en el salón de fiestas. Sin importar a cuánto ascendía el cheque de nómina o cuál era el título de cada quien, esa noche todos fueron iguales. Todos habían regalado los mejores veinticinco años de su vida. El programa incluía la semblanza de cada empleado, pero no con las descripciones empresariales típicas sino con la información que en verdad importa: *Jovialidad permanente. Conversaciones agradables. Energía sin límites. Maravillosa narradora. Humilde.*

En el programa también se mencionó que era común ver a una coordinadora de departamento del Centro para el Cáncer, sentada a su escritorio, ya tarde por la noche, tratando de organizar los horarios de los pacientes. Había otra persona a la que cualquiera le llamaría «intendente», pero que no solamente limpiaba oficinas, también les ayudaba a los visitantes a llegar al lugar que iban. También el jefe de bomberos era mucho más de lo que su título sugería: era un reloj de alarma humano que, en su primer año de trabajo, condujo diariamente de Columbus a Cleveland y siempre llegó a tiempo. Y estoy hablando de un trayecto de dos horas y media, sólo de ida.

A un pediatra se le alabó por la voz de «Pato Donald» que hacía, con la que era capaz de apaciguar a los niños más asustados y hacerlos reír durante los exámenes médicos. También se habló de la labor que realizó para lograr que la ley sobre cascos de seguridad para ciclistas, fuera aprobada. Hubo una mujer de la que se dijo que, además de enfermera, era actriz, comediante y escritora publicada. La conocían como la Enfermera Susurrante. ¿Y qué susurraba? Tal vez, «Recupérate, recupérate, recupérate».

También se habló de un dentista especializado en prótesis faciales. Era un hombre que les daba a los pacientes una manera nueva de enfrentar la vida con narices, orejas, bocas y ojos nuevos. Gracias a él, los pacientes podían disfrutar de una bebida, una comida o un beso.

El hombre que cuidaba el almacén y ordenaba los víveres, se aseguraba de que los bebés no tuvieran hambre. Se empeñaba en garantizar que siempre hubiera suficiente alimento intravenoso y fórmula infantil disponibles.

Salí de esa celebración con la certeza de que los intendentes de todo el mundo son tan importantes como los cirujanos cardiólogos, y que no importa qué título nos otorgue el mundo. Nosotros decidimos lo que realmente somos, y sacar la palabra «sólo» de nuestro título, depende de cada quien.

LECCIÓN 5

En este drama de la vida no hay papeles secundarios

Pensar en pequeño nos impide a muchos tener grandes logros. Solemos convencernos de que no tenemos por qué ser amables o hacer buenas obras porque alguien más se encargará de ello, o porque dudamos de nuestra capacidad para lograrlo.

Así se siente la gente que está en los peldaños inferiores: los trabajadores invisibles de los cubículos, las personas sin título que trabajan en cuentas por cobrar, los desconocidos cuyas voces conocemos sólo por su trabajo en facturación a través del teléfono. Sin embargo, varias personas como éstas le cambiaron la vida a un hombre durante una semana. Por siempre.

Todo comenzó cuando Marty Kenny perdió su mano derecha en un accidente automovilístico, una noche de verano de 2003. Un amigo lo abandonó agonizante en un puente de los Llanos de Cleveland, pero otro amigo se quedó y le salvó la vida.

Ese día de junio comenzó como una celebración de la amistad. Marty y Dean Stecker pasaron la tarde colocando sellador vinílico y golpeando clavos bajo el ardiente sol. Luego terminaron en una fiesta y se fueron de ahí con Greg, amigo de Marty.

Greg condujo hasta un bar en los Llanos. A las 11:30 p.m. que salieron del lugar, Greg aceleró el motor y derrapó con la grava del camino. El automóvil iba a casi 100 km/h en una zona de 40. Marty le gritó a Greg que disminuyera la velocidad, asió la puerta con la mano y la apretó con toda la fuerza posible. El automóvil pasó por un bache que había en el camino y salió volando sobre el puente elevado.

¡BAM!

El automóvil golpeó la pared del puente con tanta fuerza que se volteó y patinó del lado del pasajero, a lo largo de buena parte del puente de acero. Emitió un rechinido contra todo el metal dentado como si se tratara de un tren. Cuando el vehículo se detuvo, sobre su costado y a 70 metros de distancia, Dean salió arrastrándose por la ventana. Marty quedó atrapado debajo del auto y había perdido la mano.

Dean empujó con fuerza para voltear el automóvil, ponerlo de nuevo sobre las llantas y liberar a Marty. Mientras tanto, Greg deambuló aturdido. Sus tarjetas de presentación cayeron por la reja hasta el agua como confeti. Dean rasgó su camisa y le hizo un torniquete a Marty en el brazo. Le gritó a Greg que llamara al 911, pero se quedó conmocionado al ver que Greg sólo se detuvo un momento para recoger el espejo lateral de su automóvil y luego se fue manejando con el único celular que tenían. La esperanza de Marty se desvaneció cuando vio las luces traseras alejarse y perderse en la oscuridad.

En el puente suspendido sobre el río Cuyahoga, Dean rodeó fuertemente con sus brazos y piernas a su amigo que no dejaba de sangrar. La enorme cantidad de sangre que Marty perdió, fluyó por el puente de acero igual que lo hace el agua de lluvia. Dean meció a Marty como si con eso pudiera detener la hemorragia. Ambos estaban empapados de sangre.

En aquel puente oscuro y solitario de los Llanos industriales de Cleveland, Dean le gritó a Marty que aguantara, que permaneciera consciente, y cuando su amigo se quedó callado, lo meció más y le dijo lo que todo hombre agonizante debería escuchar: «Tu esposa te ama, tu hijo te ama. Y yo también».

En ese momento Dean escuchó un retumbo y vio luces. Dejó a Marty a un lado, saltó frente al vehículo y comenzó a gritar pidiendo ayuda. El conductor llamó a los paramédicos. El torniquete de Dean le salvó la vida a Marty, pero el joven jamás recuperaría su mano.

Tiempo después, en una corte, el juez sostuvo las fotos del brazo dañado de Marty mientras Greg, con las manos esposadas, miraba de pie. Marty miró las manos de Greg con envidia, enojo y tristeza. Greg fue acusado de agresión vehicular agravada. Estando en la corte, Marty se estiró para tomar la mano de su esposa, pero no pudo porque había perdido la suya. Ella entrelazó el muñón con sus dedos y lo sujetó con fuerza.

Durante cuatro meses, el joven de veintiún años tuvo problemas para atarse las agujetas, hacer un cheque, ponerle el pañal a su hija recién nacida y jugar a lanzar el balón con su hijo de cuatro años. En ese tiempo vivió del dinero que él y su esposa habían ahorrado para arreglar su casa.

El día que Marty visitó por primera vez el lugar en donde perdió la mano, yo me quedé parada en el puente. El joven pasó los dedos sobre la reja dentada, analizó las marcas del derrapón y se asomó para ver el río.

«Estoy buscando mi mano», dijo, en tono de broma, pero me di cuenta de que no estaba bromeando del todo. En ese puente dejó parte de sí mismo. No recuerda mucho sobre lo que pasó aquella noche, pero Dean no puede olvidarlo.

Escribí un extenso artículo sobre el accidente, la amistad entre aquellos dos hombres y los esfuerzos de Dean por salvar a Marty. Cuando el caso se cerró en la corte, celebraron juntos. Se sentaron a la mesa del comedor de Marty e hicieron a un lado los alteros de facturas médicas que Medicaid cubriría mientras Marty no pudiera trabajar y su esposa no ganara lo suficiente en su empleo como cuidadora. Sin embargo, el joven no sabía cómo cubriría el gasto de la prótesis que quería. Su hijo quería que le colocaran un brazo robótico para poder «chocarlas» con él. A Dean le preocupaba que Marty se desanimara por no poder batear, atar una carnada a la caña de pescar o abrazar a sus dos hijos al mismo tiempo.

Cuando se dio a conocer la historia de Marty, a los empleados y los operadores telefónicos de los grises cubículos de Hanger Prosthetics & Orthotics de South Euclid, Ohio, les fue imposible olvidar su rostro. Y la mano perdida. Lisa Kowardy vio la fotografía de Marty en el periódico y se sintió muy mal. «Lo que le sucedió fue terriblemente inhumano», dijo. «Quisimos mostrarle algo del espíritu humano».

¿Pero quién es Lisa?

La mujer se encoge de hombros y responde: «Sólo soy la gerente de facturación».

¿Sólo?

Su empleo consistía en hacer malabarismos con las cuentas por pagar. Jamás veía a los pacientes, sólo las facturas.

Después de leer sobre Marty, ella y otras de las empleadas se aglomeraron en la oficinita arriba de la bodega y le pidieron al gerente que hiciera algo al respecto. Lisa le entregó una copia del artículo del periódico a Kimberly Reed, la persona a cargo de probarles las prótesis a los pacientes. Otra mujer se ocupó de encontrar a Marty.

Todas las mujeres que subieron ese día a la oficina, Charon Speights, Alida Van Horn, Irene Flanik, Rose Johnson y Annette Phillips, querían ayudar a Marty para que pudiera batear con su hijo y darle el biberón a su recién nacida. Y gracias a su esfuerzo y dedicación, Marty obtuvo una mano robótica de 58,000 dólares, gratis.

Las cámaras de televisión registraron el momento en que Marty se probó la mano nueva y recogió un pañuelo, firmó y tomó una botella. Sin embargo, los camarógrafos no se quedaron el tiempo suficiente para captar a Marty agradeciendo a las mujeres que hicieron que la donación fuera posible. Las empleadas vitorearon cuando Marty salió a presumir su mano.

«Todas ustedes, adorables señoras, hicieron algo sencillamente asombroso. Son geniales», dijo Marty.

«Vuelve a rascarte», bromeó Lisa.

«Pero no con esta mano», contestó Marty riendo.

Luego se subió la manga para mostrar su prótesis.

«Por Dios, es hermosa», señaló Irene.

«Es mucho más de lo que jamás imaginé», dijo Marty mientras todos trataban de contener el llanto.

Marty prometió que volvería con su esposa y sus dos hijos, y luego levantó su mano nueva y se despidió como si nada.

LECCIÓN 6

Dales a otros una segunda oportunidad de darte una primera impresión

La gente siempre dice: «Nunca hay una segunda oportunidad para dar una primera impresión».

Pero gracias a Dios, muchas personas han tenido la gentileza de darme una buena cantidad de segundas oportunidades.

Y es que, a lo largo de mi vida, he dado muchas primeras impresiones malas. La primera vez que entré a una sala de prensa, fue en calidad de estudiante invitada. Fui a conocer a mi mentor con una blusa negra con franjas plateadas brillantes, cuello ondulado y mangas abombadas como globos a la altura de los hombros. Para complementar el atuendo, usé una falda blanca como de gasa, medias negras y relucientes zapatos blancos. Alguien debió llamar a la policía de la moda para que me diera una buena reprimenda.

Dos años después regresé al mismo lugar para una entrevista de trabajo, pero en esa ocasión, me tomé las cosas de manera muy profesional y llevé el único traje que tenía. Había demasiado en juego para mí en aquella entrevista en el *Beacon Journal*, en Akron. Tenía treinta años y era una madre soltera con grandes sueños. Quería ser una periodista de verdad y pagar la renta con lo que escribiera. Ya había echado a perder muchas primeras impresiones cuando fui pasante. En *Pittsburgh Press*, un editor me preguntó cuáles eran mis pasatiempos e intereses, y yo le conté que adoraba el violín, pero una hora después, sentí que algo se me atoraba en la garganta cuando me preguntó sobre Isaac Stern. Me quedé en blanco. También arruiné mi primera oportunidad en una pasantía en *Detroit Free Press*. A un editor le gustó mi currículum y me pidió que escribiera un ensayo. Lo hice, escribí un deslumbrante ensayo en una máquina de escribir espantosa y tuve que hacer las correcciones con lápiz. El editor no volvió a llamarme jamás. Finalmente, en 1986, después de treinta cartas de rechazo, el *Lorain Journal*, un pequeño periódico de Lorain, Ohio, me concedió una pasantía que después se convirtió en un empleo.

A veces nosotros somos quienes necesitamos una segunda oportunidad, en otras ocasiones, tenemos que otorgársela a alguien más. Y en otros casos, los dos involucrados la necesitan. Así me sucedió con uno de los jefes más difíciles que he tenido.

El hombre era legendario, y la mayor parte de las historias que se contaban de él eran ciertas. Aventaba botes de basura por los aires, guillotinaba gente y hacía llorar a hombres adultos. John Cole, mi primer editor, era como Lou Grant pero magnificado. Me asignó el escritorio que estaba debajo de la campana de advertencia que se activaba cuando llegábamos a la fecha límite de entrega. Sin embargo, la campana no era tan mala si se le comparaba con el hecho de que mi lugar estaba justo junto a la puerta de la oficina del jefe en el *Lorain Journal*. Todos le temían a la ira de John. Despedía gente y luego volvía a contratarla; a veces el mismo día.

Una vez lo desquició algo que vio en el periódico. Se paró sobre un escritorio en medio de la sala de prensa y nos dio una prolongada letanía. Dijo que tal vez sólo debería darse por vencido y morir, y luego se recostó en el suelo.

En otra ocasión, un fotógrafo le mostró una fotografía para un artículo. En ella aparecía una monja vestida con su hábito y chapoteando en Lago Erie.

«¿Qué opinas de esto?», me preguntó John. Pregunta capciosa: ¿A él le gustaba?

«Mmm, es... ¿interesante?», respondí.

«No, no lo es. ¡Es un cliché!» dijo, y luego la rasgó en mil pedazos que dejó caer a los pies del fotógrafo.

John era rudo y nos hizo más fuertes. Era el tipo de jefe que te cambia para siempre. Años después, seguirás llevando su huella... y las cicatrices. John llegó al puesto de editor del periódico a los veintinueve años. La gente que trabajaba con él usaba las mismas palabras para describirlo: *volátil, exigente, astuto, valeroso, apasionado, gruñón. Un tipo que no se anda con tonterías.* De él se decía que era un cruzado que aborrecía la corrupción, celebraba la verdad y jamás se dejaba amedrentar por nadie.

John nos defendía. A menudo lo escuché gritándole a alguna fuente por teléfono. «Mis reporteros son mis colaboradores, y si tienes problemas con alguno de ellos, entonces tienes problemas conmigo».

Y fin del asunto.

En una ocasión, poco después de que yo empezara a trabajar ahí, un reportero me dejó caer sobre el regazo una historia que le fue asignada pero que no quería. El trabajo implicaba trabajar toda la noche otra vez, adicionalmente a lo que yo ya tenía asignado: una cobertura del ayuntamiento. Recuerdo que me sequé las lágrimas sentada al escritorio.

«Brett, ven acá», gritó John.

John me desafió y me hizo más fuerte.

«En mi sala de prensa no se llora», exclamó.

Tal vez suene extraño pero, cuando salí de su oficina, me sentía mejor. Fue como si me hubiera dado una dosis de valor en una tacita de expreso. Luego le pidió al otro reportero que fuera a verlo, y yo traté de no sonreír cuando escuché los gritos. Unos minutos después, el reportero volvió a mi escritorio y, sin siquiera mirarme, me pidió su historia de vuelta y dijo:

«Dice John que ya te puedes ir a casa.»

A John le importaba lo fundamental. Él me enseñó que uno nunca es demasiado pequeño para hacer la diferencia, ni demasiado grande para pavonearse al respecto.

Llevaba solamente seis meses trabajando para él cuando, un día, a la hora del cierre, sonó el teléfono. John sentó al nuevo empleado debajo de la campana de advertencia, la cual estaba a punto de activarse. De pronto una secretaria me entregó una nota de mensaje telefónico con un nombre que no reconocí. Devolví la llamada y me contestó John Greenman del *Beacon Journal*. Como no formaba parte de la nota que yo estaba escribiendo, le dije que tenía una entrega encima y colgué.

Y entonces me di cuenta: *Oh, no, acabo de aniquilar mi futuro*. Acababa de colgarle al editor de un periódico en el que yo quería trabajar. Otra primera impresión terrible.

Cuando volví a llamarle me dijo que le había impresionado mucho que le hubiera colgado para darle prioridad a la entrega, y me pidió que fuera para entrevistarme.

Ese mismo año, 1986, Goodyear —el empleador más importante de Akron—, se encontraba en medio del intento de adquisición que hizo Sir James Goldsmith, y el periódico concentró a sus mejores reporteros de negocios en la cobertura de esa gran noticia. El periódico necesitó más reporteros de negocios para cubrir las notas menos trascendentes.

En aquel entonces yo no sabía nada del ámbito de los negocios. Jamás había leído la sección de negocios siquiera, así que no estaba preparada en absoluto. Me presenté con mi único traje de negocios para verme lo más profesional posible: en esta ocasión no hubo atuendo espantoso en blanco y negro. Me hicieron pasar a la oficina del editor. Estaba llena de hombres con corbatas de color amarillo brillante. La entrevista fue bien hasta que el editor del periódico me preguntó cómo escribiría un perfil de Martin Marietta.

Yo jamás había escuchado hablar del hombre, pero le di un recuento detallado de cómo reuniría la información sobre el señor Marietta. Entonces noté que el editor parecía estar a punto de escupir una piedra del riñón. Mientras yo hablé sobre el señor Marietta, los demás hicieron muecas hasta que, finalmente, uno de ellos me dio la noticia: Martin Marietta no era una persona, sino una importante empresa de defensa.

¡Arghhh! ¡Me sentí tan estúpida! Antes de entrar a la entrevista le había rezado a Dios y, todo el tiempo que estuve ahí, mantuve mi mano derecha abierta como si estrechara la suya. ¿Y ahora qué? Volví a orar, respiré hondo y dije algo como, «bueno, es obvio que no conozco el mundo de los negocios, así que si necesita un periodista con experiencia, deberá contratar a alguien más. Sin embargo, conozco el trabajo de reportero, sé escribir y estoy dispuesta a aprender cualquier cosa que sea necesaria para llevar a cabo el trabajo».

A partir de ese momento, los hombres fueron más amables. Estrecharon mi mano, y uno de ellos me acompañó hasta el elevador. Cuando oprimí el botón, me embargó una tristeza inconmensurable. Quizás acababa de estropear la única oportunidad que tendría en la vida de trabajar para un periódico importante. Pero antes de que la puerta del elevador se abriera, el director editorial se acercó y me preguntó cuándo podría empezar a trabajar.

¿Cómo? ¿Me iban a contratar a pesar de todo?

Sí, lo hicieron.

Más adelante me enteré de que primero habían contratado a una redactora que escribió mal su propio nombre en su currículum. Hablando de primeras impresiones.

Darle a mi editor en *The Lorain Journal* la noticia de que me iría tras sólo seis meses de trabajo en mi primer empleo real de la carrera, fue muy difícil.

Cuando dejé su periódico, John Cole me deseó lo mejor pero no fue muy elocuente. Una semana después me llamó mi mamá. John Cole les había enviado a mis padres una carta en la que les decía el maravilloso trabajo que *ellos* habían hecho conmigo.

LECCIÓN 7

Todos los empleos son tan mágicos como tú quieras que sean

¿Cuál es el peor empleo que has tenido en la vida? Este tema siempre funciona maravillosamente para empezar una conversación. Vamos, pregúntale a la gente. Pero debes tener cautela porque, tu peor empleo, podría ser el empleo actual de alguien más.

¿No sería increíble tener una máquina cósmica de asignación de empleos? Si todos renunciaran al empleo que odian, alguien a quien sí le gustara, podría tomarlo y ser feliz.

¿Cuál ha sido el mío? Recoger cadáveres para una funeraria.

Trabajar en una funeraria implica hacer un poquito de todo. Imprimir tarjetas, lavar carrozas fúnebres, trabajar las incontables horas que duran los sepelios y salir corriendo en cuanto alguien muere. Es imposible olvidar el primer cadáver. Cuando a mí me llamaron por primera vez para recoger un cuerpo, no tenía idea de qué esperar. Uno se acuesta en la noche a dormir y, de pronto, el teléfono suena cuando te necesitan. Recibí la llamada a las 3 a.m. Fue espeluznante manejar una carroza a lo largo de un barrio muerto —sí, quiero ser redundante—, para ir a recoger un cadáver.

Era el cuerpo de una mujer de cuarenta y tantos años con grueso cabello negro. Han pasado décadas desde entonces pero aún recuerdo su rostro. Estaba en la cama con los ojos abiertos todavía. Llevaba algún tiempo enferma; el doctor de la familia llegó antes a la casa para dar fe del deceso. La familia estaba ahí, así que tuve que fingir que no me molestaba en absoluto tocarla. No me di cuenta de lo difícil que era levantar un cuerpo inerte hasta que traté de levantarla. En ese momento comprendí perfectamente la expresión «peso muerto». Cuando llegamos a la funeraria tuvimos que desvestir y enjuagar el cuerpo, y colocar las manos y la cabeza en la posición adecuada para el sepelio.

El negocio de los funerales puede ser sumamente perturbador. Uno pasa semana tras semana inmerso en la muerte y el dolor. A veces es necesario manipular cuerpos que tardaron mucho tiempo en ser encontrados y que ya ni siquiera parecen humanos. Tienes que cubrir las perforaciones de balas que tienen algunos cadáveres y, al mismo tiempo, quedarte con la tristeza de no poder llenar los huecos que esos mismos suicidas dejaron en la gente que les sobrevive. El aroma de la muerte te produce arcadas hasta que lo sustituye el del líquido para embalsamar, el cual provoca que los ojos te lloren. Pero no hay nada más irritante que los ataúdes pequeñitos de los recién nacidos y los mortinatos. No hay nada tan entristecedor como las esperanzas y sueños que alguien tenía para una vida y que terminaron con una habitación vacía y una pareja aletargada que no está segura de poder seguir considerándose padres de alguien.

¿En dónde está la magia?

Ver la muerte tan de cerca te brinda un profundo aprecio por la vida. Un día, un embalsamador me permitió ayudarle. Me mostró que años de ingerir comida chatarra pueden estrechar la arteria de tu cuello. Jamás olvidaré la coyuntura de la engrosada arteria del cuerpo que me enseñó. Cada vez que me siento tentada a comer papas fritas, la recuerdo.

En otra ocasión entré al cuarto de embalsamiento y ahí me esperaba un hombre con el pecho abierto en dos como libro. Le habían practicado una autopsia y el embalsamador abrió el cuerpo para prepararlo. Al principio quedé horrorizada y di un salto. Pero luego me sentí fascinada. Me acerqué y escudriñé las costillas y los tejidos que alguna vez mantuvieron en su lugar al corazón. Fue un momento hermoso. ¿Con qué frecuencia puede uno atisbar el interior de un cuerpo humano?

A lo largo de los años he entrevistado a cientos de personas, desde pilotos de dirigible, hasta trabajadores migrantes y todo lo que hay en medio. Todos tenían empleos que una persona podría odiar, y otra, adorar. Pasé semanas enteras hablando con migrantes en una granja de agricultura en lodo, en Hartville, Ohio. Desde mi perspectiva, era gente con un empleo que cualquiera odiaría.

Las mujeres con quienes hablé preferían que se les llamara trabajadoras del campo. Nunca se presentaban como migrantes; no les gustaba el estigma que la palabra les otorgaba. Una de ellas me dijo que la palabra *migrante* evocaba imágenes de gente pobre, sucia y sin educación, por la que sólo se podía sentir lástima. «Nos llaman migrantes pero yo no nos veo así. A mí me gusta cortar lechugas y ganar el dinero honradamente —me explicó—. Si no quiero trabajar, no tengo que hacerlo. Sólo me pagan menos».

Los trabajadores venían desde lugares como Carolina del Sur, Florida y Texas para trabajar en los campos de lodo en la granja K.W. Zellers & Son, en Hartville, Ohio. Traían consigo a sus niños, su ropa de trabajo y sus Biblias. Vivían en viejos caseríos, chozas y casas rodantes. Usaban overoles a prueba de agua, de color amarillo brillante que combinaban con sus impermeables del mismo color, y viajaban en viejos autobuses escolares hasta llegar a lo más profundo del bosque enmarcado en la propiedad de cuatrocientos acres. Plantaban y cosechaban endivias y lechugas Bibb y romana cuya fluorescencia destacaba en contraste con la negrura de la tierra. Se acomodaban el cabello con bandas de colores brillantes y anchos sombreros de paja, metían apretadamente los dedos en guantes anaranjados de látex, se enrollaban los tobillos con bandas de plástico para evitar que los bichos se les subieran por los pantalones y, por último, se enfundaban los pies en botas negras de hule.

Todos los días salían y se mezclaban con la naturaleza. Como música tenían el crujir de sus rodillas arrastrándose al unísono, el sonido como latigazo de los fríos cuchillos con que cortaban las verdes y cálidas lechugas, y las dulces canciones para Jesús que se elevaban a través de los sombreros. En todas las hileras escuché la misma afable risa.

Pasé un día cosechando cebollas con ellos y regresé a casa con un dolor de espalda insoportable. Cuando me soné la nariz, salió tierra. No podría durar ni un día haciendo ese trabajo, pero ellos nunca se quejaron. En lugar de eso, se regocijaron cuando encontraron un nido de pájaros en el campo. Lo atendieron todos los días y compartieron las noticias más recientes de la madre y sus pajaritos.

Usaban bandas elásticas para hacer manojos de rábanos. Jamás se detuvieron, nunca les importó cuán fuerte llovió ni lo abrasador del sol. Cuando el calor llegaba a ser demasiado, las mujeres reían y corrían entre los aspersores de irrigación. Se arrojaban montones de lechugas entre ellas. Platicaban sobre los amoríos de las telenovelas, sobre en qué gastarían su dinero en el centro comercial. Me dijeron que preferían el sol, el viento y el cielo por encima de cualquier empleo en interiores. Sentían lástima por la gente que estaba atrapada todo el día en una oficina, separada del mundo por una ventana de vidrio.

«Aquí te puedes sentir libre, sentir que no estás encerrada todo el tiempo», me dijo Willa Mae.

Me enseñaron que todos los empleos son tan mágicos como tú quieres que sean. A veces la magia no está en el cheque de nómina ni en las prestaciones, sino en el rastro que dejas, desde el nido en el campo hasta los buqués de rábanos que llegan a los supermercados.

LECCIÓN 8

Hay tiempo para todo, pero no siempre al mismo tiempo

Al principio de mi carrera como periodista, un jefe que tuve me hizo abrir los ojos con rudeza ante mi doble papel en la vida. Era madre soltera y aspirante a periodista, y quería sobresalir en ambas labores.

Un día, en la sala de prensa, un editor se acercó emocionado y me ofreció la increíble oportunidad de salir del estado para cubrir una importante primicia. Había dado por hecho que yo saltaría de gusto y aceptaría la noticia porque, ¿qué periodista no lo haría?

Yo.

Mi hija sólo me tenía a mí. Su padre no estaba involucrado en su vida, así que yo tenía que arreglármelas sola para cuidarla. Encontrar sin antelación a alguien que pudiera pasar algunas noches cuidándola, me parecía una misión infranqueable. Le dije al editor que no podía darle una respuesta en ese momento, y él me lanzó una desagradable mirada, sacudió la cabeza, y dijo: «Brett, vas a tener que escoger entre ser madre y ser reportera».

¿Era eso verdad? ¿Cómo podría? Necesitaba mi empleo para mantener a mi hija.

Para él era muy fácil dividir su vida y permanecer enfocado al cien por ciento en su trabajo porque tenía una esposa que atendía la casa y cuidaba a su hijo.

En aquel entonces yo quería ser una fuerza importante en la sala de prensa pero también quería ser la mejor madre del mundo. ¿Cómo podía hacer ambas cosas? Me daba la impresión de que no se llevaban bien. Hacer malabarismos con las tareas de madre y las del trabajo, es muy difícil; y ya cuando sientes que estás empezando a tener control de la situación, alguien te lanza un tiro fulminante y un huevo crudo para que lo añadas a la mezcla.

Para ese momento ya me habían dejado fuera de un empleo porque era madre soltera. Años antes de ser periodista, encontré una compañía que solicitaba una secretaria que también pudiera llevar a cabo labores de despachador. Yo era perfecta para el empleo porque había usado un radio cuando fui técnico de emergencias médicas y también fui gerente de oficina. Perfecto. La gente de la compañía le llamó a mi empleador de ese momento y le hizo únicamente una pregunta: ¿Falta al trabajo para cuidar de su hija?

No me dieron el empleo.

¿Cómo te vuelves una gran madre o padre, y también un excelente empleado? ¿Tienes que elegir?

Pasaron muchos años antes de que pudiera tener claridad respecto a este tema, y cuando sucedió, fue gracias a una mujer que me dijo: «Claro que puedes tenerlo todo. Pero no al mismo tiempo». O tal vez sí se puede, sólo no es posible hacerlo en la misma hora, día o semana.

Una vez hablé en un retiro llamado BREATHE, en Camp Robin Hood, en un lugar que, de todas las opciones disponibles, se llamaba Freedom, en New Hampshire. El retiro de un fin de semana para mujeres ofrecía todo tipo de actividades saludables como excursiones, paseos en bicicleta, natación y canotaje. Yo terminé con un rifle en las manos en el campo de tiro. ¡Bam! ¡Bam! ¡Bam!

Lo que me fascinó no fue tanto la fuerza del arma, como el enfoque y concentración necesarios para dispararle a un objetivo a seis metros de distancia. Junté varias dianas y las usé en mi presentación sobre cómo mantenerse enfocada en el centro y no perderse en los círculos alrededor.

Jamie Cole, organizadora del retiro, dijo que a ella le causaba problemas la noción de tener un solo objetivo cuando era evidente que muchos otros blancos surgían en distintos momentos de su vida, a veces, el mismo día o a la misma hora. Su empleo, sus hijos, sus distintas pasiones. Eso me hizo pensar en el dilema que todas tenemos. ¿Cuál debe ser tu prioridad cuando todo y todos requieren con urgencia de ti?

Volví al campo de tiro y ahí encontré la respuesta. En las instalaciones había una lámina con cinco objetivos impresos en lugar de solamente uno. Los objetivos, sin embargo, eran pequeños. Cada uno tenía su propio círculo y su centro. A veces tienes que cambiar de objetivos. A Jamie le encantó el concepto.

En lugar de sentir que sólo tenía un objetivo en la vida y que debía colocar a sus hijos o su trabajo en los anillos exteriores de la diana, ahora podía poner todo en el centro, sólo que no en el mismo objetivo.

Hablamos sobre el hecho de que, cuando estás en el trabajo, tienes que apuntarle al centro laboral. Te enfocas en la tarea, el proyecto y el empleo. A menudo tenemos distintos objetivos al mismo tiempo, y a veces se mueven simultáneamente.

Yo ya aprendí a hacer una pausa y evaluar cuál objetivo surge en mi vida. Cada hora me detengo y vuelvo a entrar a mi vida con intenciones distintas. Cuando era anfitriona de un programa semanal de radio, hacia una pausa, reiniciaba y me recordaba a mí misma que estaba a punto de entrevistar a alguien y que necesitaba escuchar con atención y enfocarme en ese momento.

Cada vez que visito a mis nietecitos, hago pausa, reinicio y me recuerdo a mí misma que soy una abuela increíblemente divertida que vino a leer, jugar a las luchas y construir fuertes.

Antes de entrar a un nuevo segmento de mi vida, me detengo, reinicio y me adueño de la identidad que debo tener. Me aseguro de estar en el momento indicado, y de ser la yo correcta cada hora, actividad por actividad. Es mi forma de consagrar mi vida, de hacerme presente y convertir cada encuentro en una experiencia sagrada.

Antes de iniciar una actividad, me reafirmo: ¿Cuál es el objetivo de este blanco particular? Ser la mejor madre. Ser la mejor jefa. La mejor abuela. Por eso ya no llevo trabajo conmigo cuando voy a visitar a mis nietos. Ya no reviso mi bandeja de correo electrónico cuando estoy jugando LEGO. Si estás en casa, apúntale al objetivo de ser padre o madre porque, cuando estás con tus hijos, tienes que estar disponible al cien por ciento para ellos. Apaga la BlackBerry, el iPhone, el iPad y el correo electrónico. Permanece con ellos de manera absoluta.

Siempre que mi cerebro se confunde respecto a las prioridades o siento que se zangolotea entre ellas, hago una pausa, decido cuál de los objetivos es la prioridad en ese momento, y entonces me enfoco en él con toda la pasión y energía que tengo en mí para dispararle a la diana.

Nadie podrá jamás hacerlo todo, ni tampoco podrá hacerlo a la perfección. Nunca olvidaré el tsunami de escarnio que abatió a Ann, la esposa del candidato presidencial Mitt Romney. Ann crió a cinco hijos, pero algunas mujeres se mofaron y dijeron que Ann «nunca trabajó en la vida». El fuego de las Guerras Maternales se avivó a pesar de que todos sabemos que cualquier persona que haya tenido cinco hijos, ciertamente se pasa *todos* los días trabajando.

El debate oprimió el botón nuclear. ¿Soy suficiente? En el interior de cada madre se libra una batalla. Si trabajo fuera de casa, ¿estoy haciendo lo suficiente por mis hijos? Si no trabajo, ¿estoy haciendo lo suficiente por mí y por el mundo?

Como si el dilema no fuera suficiente, en una ocasión la revista *Time* tuvo la audacia de preguntar en su portada: «¿Eres suficientemente mamá?» El hecho de que la fotografía mostrara a una joven y sexy mamá en jeans entallados amamantando a su bebé de tres años, que tenía pegado al pecho desnudo, no ayudó en nada. La fotografía de la mujer molestó a algunas personas, pero la pregunta del encabezado debería molestarnos a todos.

¿Eres suficientemente mamá?

Creo que hay muchos días de la semana en los que nuestra respuesta sería un franco «no».

Como el día que mi hijita levantó su cuchara llena de Cheerios para mostrarme el gusanito que se movía entre el cereal. *Oh, no, ¿cuándo expiró esa caja de cereal?* O la tarde que me tomé un momento para sentarme en una de las sillas del jardín para leer un libro y mi niña salió disparada corriendo a la calle. O aquella ocasión que fui a sacarla de la cuna y la encontré jugando con lo que se le había salido del pañal porque no le pegué bien las presillas adheribles. O la mañana que la encontré comiéndose una barra de mantequilla a la hora del desayuno, poco después de que aprendió a abrir el refrigerador. O cuando tuve que separar sus aferrados dedos de la puerta del coche en el estacionamiento de la primaria, porque le surgió miedo de ir a la escuela, y no se enteró de que, cuando arranqué para ir al trabajo, lloré mucho más que ella.

Si calificáramos nuestra labor como padres, descubriríamos que, algunos días, somos un fracaso. Mi hija cuida a sus hijos mucho mejor de lo que yo jamás lo hice. Ya les enseñó a calmarse solitos para dormir, los envolvió como burritos, pintó mamelucos de bebé a mano y les cosió listones a sus baberos. Incluso decidió abandonar su carrera para ser mamá de tiempo completo.

En varias ocasiones me ha llamado llorando. A veces son lágrimas de alegría, y en otras ocasiones, son de la culpa que siente por la forma en que está criando a su niño de tres años y a la de diez meses. ¿Es suficientemente buena madre cuando el cansado Asher llora por su «cobijita de rayas» y le suplica que de vuelta en U y regrese a casa para recogerla, y ella se niega? ¿O cuando deja que Ainsley llore hasta quedarse dormida porque lo que más necesita un bebé cansado es dormir?

Ninguna madre es perfecta. Ni la que se queda en casa todo el día, ni la que va a trabajar. Ni las que esterilizan con meticulosidad cada botella y chupón, ni las que amamantan a sus hijos hasta que llega el momento de que estos presenten el examen para entrar a la universidad.

Una vez mi mamá se dio una calificación reprobatoria por su forma de criarnos. Mamá se pasó todo el día inquieta porque mi hermanito olvidó su almuerzo, y ella se culpó a sí misma. Recuerdo que pensé, ¡Vaya! ¿En serio se preocupa tanto por nosotros? Mi mamá hizo lo mejor que pudo para criar a once niños. A veces sacaba la bola del estadio. Otros días conectaba una carrera sencilla. Otras veces terminaba ponchada. Pero siempre levantaba el bate sin importar cuán cansada estuviera.

El beisbol ofrece una manera adecuada de medir el éxito. La cifra de .300, por ejemplo, describe un excelente promedio de bateo, lo que significa que el 70 por ciento del tiempo, fracasamos. Incluso a los mejores jugadores, los que conectan jonrones, los llegan a ponchar. Algunos de los jugadores más connotados de todos los tiempos, también están en la lista de los 100 jugadores de ligas mayores con la mayor cantidad de strikes: Reggie Jackson, Hank Aaron, Willie Mays, Babe Ruth, Mickey Mantle, Sammy Sosa y Barry Bonds. El año que Baby Ruth estableció el récord de la mayor cantidad de jonrones en una temporada, también cometió más strikes que cualquier otro jugador de las ligas mayores. Resulta reconfortante, ¿no?

Todas las madres jugamos en las ligas mayores porque tenemos el trabajo más importante del mundo. A veces cometemos *strike* porque todos los días caminamos hasta *home* y balanceamos el bate con toda nuestra fuerza.

¿Somos suficientemente madres?

Por supuesto que sí.

Todas estamos dando lo mejor de nosotras.

Así que, por favor, hagamos una tregua en las Guerras Maternales que se libran en derredor y en nuestro interior. No más sentencias sobre lo que «deberíamos estar haciendo». Dejemos de decirnos «todo lo que deberíamos hacer y cómo» a nosotras mismas y a las demás.

Sólo hagamos nuestro mayor esfuerzo y digamos que con eso basta.

LECCIÓN 9

Sólo tú puedes definir cuánto vales

«¿Quiere papas fritas en su orden?»

Ésta es una de las preguntas que nos acostumbramos a hacerle a cada cliente.

Solamente trabajé una semana en McDonald's, pero el empleo me dejó una marca indeleble.

Como uno de cada ocho estadounidenses han trabajado en un McDonald's, el editor de un periódico me pidió que consiguiera un empleo ahí y escribiera un artículo para el Día del Trabajo.

Cuando hablé con la gerente de la sucursal más cercana del restaurante, fui muy honesta y le dije que era reportera de un periódico, pero le pedí que me tratara de la misma manera que trataba a todos, que no me otorgara privilegios. Por esta razón, tuve que ser entrevistada, tomar el curso de orientación y usar el McUniforme que me quedaba dos tallas más grande.

Es difícil ponerse nervioso cuando se solicita un empleo y del otro lado de la forma de solicitud hay un divertido laberinto veraniego de Ronald McDonald para colorear. Los manteles individuales también se usaban como solicitudes de empleo. Me contrataron para trabajar en el horario de 7 a.m. a 2 p.m.

En la orientación me entregaron una bolsa con dos uniformes de McDonald's. Vimos películas de entrenamiento sobre cómo lavarnos las manos y cómo tratar a los clientes. PCC significaba «Piensa Como Cliente». Jamás debíamos usar el término «comida rápida»: sólo éramos un restaurante de «servicio rápido».

Cuando llegué a casa abrí la bolsa y saqué los pantalones negros de poliéster; una camisa polo de color rojo, gris y azul, y una gorra de color rojo brillante con una enorme M y las palabras «Tenemos el poder». El gorro sobresalía más de diez centímetros por encima de mi cabeza. Mi hija se rió como loca en cuanto me vio, y me retó a ponerme el uniforme frente a ella. Bueno, al menos era un atuendo que jamás me pediría prestado.

Todos los días tenía que checar mi tarjeta cinco minutos antes del inicio de mi turno.

La salita para empleados tenía letreros por todas partes que nos recordaban: HABLA CON LOS CLIENTES, SONRÍE Y APRÉNDETE SUS NOMBRES DE PILA.

La gerente me pidió que viera un video llamado *Sirviendo sonrisas*, sobre cómo preparar desayunos. Se suponía que todo lo que yo preparara tenía que lucir como los alimentos de las fotografías y estar servido en 59 segundos o menos.

Terminé trabajando en la ventanilla del autoservicio. Me entrenó Robbin, una chica que quería cambiar el mundo y usaba los 30 segundos que pasaba con cada cliente para hacerlo. Ella sabía perfectamente quién tenía prisa, quién necesitaba un cumplido, quién necesitaba sentirse importante. Conocía los nombres de los clientes asiduos y podía ingresar sus órdenes antes de que pidieran cualquier cosa. Robbin veía más allá de los rostros gruñones que bostezaban y de las barbas sin afeitar, y sonreía.

«Por lo general miro a los clientes a los ojos y busco la expresión en su rostro para saber cómo se sienten y en qué están pensando», me dijo.

Cuando la gente se enteraba de que tenía treinta y un años y trabajaba en McDonald's, sentían lástima por ella. Pero Robbin no entendía por qué. Ella estaba orgullosa de su empleo y estaba ahorrando para comprar una casa.

El trabajo en McDonald's fue muy arduo. Al salir del restaurante me dolían las rodillas y los pies por estar parada todo el día. No había en dónde sentarse. Para entretenerme, veía el interior de los autos de la gente; me fijaba en lo que colgaba del espejo retrovisor (dados de peluche, aromatizantes, relojes) y en los extrañísimos objetos que llevaban en el asiento trasero (una aspiradora, una alfombra enrollada, palos de golf). Durante nuestro turno no podíamos sentarnos, excepto en los treinta minutos del descanso. Yo sentía que los pies me iban a estallar; las manos me olían a grasa, el uniforme se me pegaba a la piel. Antes de ir a casa todavía tenía que llenar las canastas de papas congeladas, así que cuando salía de ahí, estaba hecha añicos.

Otro día trabajé en el mostrador. Se suponía que teníamos que saludar a todos diciendo: «Bienvenido a McDonald's. ¿Puedo tomar su orden?». Pero llegó un momento en que hubo tanta gente, que sólo empecé a gritar, «¡El siguiente!». Ese día me estaba entrenando Carlos, un chico de diecisiete años. Era veinte años más joven que yo pero jamás me hizo sentir menos porque sabía muy bien lo que eso puede provocar en las personas. El día que un gerente le dijo que me mandara al comedor a limpiar mesas, puso los ojos en blanco. «No te voy a mandar. Te voy a pedir que lo hagas», me dijo. Carlos se negaba a comportarse como la gallina al mando cuando me tocaba ser el pollito novato; para él, todos los miembros del equipo eran iguales.

Carlos quería llegar a ser doctor algún día y trabajar con bebés expuestos a la cocaína antes del nacimiento. Trabajaba 35 horas a la semana y se graduó de la preparatoria un año antes de lo previsto. Me dijo que en McDonald's había aprendido a ser responsable.

Cuando no estábamos tomando órdenes, metíamos enanos de Blanca Nieves en las cajitas felices y limpiábamos el mostrador incontables veces. El lema era «Limpiar y limpiar». En McDonald's no puedes darte el lujo de dejarte ver no haciendo algo. A mí me pasó una vez y terminé limpiando los baños de mujeres. ¿Cómo puede el excremento llegar a la pared? —¡La pared, por Dios!—, no tengo idea, pero a mí me tocó restregar para quitarlo. En esa ocasión, me fui a casa oliendo a cloro.

Una noche asistí a un rally obligatorio para los empleados. Fue una especie de asamblea para animarnos, con todo y globos, cadenas de papel crepé y comida: de McDonald's, por supuesto. El rally era una oportunidad para señalar los problemas (como que los clientes no podían tomar sus propios condimentos en el auto-servicio, por ejemplo); ganar premios contestando las preguntas de la McTrivia (¿Cuánto pesa un *sundae* de McDonald's? 150 ml.); y conocer las respuestas a preguntas absurdas (como, ¿qué pasa si un cliente quiere dieciocho paquetes de crutones para una sola ensalada?). En la reunión también nos recordaron que debíamos usar a los señores Guantes y el señor Pinzas para tomar los alimentos, nunca los dedos. Se discutió sobre las tarjetas de sugerencias: el 95 por ciento de los clientes dijeron que los baños no estaban aseados (la gente debió llenar las tarjetas antes de que yo limpiara los sanitarios).

Al día siguiente era día de carne en McDonald's, y me pusieron a mí, que soy vegetariana, a trabajar en la parrilla. Tuve que contemplar salchichas aplastadas y tocino crepitando toda la mañana. Luego me pasaron a tostar bollos, pero siempre se me olvidaba sacarlos cuando zumbaba la máquina. Había tantas campanas y alarmas sonando, que me era imposible reconocer cuál pertenecía a qué máquina. Era como estar en una película de ciencia ficción en donde cada diez segundos había una falla importante.

Sarah, la Reina de la Parrilla, me enseñó a darle velocidad a las cosas. Ella podía levantar cuatro salchichas al mismo tiempo, usando sus dedos para evitar que se cayeran. Tenía cicatrices provocadas por el chisporroteo de la grasa, de las puntas de los dedos a los codos. Abría el lugar a las 4 a.m. y se iba a la 1 p.m. Tenía 37 años y comenzó a trabajar en McDonald's cuando sólo era una adolescente. Su sueño era tener su propio restaurante, y le encantaba trabajar en la parrilla.

«Es difícil, no hay tregua. Este trabajo te mata o te hace más fuerte», solía decir.

A la hora del almuerzo, yo armaba hamburguesas: Big Macs, Cuartos de Libra y Hamburguesas triples con queso. Hasta antes de trabajar en McDonald's, siempre pensé que «Triple» se refería a las rebanadas de queso porque, ¿quién diablos puede comer tres piezas de carne?

Entre las 11:30 a.m. y la 1 p.m. nos daban una paliza. La gente llamaba y pedía órdenes especiales de docenas de hamburguesas al mismo tiempo. Se suponía que teníamos que usar las pinzas para recoger la carne, pero eso desaceleraba el proceso. Traté de usar guantes de plástico pero los dedos se me pegaban, así que volteé la carne con las manos al natural y me quemé las yemas de los dedos.

Al día siguiente me pusieron en la ventana del auto-servicio, en donde la gente recogía sus órdenes. Lo único que tenía que hacer era entregar alimentos por la ventana, no podría ser más sencillo. Sin embargo, nadie me mencionó la barrera del lenguaje. En la pantalla de la computadora que tenía sobre mí decía: SAQUGA, SABOHU, SAHUGA. Me tomó una hora descifrar el código: SA = salchicha; GA = galleta; BO = bollo; HU = huevo; QU = queso. ¿Y qué era CONVAN? Cono de vainilla. ¿En el desayuno? Sip. Al parecer yo no era la única persona con problemas de nutrición a la que le gustaba comer helado antes del mediodía.

Kay, la chica que me entrenó esa vez, me recordó que tenía que doblar con una línea la parte superior de la bolsa, no sólo cerrarla arrugándola, y que no debía inclinarme en la ventana. Kay fue amable y ni siquiera gritó cuando se me cayó una orden entre el automóvil y la ventana. Tenía 37 años, llevaba doce trabajando en McDonald's y era madre de dos niños.

«Me encanta. Es un trabajo arduo pero vivir con la ayuda del gobierno no me funciona», me explicó.

La tasa de rotación de empleados es alta en McDonald's. La mayoría deja el trabajo para ir a la universidad o tomar otro empleo. Algunos no pueden con el estrés. El último día que estuve ahí, descubrí por qué.

Un cliente sentó despreocupadamente a su bebé en el mostrador y ordenó una hamburguesa triple. Luego me dijo que no había tomado bien su orden, que él quería una comida económica, entonces cambié la orden. Después dijo que me había equivocado otra vez porque quería la comida económica pero con queso en las hamburguesas. Cuando terminó, también se quejó del queso. El gerente tuvo que abrir mi caja cinco veces para registrar los cambios y yo estuve a punto de romper el séptimo de los Diez Mandamientos de McDonald's: «No podemos discutir ni tratar de vencer a los clientes con frases ingeniosas». El tipo tuvo suerte de que yo no rompiera uno de los Diez Mandamientos de Dios: «No matarás».

Ese cliente dio por sentado que yo era una perdedora sólo porque trabajaba en un restaurante de comida rápida. Pero la gente se equivoca. Alimentar a la gente e infundirle ánimo a desconocidos es una labor noble. Martin Luther King Jr. estaba en lo cierto cuando dijo que todos los trabajos que engrandecen a la humanidad, son dignos e importantes.

Todas las personas con las que trabajé en McDonald's vigorizan a la humanidad. La gente de ahí también sabía aferrarse a su dignidad. El trabajo que realizaban no era menor, era la base de sus sueños. Basta con preguntarle a varias personalidades que alguna vez voltearon hamburguesas en McDonald's como Jay Leno, Star Jones, Shania Twain, Rachel McAdams, y Jeff Bezos, fundador de Amazon.

El día que terminó mi carrera en McDonald's, el dueño de la sucursal me preguntó que me pareció haber trabajado ahí. Le dije que debían deshacerse de las gorras, poner un banquito en la ventana del auto-servicio para que los empleados pudieran descansar, y concederles un aumento a todos.

LECCIÓN 10

Incluso los errores son pertinentes

Toda creación comienza con un puñado de arcilla inútil.

El ceramista deja parte de sí en cada obra. Sólo él puede escuchar a la arcilla o al barro. Escucha en busca del punto de quiebre para conocer los límites de los materiales, para ir más allá de ellos o aceptarlos y convertirlos en un ejemplo de belleza.

Yo jamás he metido la mano en la arcilla pero tuve la oportunidad de ver a Tom Gedeon sentarse en el torno, tomar un bloque de arcilla color anaranjado quemado, apretarla hacia abajo y hacia arriba tratando de mantenerla suave y al centro del torno. Me dijo que ésa era la clave: mantenerse en el centro.

La gente que visita la Casa Jesuita de Retiros, en Cleveland puede ver el don de la arcilla: mantenerse en el centro y dejarse llevar mientras el artesano le da forma a tu vida.

El padre Gedeon, a quien todos llamaban Tom, tenía 78 años y todavía se veía a sí mismo como un montículo de arcilla para el ceramista. Tal vez podría haber citado algo de Jeremías 18:6: «Mirad, así como la arcilla está en las mano del artesano, ustedes están en las mías», pero prefería que el material hablara por él en lugar de la Biblia.

Tom fue ordenado como sacerdote jesuita en 1956 y dirigió la casa de retiro durante dieciséis años. Luego viajó por todo el país como director ejecutivo de Retreats International veinte años más. También fundó la organización que ahora vincula a más de quinientas casas de retiro en Estados Unidos y Canadá.

Cuando se retiró, dijo en tono de broma que uno no puede permanecer jubilado en la vida religiosa, y que por eso se consideraba un «artista en residencia». Se entretuvo alrededor del santuario de 57 acres y, a través de su arte, trató de ayudar a otros a escuchar el «llamado universal a la santidad».

En 1962, cuando fue director, colgó arte religioso tradicional en las paredes: imágenes como pintadas por Rembrandt, de María, Jesús y algunas iglesias.

«Son cosas que le impuse a la gente», dijo, encogiéndose de hombros.

Cuando regresó en el año 2000, quitó los cuadros «sagrados» y colgó fotografías tomadas por él mismo. Un nenúfar en floración, botes de remos anclados en una caleta nublada, una flor que se asomaba a través de una pardusca valla gris... Las imágenes demostraban que la belleza persiste incluso en la desolación de la vida.

«Éstas son verdaderas imágenes sagradas —me explicó—. La naturaleza es el mensaje de belleza más grande de Dios.»

Cada una de las imágenes capturaba un momento que lo había deleitado, que logró congelar con su cámara para dar gusto a otros. Llevaba toda la vida tomando fotografías pero nunca tocó la arcilla sino hasta unos años antes, cuando una monja se lo sugirió. Qué emocionante fue convertir un montículo de arcilla en un florero, un bol, una tetera. Gedeon decía que el arte era «la experiencia más primitiva de Dios».

Junto al garaje, en un cuarto del tamaño de un cobertizo para herramientas, tenía suficiente espacio para sentarse frente al torno. El ceramista le daba los últimos toques a un cuenco; su ralo cabello blanco se negaba a comportarse en medio de la humedad, y se erizaba como el de Einstein. La pieza terminó con una ligera abolladura que sólo él podía ver.

«Tiene algunas limitaciones», concluyó, pero no había desilusión en sus palabras. Si acaso, intriga. Dicen que los amish dejan una imperfección en todos los edredones que fabrican para recordar que el único que crea con perfección es Dios. Tom no trataba de ser perfecto, de hecho le agradaba la imperfección.

Con sólo sentir la frescura de la arcilla, Tom supo que había llegado el momento de voltear el cuenco. Titubeó. Era el más grande que había hecho hasta entonces y no estaba seguro si sus manos, ya envejecidas, podrían cargar cuatro kilos de arcilla.

«Si quieres ver a un hombre llorar, no dejes de mirar…», me advirtió mientras volteaba el cuenco, pero éste no se fracturó.

Pero incluso si eso hubiera sucedido, los errores no existen para el ceramista.

Ni para *El* ceramista.

Una vez, Tom usó una vara para formar el largo cuello de un florero. La arcilla se dobló, envolvió la vara y ya no la soltó. ¿Fue un fracaso? En absoluto. Toda la gente quería comprar el florero desfigurado.

Mientras gira, la arcilla hace que las manos suden, lo que obliga a todo ceramista a dejar parte de sí mismo en sus creaciones. Tal vez por eso a Tom le costaba tanto trabajo desprenderse de ellas. Solía tomar una fotografía de cada una para conservarla en su recuerdo. Pudo haber pedido más dinero que los veinte o treinta dólares que cobraba por cada obra, pero quería que el arte continuara siendo accesible para todos. Mientras el torno giraba lentamente con otro cuenco sobre sí, Tom me dijo lo agradecido que estaba de poder deleitar a otros en sus «últimos años».

«Si pudiera vivir unos diez años más, me sentiría bendecido», confesó.

Pero sólo tuvo dos más. Murió en 2005, a los ochenta años. Cuando veo en la repisa de la sala el florero que me dio, pienso en lo hermosos que pueden ser nuestros defectos cuando cedemos y nos rendimos como lo hacía la arcilla en las manos del Ceramista.

Sin embargo, es difícil ceder. Yo sigo buscando la perfección como si pudiera obtenerse en todas las cosas cuando, en realidad, la mayoría de las bendiciones que he recibido se han manifestado a través de la imperfección. Los humanos bendecimos las vidas de otros por medio de nuestros errores, nuestras omisiones, nuestros «casi». Todo el caos es pertinente. En mi desorden existe un «orden invisible», como lo llamó William James.

Qué alivio. Sin embargo, es difícil *sentir* ese mismo alivio cuando alguien señala mis errores en el trabajo. No sólo porque tengo muchos, sino porque quiero ser perfecta. Tengo la necesidad permanente de demostrar que en mí no hay defectos porque, en el fondo, así me sentí la mayor parte de mi niñez: como un enorme y gordo error. En mi interior hay un remanente de esa vergüenza, y todavía se activa de vez en vez cuando alguien critica mi trabajo. Aún tengo la creencia de que cuando cometo un error, yo misma soy el error. No sólo es imperfecto lo que hice, también yo soy una enorme falla.

Mi hija tiene ojos azules, y a mí siempre me ha encantado el hecho de que uno de ellos tiene tres rayas cafés que lo atraviesan. Siempre que ella pinta un autorretrato, destaca las franjas. Nunca las vio como un defecto, sino como una huella única que Dios dejó en ella, nada más en ella. Sería increíble que pudiéramos ver nuestros defectos de esa manera, como algo bello y útil.

El ceramista me recordó que en todo lo que creamos y producimos hay dos huellas: la nuestra y la de Dios. Y ambas son buenas. Ambas son pertinentes.

LECCIÓN 11

Si vas a dudar de algo, que sea de tus dudas

En una ocasión, un profesor universitario me enseñó una oración sencilla y breve para vencer el miedo:

«Señor, me refugio de la cobardía en Ti.»

Éstas son las palabras que Zeki Saritoprak utiliza para acallar sus miedos. Saritoprak es profesor de estudios islámicos en la Universidad John Carroll, en Cleveland, donde obtuve mi maestría en estudios religiosos.

Casi nadie se llama cobarde a sí mismo, sin embargo, todos dudamos constantemente de nosotros en lugar de cuestionar las vacilaciones que tenemos. Yo solía pensar que ser valiente significaba no tener miedo, pero cuando escuché la siguiente definición, me carcajeé: *Valentía es ser el único que sabe que tienes miedo.*

La verdad es que lo único que hacemos todos es fingir valentía, pero algunos lo hacemos mejor que otros. La frase «Finge hasta crear tu realidad», me ha mantenido a flote por muchos años. Y mi amiga Vicky me enseñó una variación todavía mejor: «Ten fe hasta crear tu realidad». Creo que esto me ayudará a seguir adelante por siempre.

Hace muchos años conocí a una mamá afuera de una iglesia en Wadsworth, Ohio. Me contó sobre Diana, su hija, una chica que quería ser escritora. Esta mamá estaba muy orgullosa de su hija porque sabía bien lo que quería hacer con su vida. La cara se le iluminó cuando me contó que Diana siempre estaba escribiendo diarios, que trabajó en el anuario de su preparatoria y que logró que le publicaran un artículo en el periódico local.

Pero luego me dijo que la gente la había estado desanimando respecto a dedicarse a lo que amaba. Cuando yo comencé mi carrera, escuché esas mismas palabras desalentadoras.

La gente me dijo que no había empleos en el ámbito del periodismo.

Me advirtieron que escribiendo no ganaría dinero.

Me retaron con la noción de que en el mundo no había lugar para mi voz.

Y si yo hubiera prestado atención a todas las dudas ajenas y a las propias, jamás habría terminado trabajando casi treinta años como periodista profesional. Todavía recuerdo lo mucho que me preocupé cuando me dijeron: «No seas escritora, jamás vas a poder pagar la renta. No seas escritora, los periódicos están agonizando. No seas escritora, ya hay demasiados en el mundo».

Fue difícil no prestar atención porque, ¿yo qué iba a saber? Era una madre soltera en bancarrota y mis colegas me llevaban años de ventaja. Ellos se graduaron de la universidad a los veintiún años, yo a los treinta. Pero como yo tenía más ganas que talento real, sólo escuché a mis deseos y dejé que ellos me gobernaran.

Me costó trabajo porque mis dudas a veces gritaban con más fuerza que mis deseos.

¿Quién crees que eres?

¿Quién eres para tener sueños tan grandes?

¿A quién le importa lo que tengas que decir?

Al principio el camino fue muy accidentado. Mi primer empleo apenas me alcanzaba para pagar la renta y, al mismo tiempo, la gente me seguía advirtiendo que los periódicos eran un medio en vías de extinción. Me lo dijeron en los ochenta, cuando los periódicos de la tarde comenzaron a fracasar en todo el país. Y me lo siguen diciendo ahora que las noticias digitales están reemplazando a las impresas. Pero nadie sabe con certeza lo que está por venir.

Las personas que me advirtieron eran mayores y más sabias que yo, y por lo mismo, me hicieron temer lo peor respecto a la carrera que elegí. Era gente que entendía la economía, las leyes de la oferta y la demanda, las complejidades del mercado laboral y la economía global.

Pero, ¿y qué?

Yo tenía que hacer lo que sentía en mi corazón, y eso no lo sabía nadie más que yo. Ninguna otra persona sabe realmente lo que hay en nuestro interior, sólo nosotros. Nadie sabe cuán fuerte puede cantar o suspirar tu corazón, ni cuánto le puede doler no hacer lo que desea.

En el mundo hay muchísima gente como yo, pero no todos quieren ser escritores. Algunos quieren ser pintores, arquitectos, carpinteros, dentistas o enterradores. Y también hay una persona cerca de cada uno de ellos, desalentándolos. O peor aún, alguien que ya logró hacerlos desistir de sus sueños.

Una vez conocí a un hombre que deseaba ser director de una funeraria con todo su corazón, pero que quedó atrapado cuando tuvo que hacerse cargo del negocio familiar: una tienda de abarrotes. Pasaron muchísimos años antes de que se liberara y pudiera dedicarse al negocio de los funerales. También trabajé para un hombre que dirigía una funeraria pero en realidad quería ser músico de jazz. Por desgracia, se le fue la vida administrando el negocio de la familia y jamás pudo ser libre.

La mamá de Diana me dijo que ella misma deseó ser pintora en su juventud, pero terminó estudiando química y la odiaba. Pero finalmente, cuando llegó a la edad madura, volvió a la escuela y consiguió un empleo como dibujante. Por supuesto, está fascinada.

No escuches a la gente que te critica. Hay muchísimas personas que van a tratar de desalentarte, y mi teoría es que la gente que critica tus sueños, es la misma que no persiguió los suyos, a la que le duele ver que otros se empeñan en lograr lo que quieren.

En el mundo hay espacio suficiente para tus deseos, sin importar cuáles sean. Además, allá afuera hay alguien más que necesita de tus dones. Hay lugar suficiente para tu voz, y alguien necesita escucharla. Al final, lo que me dije fue: la escritura es como la música porque jamás habrá demasiadas canciones. Allá afuera hay alguien que odia la música country pero adora el rap, y viceversa. También existe alguien a quien le conmueve Shakespeare pero detesta a John Grisham. Habrá lectores que odiarán mi voz pero adorarán la tuya.

Mucha gente te va a decir que el mundo ya está lleno de escritores, pero casi todos terminarán en un bar desperdiciando sus palabras y las tramas de las novelas que no han escrito porque tienen demasiado miedo de fracasar. Es el tipo de gente que se aferra a sus dudas en lugar de empeñarse en cumplir sus sueños.

Para conseguir lo que quieres en la vida vas a tener que acallar a quienes te critican, empezando por tu mayor detractor: tú mismo.

LECCIÓN 12

A veces el empleo que quieres es el que ya tienes

El día que me contrataron para trabajar en el *Beacon Journal*, lloré durante todo el camino a casa. Una hora completa de lágrimas. Pude haber llenado cubetas.

¿Por qué? Acababa de aceptar un empleo como reportera de negocios y yo odiaba ese tipo de noticias. ¿Había cometido un terrible error? Después de seis meses de escribir reportes de ventas y ganancias, me aburrí y comencé a inquietarme. Una revista local me ofreció un empleo como articulista, y una persona sabia de la sala de prensa me animó y me dijo que me quedara escribiendo noticias de negocios para poder construir un buen currículum, aspirar a una pensión y acumular experiencia.

«Sólo llevas algunos meses aquí —me dijo—. Dale una oportunidad a esta sala de prensa. Date una oportunidad aquí a ti misma. No te arrepentirás.»

Aquel periodista tenía razón. ¿La «aburrida» labor que me dieron? Bueno, era una mezcla de los sobrantes, de lo que nadie quería: agricultura, seguros médicos y... el dirigible. Así de aburrida era:

Y de pronto, estoy volando en el Dirigible de Goodyear. ¡¿Qué?!

Sip.

Un día propuse un artículo que implicaba seguir al Dirigible Goodyear con un fotógrafo. Manejamos de Akron a South Bend, Indiana, y pude volar en el dirigible mientras éste cubría un juego de futbol americano del equipo de Notre Dame. Pasé días entrevistando a la tripulación y a los involucrados en tierra: un grupo de gente asombrosa. Nunca se llevan la misma gloria que los pilotos, pero reciben a los visitantes de los pueblos y ciudades de la zona y les dan una calurosa bienvenida cuando se acercan y se forman para ver el dirigible.

No hay nada como subirse a una nave así. No se siente como si uno volara, más bien como si estuviera en un bote. Es como mecerse en el cielo. Es edificante pero hay mucho ruido. El equipo de camarógrafos quitó la puerta de salida para colocar la enorme cámara con que cubrirían el juego. Había tanto ruido que tuvimos que usar audífonos. Volamos sobre Notre Dame, saludamos al Jesús del Touchdown, sobrevolamos el Domo Dorado y vimos a los Luchadores Irlandeses jugar contra Michigan State. En el medio tiempo el piloto volteó a verme y dijo, «Oye, ven, conduce un rato».

¿Yo? ¿Yo al mando de los controles del Espíritu de Akron? ¡Guau!

¿Cómo negarme? Todavía no acababa de pellizcarme para despertar del sueño de que estaba volando en el Dirigible Goodyear —volar en el dirigible es un raro obsequio que por lo general está reservado para los peces gordos de las grandes empresas que se encuentran entre los mejores clientes de la compañía de neumáticos—, ¿y de pronto me iban a dejar volarlo yo misma? ¡GUAU!

El piloto me explicó lo sencillo que era y señaló dos instrumentos de medición. El primero era un altímetro con números y un disco dividido a la mitad. La parte superior era de color azul. «El color azul representa el cielo. Mantenlo ahí», me ordenó, y luego me advirtió que no dejara que la aguja del altímetro subiera demasiado porque, si eso llegaba a suceder, el dirigible flotaría hacia arriba y su piel se calentaría y expandiría. También me indicó que debía mantener la nave en la parte azul sin bajar. No dejes que se vaya al sur, al suelo.

No hay problema. ¿Qué tan difícil puede ser?

Lo estaba haciendo muy bien, pero luego el piloto fue al baño. Así es, hay un baño en el dirigible. Bueno, más o menos. No es un sanitario tal cual sino un ducto. El fluido sólo «se disipa» en la atmósfera. Bueno, al menos eso es lo que me dijo el piloto. (¿Mi consejo?: Lo mejor es nunca pararse directamente debajo del Dirigible Goodyear.)

El piloto caminó por la góndola hasta la parte trasera y yo me quedé sola con los controles. Fue durante el medio tiempo. Estaba viendo a la banda musical cuando, de pronto, la aguja del altímetro dio un salto, así que apunté el dirigible hacia abajo, pero sólo un poquitito. La aguja volvió a subir y yo bajé el dirigible un poco más. Como el frente de la góndola es una gran ventana, de repente me encontré mirando directamente a tierra y aferrándome al suelo con los pies para no caer a través del vidrio. ¡Demonios! ¡El dirigible ya no estaba en la zona azul!

Desde tierra seguramente vieron una escena como sacada de esas películas de desastres. El dirigible parecía prepararse para estrellarse en tierra a la altura de la yarda cincuenta. El piloto tuvo que irse sujetando de los asientos mientras caminaba de vuelta hasta donde yo estaba. Cuando llegó, tomó los controles, enderezó el dirigible y dijo: «Ya es suficientemente difícil usar el ducto estando de pie. De cabeza... es mucho más difícil». Por último, el piloto juró que yo nunca, jamás, volvería a volar otro dirigible.

Pero qué gran experiencia. Y la tuve gracias a un empleo que creía odiar.

En cuanto decidí desafiarme más a mí misma, ese mismo empleo me dio muchas oportunidades que se extendieron más allá de la cobertura de noticias de negocios. En una ocasión, por ejemplo, me ofrecí como voluntaria para ir a El Salvador a escribir acerca del final de la guerra a través de la mirada de un chico que había perdido la pierna y consiguió una prótesis en Ohio. Volé a Irlanda del Norte para escribir acerca de «la problemática» desde la perspectiva de los niños que venían a Estados Unidos en el verano para escapar de la situación.

El secreto de todo empleo radica en no salir corriendo en cuanto uno se aburre, se inquieta o se torna irritable, sino quedarse y mejorar las cosas. A veces sólo necesitamos mantenernos ahí y verlo como si fuera una zona sagrada. Una querida amiga mía solía cambiar de empleo cada seis meses pero siempre terminaba odiando su nuevo trabajo. La solución que mi amiga aplicaba era la cura geográfica, y quien siempre se movía era ella. Creo que todos conocemos a gente así, que todo lo arregla mudándose o yéndose a otro lugar. Claro, mudarse puede resolver las diferencias maritales, el problema con la forma de beber, el dilema laboral, el desastre financiero, la falta de pasión, el exceso de aburrimiento y muchas cosas más. Pero la mejor solución es que cambies tú, no el empleo. En cuanto tú modificas tu actitud, tu trabajo también cambia.

Moverse puede ser una buena solución para algunas personas, pero según cuenta la historia, el recién llegado al pueblo le pregunta al que ya lleva tiempo ahí: «¿Cómo es la gente de aquí?», y éste le contesta: «¿Cómo era la gente del pueblo del que vienes?». El recién llegado dice: «Mezquina y desagradable». El que ya lleva tiempo le dice: «Bueno, entonces eso es lo que encontrarás aquí». Al otro día aparece otro recién llegado en el bar y pregunta cómo es la gente del pueblo. El que ya lleva tiempo ahí, le pregunta: «¿Cómo era la gente del pueblo del que vienes?», y el hombre contesta: «Cariñosa y generosa». El residente del pueblo le dice: «Bueno, entonces eso es lo que encontrarás aquí».

¿Qué significa? Que uno atrae aquello que es igual a uno. O como diría el señor Brady, padre de la Tribu de los Brady: «Adonde quiera que vayas, ahí estarás».

La simple idea de mantenerse en el mismo lugar se transformó en un voto sagrado gracias a los monjes de la antigüedad. San Benedicto tenía la idea de comprometerse a permanecer en una comunidad para evitar que los monjes deambularan en busca del lugar perfecto para servir a Dios, como si tal lugar existiera. El monje trapista Thomas Merton, batalló más con su voto de estabilidad que con el de pobreza. El religioso luchaba constantemente con el deseo de abandonar el monasterio para tener más soledad y una experiencia más profunda de Dios. Terminó viviendo en un monasterio en Kentucky, en donde escribió libros sobre la santidad en la vida ordinaria que lo rodeaba.

Sin embargo, tú no tienes que ser monje para darte cuenta de que la búsqueda de la felicidad no se lleva a cabo llenando un camión de mudanzas cada año, sino indagando en tu panorama interior. Yo jamás he vivido fuera de Ohio. Siempre encontré la salida para mi inquietud a través de cambios ejercidos en el escenario de mi lugar de trabajo. Tengo casi treinta años de ser periodista, y he pasado por fases y modas en las que he querido irme a otro lugar para conseguir más dinero, más prestigio y más satisfacción.

Quizás fue la crisis de la edad madura lo que me hizo gritar «¡Basta!», o los nada sutiles recordatorios cotidianos que me convencieron de quedarme, como la tarjeta postal de las zapatillas color rojo rubí que me dio mi esposo. Los zapatos de Dorothy siempre me recuerdan que «No hay lugar como el hogar», y que no tengo por qué ir en busca de los deseos de mi corazón más allá de mi patio trasero.

He escuchado a muchos reporteros quejarse, y yo también lo he hecho. Nos he escuchado decir que, si fuéramos escritores de verdad, estaríamos en la ciudad de Nueva York escribiendo novelas o redactando artículos para el *New York Times*. Sin embargo, Robin Witek, una fotógrafa con quien trabajé, me mostró que para encontrar gratificación personal, no tenemos que estar en ningún lugar sino en el presente.

El enfoque que Robin tenía de la vida y de la fotografía consistía en escoger un lugar, esperar y dejar que la vida misma se desarrollara a su alrededor. Cuando cubría un juego de baloncesto, no iba detrás de la acción corriendo por toda la cancha, sólo elegía un lugar y capturaba lo que sucedía en derredor.

En cuanto elijas un lugar para quedarte en la vida, un empleo, una ciudad o un pueblo, el panorama siempre te va a sorprender. No importa en dónde decidas echar raíces o dejar tus ramas crecer, recuerda que siempre estarás parado en suelo sagrado.

LECCIÓN 13

Casi siempre, la única persona que se interpone en tu camino eres tú mismo

En mi computadora solía tener un post-it amarillo que decía: «Piensa como hombre» porque me parecía que los hombres siempre encontraban la manera de subir por el escalafón corporativo con mayor rapidez y ganar más dinero estando en la cima, y porque nunca se quejaban de que había algo pegajoso en el piso o un techo de cristal que no los dejaba crecer. Sin embargo, el día que la YWCA me honró con el Premio para las Mujeres con Logros, tiré el post-it a la basura. La frase del evento fue: «La escalera corporativa se puede subir en tacones». No sé cómo será para las lectoras, pero yo ni siquiera puedo *caminar* con tacones, así que subir una escalera, me parece imposible.

Pero la verdad es que he recibido muchas sugerencias sobre cómo avanzar en el mundo laboral, tanto de hombres como de mujeres. ¿Cómo se sube por la escalera corporativa? Bien, pues lo primero es quitarse uno mismo del camino. Así es, algunas personas —mi nombre es el primero en la lista—, son capaces de inventar cualquier excusa para evitar subir, o para no enfrentar los obstáculos que la vida nos presenta.

Culpamos al jefe, a nuestro padre o a nuestra maestra de primero de secundaria. Al sistema, la economía, la gente que está sobre nosotros, debajo de nosotros o al derredor. Siempre dejamos que los «peros» se interpongan en nuestro camino. *Ajá, sí, pero es que siempre lo hemos hecho así. Ajá, sí, pero el jefe nunca lo permitiría. Sí, pero la junta directiva no lo va a aprobar. Sí, pero ya estoy muy grande... soy demasiado joven... tengo muy poca experiencia... me sobra preparación... carezco de las aptitudes necesarias.*

Ha llegado el momento de deshacerte de tu gran «pero».

Verás, yo también tengo un enorme catálogo de excusas para no enfrentarme a las cosas que me da miedo hacer o que no quiero llevar a cabo; y casi todas mis excusas comienzan con las palabras *No puedo porque...*

No puedo porque estoy muy ocupado, muy cansado, muy abrumado. No puedo usar LinkedIn, ni Facebook ni Twitter, ni Excel ni PowerPoint; los sistemas son muy confusos y difíciles de manejar. No puedo porque los números, el dinero, las estadísticas, la tecnología y los aparatos nuevos no son lo mío. No puedo porque no soy suficientemente ingenioso para descifrarlo por mí mismo y porque voy a echar todo a perder.

Y luego están los misteriosos «ellos». *Es que «ellos» no me van a dejar.* Pero, ¿de quién estamos hablando exactamente?

Una vez, alguien me dijo: «Si no quieres hacerlo, siempre encontrarás una excusa. Si quieres hacerlo, entonces encontrarás la manera», y francamente, creo que es así de simple.

Todos conocemos a gente que pasa quince minutos explicando que no puede hacer una labor porque no tiene tiempo; sin embargo, hacer la tarea les habría tomado diez minutos menos que dar la excusa. Yo misma he sido así porque tal vez no quería hacer algo en particular o me daba miedo hacerlo mal, y por eso no me animaba. A mi esposo le encanta recordarme que una vez dije que jamás usaría el correo electrónico. Me resistía a la tecnología porque odiaba sentirme impotente cuando las cosas no me salían bien. Pero mi esposo siempre me dice que, cuando uno se queja o se defiende, pierde. Finalmente dejé de quejarme y de proteger mis debilidades, y le di la bienvenida a la tecnología para poder tener más herramientas y control. Hoy en día, adoro la libertad que me da el correo electrónico porque me permite trabajar dese casa. Antes odiaba Facebook y Twitter, pero eso fue hasta que contraté a alguien para que me enseñara a usar las redes sociales.

A menudo, el simple hecho de aferrarnos, nos mantiene estancados. Mi amigo Michael solía decirme que si uno amarra a un burro durante suficiente tiempo, se quedará en el mismo lugar incluso cuando ya no esté amarrado. Esto se debe a que uno se acostumbra a quedarse atascado, y ya no tiene voluntad de moverse aun estando libre.

¿A ti qué es lo que te está manteniendo atorado? Tal vez no es un techo de cristal ni un suelo pegajoso. Por lo general es la persona que está en medio de esos dos supuestos obstáculos, o sea, tú. Quedarse rezagado suele tener sus beneficios: si culpas a alguien más, nunca tendrás que responsabilizarte por lo que salga mal. El problema es que tampoco se presentará ningún cambio que pueda mejorar tu vida.

A mí me asombra la gente que se niega a dar excusas para no enfrentar la vida. Victor Riesel era columnista; y hasta la fecha, me sigue impidiendo dar excusas. Nunca lo conocí, pero conservé su obituario y lo leo con frecuencia.

Victor se especializaba en el trabajo sindicalizado y escribía sobre las mafias y los sindicatos. Un día salió de un restaurante de Manhattan y un hombre le arrojó ácido a la cara. Victor quedó ciego de por vida. Su carrera pudo haber terminado esa noche de 1956, pero la persona que quería acallarlo, sólo logro que su voz se hiciera más fuerte. Victor continuó escribiendo y mecanografiando sus columnas por sí mismo. Se levantaba temprano y su esposa le leía el periódico de principio a fin antes de que él saliera para ir a la oficina. Cuando sufrió el ataque, su columna se publicaba en 193 periódicos, pero antes de retirarse en 1990, ya se publicaba en 350.

Vaya, ¿cómo podría excusarme de todo un día de trabajo diciendo que estoy enferma, después de haberme enterado de lo que Victor hizo? ¿Cómo podría quejarme de que hay alguien que me impide avanzar? ¿Cómo podría despotricar sobre la situación laboral?

No, no podría.

He conocido a padres que les prohíben a sus hijos utilizar la frase «no puedo». Tú también deberías sacar estas palabras de tu vocabulario. Sería el primer paso para que dejaras de ser tu propio obstáculo. Aquí tienes algunos más:

Conserva tu poder. Vive sin culpas, sin defectos, sin victimizarte. Nadie te puede hacer sentir, pensar o hacer algo que no sea correcto para ti.

Si no puedes cambiar a una persona, un lugar, situación o institución, entonces modifica tu forma de pensar, sentir o responder a lo que te incomoda.

Mi amigo Bob solía decirme: «Si te parece que la vida apesta, primero revisa tu pañal». Quizás no fue tu jefe ni tu compañero de trabajo quien se equivocó. Podrías estar en medio de un desastre provocado por ti mismo, o tal vez lo que realmente apesta es tu actitud.

Sé tú mismo, pero sé la mejor versión de ti que exista. Te guste o no, la gente emite juicios sobre tu edad, tu educación, tu credibilidad y tu pericia, con base en tus tatuajes, argollas de la nariz, sandalias, ombligueros, blusas escotadas y minifaldas. Si quieres destacar de una manera positiva y ser memorable, asegúrate de presentarte de la manera que quieres ser recordado.

Actúa de la forma que sabes hacerlo. A mis amigos en rehabilitación les encanta contar la historia de las ranas: había cuatro ranas sobre un tronco. Tres de ellas decidieron saltar. ¿Cuántas quedaron en el tronco? Cuatro, porque las tres ranas que mencioné sólo «decidieron», no actuaron. Da un pasito hacia atrás que te permita impulsarte hacia el frente. Haz esa llamada, envía ese correo pendiente. Solicita el aumento que deseas.

Vuélvete una persona a la que se le pueda enseñar. A mí me cuesta trabajo aprender cosas nuevas porque no tengo la humildad de pedir ayuda; no saber cómo hacer algo me recuerda la coraza de vergüenza que, desde mi infancia, me ha dicho que soy una persona estúpida. Ahora, sin embargo, ya me puedo dar permiso de ser estudiante de la vida. Hay una enorme cantidad de personas que pueden enseñarte cualquier cosa que quieras aprender. Si es necesario, contrátalas y págales para que compartan su conocimiento contigo.

¿Cuál es la mejor manera de dejar de obstaculizarnos a nosotros mismos?

Asume el cien por ciento de la responsabilidad de crear tu propia felicidad y éxito. Deja de creer que hay alguien tratando de mantenerte atascado. Puedes inventar una excusa o hacer que las cosas sucedan, pero la decisión siempre será solo tuya.

LECCIÓN 14

Dios continúa hablando

Es difícil imaginar que haya alguien dispuesto a responder a esta antigua oferta de empleo:

> No ofrecemos salario ni recompensas. No hay vacaciones ni pensiones, pero sí mucho trabajo; una vivienda pobre, poco consuelo, muchas desilusiones, enfermedades frecuentes y una muerte violenta o solitaria.

¿En qué consiste el empleo? En unirse a las Hermanas de la Presentación de la Bendita Virgen María.

Seguramente ya sabes que las religiosas en general son gente muy fuerte. Las monjas dominicas me dieron clases durante ocho años en la Escuela de la Inmaculada Concepción en Ravenna, Ohio, pero yo realmente nunca aprecié del todo las contribuciones de las hermanas hasta que vi la exposición museográfica *Mujeres y Espíritu,* en la cual se mostraba todo lo que hacían para construir escuelas, hospitales y organizaciones de caridad.

Las hermanas católicas fundaron el sistema de escuelas privadas más grande de Estados Unidos; empezaron con 110 universidades aproximadamente. Durante la Guerra Civil cuidaron a los soldados de ambos bandos: los de la Unión y los confederados. Una monja fundó una compañía de seguros para leñadores, con el objetivo de que tuvieran cobertura de cuidados médicos. Otra ayudó a desarrollar una incubadora para recién nacidos. Una más ayudó a echar a andar la Clínica Mayo. La hermana Henrietta Gorris, que ayudó a reconstruir vecindarios pobres después de los disturbios raciales de Cleveland en 1966, vivió bajo un lema que todos los habitantes de las ciudades deberían usar en la actualidad: «No te mudes, mejora». También hubo una monja involucrada en la fundación de Alcohólicos Anónimos en Akron. La hermana Mary Ignatia Gavin les ayudaba a los alcohólicos a llegar hasta sus camas en el Hospital St. Thomas para que pudieran dejar su adicción.

Y sí, muchas de ellas nos enseñaron las tablas de multiplicar a punta de golpes. Yo todavía tengo cicatrices en los nudillos. Incluso ese aspecto se mostró en la exhibición, pero con delicadeza. En una de las piezas, la ficha museográfica decía: «Los recuerdos de los graduados de las escuelas católicas varían mucho y van de los afectuosos a los dolorosos». Aunque la busqué, no encontré ninguna de las reglas escolares de madera que las religiosas usaban para «infundirnos» el conocimiento.

En cada momento importante de la historia, las religiosas han ayudado y sanado a otros. En un cilindro gigante se podían leer los nombres de todas las órdenes, de las Adoradoras de la Sangre de Cristo hasta las Hermanas Xaverianas. Estas mujeres cambiaron al mundo; no a la fuerza, sino a través de la oración y la lealtad a su misión de servir a otros, una misión que evolucionaba de manera constante.

Las monjas con las que conviví a lo largo de la escuela primaria, me enseñaron a leer, escribir, sumar, restar y leer el reloj. También me enseñaron que cada persona puede tener más de una misión en la vida. Yo solía preguntarme cuál sería la voluntad de Dios para mí; pasé mucho tiempo tratando de averiguar cuál sería esa misión perfecta que Dios había elegido para mí en especial. ¿Cuál era mi tarea personal en la vida? Pero a través de sus propias vidas, las religiosas me enseñaron que la misión de una persona puede cambiar de manera constante.

La hermana Mary Ann Flannery era profesora universitaria. Luego llegó a ser directora de la Casa Jesuita de Retiros en Parma, un lugar al que siempre he considerado mi hogar espiritual. La hermana me dijo que lo más emocionante de ser monja era que, «puedes ir a donde la gracia de lleve. Dejar que la calle sea tu capilla, que el amor de otros sea tu voto». Ella no se ha encasillado en un solo llamado porque sabe que Dios continúa hablando; por eso escucha cotidianamente con atención para saber cuál será la dirección que deberá tomar cada día.

De acuerdo con lo que me han dicho las hermanas con quienes he hablado, respetar el voto de castidad no es lo más difícil de ser monja. Y eso es evidente: uno no se entera de escándalos de monjas que andan por ahí desbocadas teniendo amoríos con todo mundo. Lo más difícil es dejar atrás todo lo que han amado de su hermandad, y que han perdido debido a la fusión y clausura de los conventos. Sí, me temo que las monjas están en vías de extinción.

Las religiosas me han enseñado a no permitir que la última palabra de Dios se interponga entre uno mismo y la siguiente palabra de Dios, porque él continúa hablando. Su voluntad podría ser una cosa o muchas, o podría cambiar conforme pasa la vida. Las monjas se reinventan de manera constante de acuerdo a la forma en que se va desplegando su evolución interna.

La hermana Evangeline Doyle fue mi maestra de sexto grado. Se esforzaba mucho pero no parecía que le gustara dar clases a un montón de chicos y chicas en medio de una revolución hormonal. Cuando dejó de dar clases, me enteré por qué actuaba así.

La hermana era una artista que sentía que explotaría si no creaba algo. Era pequeña y frágil pero podía lanzarse sobre un trozo de 2,500 kilos de piedra caliza con un mazo y un cincel como nadie más. A veces cambiaba su hábito por un par de jeans deslavados y una sudadera rota. Durante años fue escultora a escondidas y sólo trabajó en el sótano del convento, pero finalmente abandonó la enseñanza y se dedicó a su arte. Continuó siendo monja pero firmaba sus obras como Vang. Realizó una incontable cantidad de pinturas y esculturas en madera, piedra caliza y arcilla, y entre ellas, se encuentra la enorme pieza que está frente a la biblioteca pública de Akron. Su objetivo era ayudar a otros a apreciar la belleza que hay en todas las cosas, y a encontrar a Dios en todo.

Todavía conservo la tarjeta de oración que recibí en su funeral. En ella incluyeron una cita de la propia hermana: «En la piedra hay cierto misterio de vida que es sumamente fuerte y perdurable. En el interior de la piedra el artista entra en contacto con el misterio de la propia creación de Dios».

Nunca pude agradecerle a la hermana por mostrarme cómo decirle «sí» a mi sueño, por eso es importante que sí haya podido agradecerle a mi maestra de segundo grado. La hermana

Eleanor Wack no sólo nos enseñó a leer textos, también nos enseñó a leer el rostro de Dios. Nos enseñó que el rostro de Dios no sólo está en el hombre que cuelga del crucifijo, sino en la naturaleza, en los otros, y en todas las experiencias que nos brinda la vida.

Cuando compartió con uno de sus grupos el amor que les tenía a las estrellas, uno de sus pequeños alumnos se desveló para poder ver por qué la hermana hacía tanto alboroto. Al día siguiente, casi sin aliento, el niño le dijo: «¡Hermana, anoche vi a Orión!».

La hermana Eleanor veía a Dios en todas partes, particularmente en las sonrisas chimuelas de los niños de seis años a los que les sonaba la nariz y les ataba las agujetas. Durante cincuenta años les enseñó a cientos de chiquillos a leer a Dick y Jane y Dr. Seuss. Los adultos se acercaban a ella en los restaurantes de todo Akron para agradecerle su amor por la lectura.

Su primer día de enseñanza lo comenzó siendo la hermana Dismas —cuando todavía me daba clases a mí—, pero el último día que dio clases, ya era la hermana Eleanor. Sus rodillas cedieron a los 74 años. Fui a despedirme y a agradecerle.

La hermana fue la última dominica de Nuestra Señora de los Olmos que dio clases en Akron como maestra de tiempo completo. Hubo un momento en que la orden llegó a tener casi 220 hermanas, y casi todas daban clases. La hermana Eleanor pasó su último día abrazando niños, reconfortando a madres que rompían en llanto y saludando a sus antiguos alumnos. Un teniente del Departamento de Policía de Akron se presentó para decir adiós. También yo lo hice. La boleta que la hermana me entregó en segundo grado dice que me enseñó matemáticas, fonética y deletreo, pero no menciona que también me imbuyó el amor a aprender.

En aquel tiempo ella siempre estaba envuelta en su hábito dominico que sólo dejaba ver sus manos y su cara. Pero con eso bastaba. En aquellos ojos azules y manos dulces, nosotros pudimos atisbar el amor que Dios sentía por nosotros.

Las boletas que sus alumnos pegan en sus álbumes de recuerdos, tampoco dicen que les enseñó a decir «¿Disculpe usted?» en lugar de «¿Qué?», o a orar por lo menos cuatro minutos todas las noches: dos para hablar con Dios y dos para escuchar.

«Trato de enseñarles para toda la vida, para que lleguen a ser lo que Dios planeó que fueran», dijo la hermana.

Cuando los niños abandonaron la habitación 109, ella tomo el letrero que decía HABITACIÓN DE LA HERMANA ELEANOR.

«No suelo llorar, pero mi corazón lo está haciendo ahora», confesó.

Antes de que la campana sonara por última vez, la hermana repasó una última lección. «¿Qué dices cuando alguien no es amable contigo?», preguntó.

Un niño contestó: «No eres mi amigo pero puedo ver a Dios en ti».

La hermana sonrió y le dijo: «Esta lección te va a durar toda la vida». Era cierto, yo todavía la recuerdo.

LECCIÓN 15

Haz que la vida de este mundo sea apacible

Esa mañana los Niños Perdidos de Sudán estaban parados en una enorme bodega de suministros médicos, esperando la oportunidad de enviar ayuda a casa.

De pronto comenzaron a cantar en dinka las mismas palabras que renovaron su espíritu en 1983 cuando huyeron de la guerra civil de su país. En aquel tiempo eran sólo niños, pero tuvieron que huir de balas y de ríos infestados de cocodrilos; caminaron miles de kilómetros bajo el ardiente sol de Sudán a Etiopía y Kenia.

Mientras los otros cantaban en la bodega de MedWish International en Cleveland, uno de ellos, llamado Majier Deng, me explicó el significado de la canción. «Es una canción de Dios —me dijo en voz baja—. Cuando vamos de un lugar a otro, Dios siempre nos bendice y nos protege sin importar quiénes seamos o qué hagamos».

Peter Manyiel asintió. «Dios nos ayudó a sobrevivir —agregó—. Siempre dejamos todo en sus manos. Y hoy, estamos tratando de recompensar a otros».

Los Niños Perdidos de Sudán ya no están perdidos ni son niños. Mientras el montacargas zumbaba alrededor, vi a seis hombres cantar para bendecir los suministros médicos que irían a su país. Seis de los Niños Perdidos fueron a la bodega para ayudar a empacar 5,000 kilos de suministros médicos en el interior de un contenedor de carga de poco más de doce metros que sería enviado a Sudán del Sur. Hay tanta pobreza ahí, que uno de cada siete niños muere antes de cumplir cinco años. La gente tiene que caminar dos horas para llegar a una clínica, o esperar bajo la sombra de un árbol que la ayuda llegue. No hay hospitales, ni equipo ni camas.

Majier dijo que el cargamento le mostraría a la gente de Sudán que hay alguien que se preocupa. «Eso es el amor verdader: preocuparte por alguien a quien no conoces», comentó.

El doctor Lee Ponsky fundó MedWish International en 1993 cuando sólo tenía veinte años de edad. Quería ser doctor y terminó trabajando un verano en el Hospital Mt. Sinai, en Cleveland. Quería ir a otro lugar y hacer una diferencia. Ponsky se fijó, como misión de vida, recolectar todos los suministros médicos locales que de otra manera terminarían en tiraderos, y enviarlos a países pobres de todo el mundo para salvar vidas.

Siendo estudiante de medicina en una clínica de Nigeria, vio que los médicos preparaban su propio suero, usaban sedal para hacer suturas y carecían de agua limpia para las cirugías. El trabajo de Lee consistía en lavar, coser guantes y ponerles talco para que pudieran usarse otra vez.

Lee se graduó de la Universidad de Rochester y luego obtuvo su título médico de la Universidad Case Western Reserve. Fundó la organización sin fines de lucro MedWish en el garaje de sus padres y más adelante llegó a ser jefe de oncología urológica en University Hospital, en Cleveland.

El joven médico dice que MedWish es su pasatiempo. Vaya manera de entretenerse.

La Clínica Cleveland dona el uso de una bodega de 3,000 mts² que Lee ha transformado en un depósito internacional de suministros médicos. MedWish recolecta y distribuye los suministros de cincuenta hospitales y asilos, de Cleveland a California, y los envía a más de noventa países, de Belice a Zambia. No requiere de fondos gubernamentales y opera con donaciones exclusivamente.

El gasto de enviar un solo contenedor es de entre 5,000 y 10,000 dólares, y cada contenedor está preparado de manera individual dependiendo de las necesidades del país adonde será enviado y de las limitaciones por la carencia de agua potable y electricidad. MedWish investiga y aprueba a todos los receptores. La organización llena los contenedores, los sube a trenes, los lleva a una ciudad portuaria y los manda a su destino en barco. MedWish ayuda a lidiar con los trámites aduanales, los caminos imposibles de transitar, las cambiantes situaciones políticas y las distintas reglas que tienen los países. Esta organización ha sido capaz de combinar las buenas intenciones con las realidades de aspecto práctico para concretar los proyectos. Finalmente, MedWish rastrea el contenedor hasta su llegada y se asegura de su liberación aduanal.

La gente lleva a la bodega andadores ortopédicos, sillas de ruedas, gasas y guantes en paquetes nuevos. La mayoría de los donantes prefieren permanecer en el anonimato. Un asilo donó camas. Un hospital donó bolsas de dormir para bebés y vendas especiales para quemaduras. La bodega está llena de camas de hospital, incubadoras, lámparas para quirófanos, colchones, mesas de auscultación, atriles para intravenosa, tubos de ventilación infantiles y botellas; y mucho del material ya está listo para partir a su destino.

«Todo lo que ves en esta bodega habría terminado en un tiradero —me explicó Lee—. Lo que nosotros tiramos a la basura en este país, es como oro en otros lugares del mundo».

Me encantó el letrerito pegado al refrigerador de la oficina que dice: LA PERSONA QUE DICE QUE ALGO NO SE PUEDE HACER, NO DEBE INTERRUMPIR A LA PERSONA QUE YA LO ESTÁ HACIENDO. MedWish funciona gracias a la ayuda de donantes, voluntarios y estudiantes con necesidades especiales a los que se les paga para que ordenen los artículos.

En las paredes hay banderines enormes que recuerdan a todos la misión. En cada uno se ve la cara de un niño de África, Centroamérica, Medio Oriente y Sudamérica. Cuando conocí al doctor Ponsky pensé en las fuertes palabras de Robert F. Kennedy: «Dediquémonos a lo que los griegos escribieron hace tantos años: a domesticar el salvajismo del hombre y hacer apacible la vida de este mundo».

Eso es lo que Lee Ponsky está haciendo aquí. Un manual de resucitación que fue enviado a Laos salvó la vida de cinco bebés. Un desfibrilador al que ya se le consideraba anticuado según los estándares de Estados Unidos, ahora está salvando vidas en Gabón, África. Una válvula cardiaca que MedWish envió a Honduras le salvó la vida a una chica de dieciséis años. Un grupo de 67 voluntarios llevaron suministros a Nicaragua para dar tratamiento a granjeros pobres con dolor de espalda. El paciente que llegó con un agudo caso de artritis y una rodillera fabricada con hojas de col marchitas sujetadas con trapos, salió de ahí con un soporte de banda elástica y una sonrisa.

En las instalaciones también hay un planisferio y un amplio pizarrón en donde dice: «Envíos en proceso: Honduras, Ghana, Nicaragua, Perú, Uganda». También se incluyen los «artículos más pedidos» como gasa, guantes, crema antibiótica, abatelenguas y estetoscopios.

Si vas a salir de vacaciones, puedes llevar contigo un botiquín y convertir tu paseo en una misión para salvar vidas. Los médicos que viajan al extranjero, por ejemplo, hacen una escala en MedWish y consiguen suministros. Un doctor que iba a Vietnam fue a la bodega y se llevó la maleta repleta de nebulizadores.

Los donadores pueden adoptar una necesidad específica: suministros pediátricos, cuidado de heridas, cuidados maternales, suturas, instrumental, intravenosas o protección para personal como guantes, máscaras y artículos similares. En la bodega hay cubos llenos de ductos respiratorios, tubos de ventilación infantiles, biberones, catéteres, toallas higiénicas de maternidad y aparatos de succión. Los paquetes maternales incluyen todo lo que necesita una partera para traer al mundo a un bebé.

Los Niños Perdidos sonrieron al ver las tarimas llenas de vendajes, gaza, pomadas, atriles de intravenosa, mesas de auscultación, sillas de ruedas, camillas, camas y colchones que tenían Sudán del Sur como destino. Caminaron hasta pasar la pared en donde está el mapa del mundo lleno de alfileres con cabezas de colores que indican adónde han ido los contenedores: Centroamérica, Sudamérica, África y más allá. Y en el mapa de Ohio, los alfileres marcan los lugares de donde vienen los voluntarios,

«Gracias, gracias», dijeron los Niños Perdidos, casi cantando. Pero todavía querían agregar algo más al envío. Se sentaron a la mesa y escribieron cartas para meter en el contenedor. Con parsimonia y cuidado imprimieron palabras de esperanza para la gente al otro lado del océano.

«Este regalo de MedWish es sólo el principio —escribió Majier—. Sigan rezando y confiando en Dios Todopoderoso. Esperamos que estos suministros hagan una verdadera diferencia».

Lazarus Makhoi se detuvo un instante y luego escribió las palabras que había deseado escuchar tantos años atrás cuando era uno de los niños en el campo de refugiados: «No los he olvidado.»

Para ayudar a hacer la diferencia, visita www.medwish.org.

LECCIÓN 16

A veces tu misión se revela momento a momento

La vida siempre nos da exactamente lo que necesitamos en cada momento y, al mismo tiempo, recibimos la oportunidad de bendecir a la vida de vuelta.

La pionera Zen estadounidense Charlotte Joko Beck dijo una frase que tengo en mi escritorio para recordar que cada bichito, cada problema, moretón, multa de tránsito, jefe huraño y cada bache y respiro, nos enseñan algo. «Todo momento es el gurú», es la frase de Joko Beck.

Tu misión aparece todo el tiempo.

¿Y cuánto dura cada instante? No lo sé pero una vez escuché que un minuto es un momento con asas. Bastan sesenta segundos para hacer la diferencia. Es algo que el cáncer me enseñó.

A las enfermeras y los doctores que me cuidaron no les quedaba mucho tiempo para reconfortarme mientras me atendían porque tenían muchos otros pacientes. Sin embargo, hicieron lo necesario para que cada instante contara.

Cuando desperté después de que me hicieron la biopsia, el cirujano se acercó para responder a mis preguntas. Justo antes de que el doctor Leonard Brzozowski se alejara de mi cama para revisar el reporte de patología y ver si el tumor que había removido de mi seno era canceroso, hizo algo que nunca olvidaré. Me apretó los dedos de los pies. Fue un momentito de conexión humana, pero a mí me pareció un majestuoso acto de gracia. Yo estaba enrollada en un sostén quirúrgico, cubierta con una delgada bata, y en los pies tenía de esas calcetitas de hospital. Me sentía muy vulnerable pero el ligero estrujo me ayudó a confiar en él entonces y durante todo el camino hasta el día que compartimos nuestro gran momento.

El día que me quitó todas las capas de gasa del rededor del pecho para ver cómo lucía mi cuerpo después de la doble mastectomía, se sentó junto a mí en la cama del hospital. Luego me desenvolvió lenta y tiernamente, como si estuviera abriendo un regalo frágil. El doctor creó un momento sagrado para que yo pudiera ver mi nuevo cuerpo, y lo hizo de tal forma que logró que yo y mi esposo nos sintiéramos cómodos con mi pecho plano.

También estaba ahí la enfermera que me llamó a casa después de la cirugía. Me dijo que quería saber cómo estaba. Tal vez sólo fue una llamada de rutina, pero la hizo con compasión y yo me pude percatar de ello a través del teléfono. Me dijo que lamentaba que hubiera tenido que lidiar con el cáncer.

En mi trabajo, durante el tiempo que fui paciente y el que fui técnico médico, tuve la oportunidad de hablar con enfermeras de salas de recuperación, de cuidado coronario, pediatría, geriatría, y las unidades de emergencia y trauma. Todas me hablaron de las historias cómicas y trágicas de su trabajo, del centenar de formas en que las presionaron, de que a veces no tenían ni oportunidad de ir al sanitario y de que en ocasiones terminaron llegando a casa cubiertas de sangre y vómito.

Las enfermeras son las abogadas del paciente, los ojos y oídos de los doctores, y los chivos expiatorios de todo mundo. Ellas pueden enviarle mensaje a tu médico pero no pueden hacer que éste aparezca como por acto de magia. Mi hermana es enfermera y en casa usa una camiseta que dice, «Sé amable con las enfermeras. Nosotras somos quienes impedimos que los doctores te maten accidentalmente».

¿Y qué obtienen a cambio? Que las saluden con frases como, «Oiga, usted... Hey... Señora... Enfermera Ratched...», y otras palabras que ellas son demasiado amables para repetir. Pero también las llaman las militares de las intravenosas, el palpitar de los cuidados médicos. Las pocas veces que he tenido la mala fortuna en mi vida de ser la paciente, las enfermeras siempre me han apoyado.

Hace dieciséis años que me detectaron cáncer de mama, yo no era el tipo de paciente que obedecía. Cuando llegó el momento de programar mis citas para la quimioterapia, quise organizarlas con base en mis juegos de volibol. Todavía no me había hecho a la idea de que tenía una enfermedad que amenazaba mi vida. Seguí tratando de retrasar la programación de las citas porque tenía miedo, pero finalmente la enfermera me miró y dijo con firmeza: «Necesita establecer sus prioridades». Hice un berrinche y exigí que me asignaran una enfermera nueva pero en el fondo sabía que ella tenía razón.

Los medicamentos para evitar las nauseas no funcionaron y yo no tenía energía para expresarme, pero mi enfermera de quimioterapia, Pam Boone, habló en mi nombre y molestó al doctor para que me pusiera una medicina más eficaz en la intravenosa.

A John, un enfermero de radiología, sólo lo vi una vez, pero me llamó «cariño» y prometió que las seis semanas de radiación diaria se irían en un abrir y cerrar de ojos. Y así fue.

Muchos otros enfermeros y enfermeras cuyos nombres nunca supe, también me cuidaron. Fueron rostros borrosos enmarcados en uniformes quirúrgicos, ángeles con zapatos blancos que dejaron una huella de compasión al estrujar una mano, acariciar una mejilla o ahuecar la almohada.

Las enfermeras forman parte del grupo de los abuelos y los ángeles de la guarda. Su devoción es para los débiles, los confundidos y quienes tienen el cuerpo, la mente o el espíritu quebrado. A ellas no les importa si les vomitas encima, si no le atinas al cómodo o si oprimes el timbre de emergencia a medianoche sólo porque tienes miedo y no quieres estar solo. Ellas siempre batean la enfermedad por ti, rastrean a los doctores incluso en los campos de golf y se quedan hasta tarde sólo para verificar por última vez que estés bien. Y hacen todo en cada minuto de su precioso tiempo.

¡Ah, y las cosas que tienen que soportar! Las peleas de las familias tipo invitados de Jerry Springer que meten cerveza y donas de contrabando al hospital para sus familiares diabéticos y luego exigen más insulina y amenazan con demandar; las que confunden los hospitales con hoteles y a las enfermeras con empleadas domésticas.

A las enfermeras les gritan, las patean, las abofetean, las golpean, les escupen y las acosan sexualmente personas con distintos niveles y tipos de enfermedades mentales, intoxicación y arrogancia. Su cheque de nómina no cubre ni siquiera el principio de los interminables kilómetros que caminan, las comidas que se saltan y las vacaciones familiares que se pierden. Ellas permanecen de pie durante jornadas de hasta doce horas para limpiarle la sangre y los fragmentos de vidrio al superviviente de un accidente automovilístico, estabilizar un cuello roto, enseñarle a una madre a amamantar a su recién nacido, salvar la pierna de un diabético y ayudar a un paciente terminal a dejar el mundo.

Las enfermeras me han contado acerca de los familiares que inician peleas, desamarran a los pacientes restringidos, juegan con las heridas de bala, traen bebés y los dejan gatear en el piso, ordenan pizzas y no recogen su basura.

La gente no se convierte en enfermera o enfermero porque le encante llenar reportes médicos o lidiar con pacientes, familias y doctores insoportables, sino porque quiere ayudar a otros. Éste no es un empleo sino una vocación. Un llamado minuto a minuto, momento a momento.

Las enfermeras me han enseñado que basta un instante para hacer la diferencia, para hacer que la madre de un recién nacido se sienta celebrada y la de un mortinato, consolada.

Sólo se necesita un momento para ayudar a los indigentes y los solitarios a sentirse en casa en el mundo; para lograr que una adolescente con cáncer se sienta con confianza para enfrentar calva a sus compañeros de clase el día del baile de graduación; para ayudarles a los adultos mayores a usar un cómodo, un catéter o un pañal sin que sientan que han perdido su dignidad.

Sólo se necesita un momento para hacer que una mujer que acaba de perder sus senos se sienta completa; para acariciar a un paciente que ya no puede hablar y hacerle saber que hay quien lo entiende. Para enjugar lágrimas, estrujar una mano o decirle a un hijo que su madre lo perdonó antes de su última exhalación.

Las enfermeras les enseñan a los recién nacidos a respirar por primera vez y a los abuelos, por última. Y entre esos momentos al principio y al final de la vida, también les ayudan a los niños asustados a sentirse seguros y a la gente llena de cicatrices a verse hermosa a sí misma. Las enfermeras cumplen con su vocación en la vida cada vez que responden al llamado de una luz en medio de la noche.

Ellas me recuerdan constantemente que todos podemos ser esa luz aunque sólo brillemos por unos segundos.

LECCIÓN 17

Cuando las cosas se destruyen, en realidad podrían estarse construyendo

Tal vez ya conoces el viejo dicho: «Algunos años hacen las preguntas y otros años las responden». Y sé que casi todos querríamos vivir sólo los años que nos darán respuestas.

A veces uno atraviesa meses o años enteros de incertidumbre, durante los cuales todo se ve estancado desde afuera. Es como un invierno en el que todo se ve estéril, pero cuando miras atrás y observas esos períodos con detenimiento, puedes darte cuenta de que en realidad estuviste echando raíces.

Hay años en los que uno ve el fruto de su labor, florece, se pavonea, y la demás gente que contempla el bouquet, lo celebra. Pero los años de echar raíces no son tan atractivos como estos porque en ellos no hay mucho que mostrar. No obstante, todo lo creado en ese tiempo se hará evidente después, cuando descubras que fueron los años más importantes de todos.

Eso fue lo que pensé cuando me enteré acerca de Mary Ann Corrigan-Davis, una mujer que tenía el empleo soñado pero luego lo perdió y encontró uno todavía más perfecto. Mary Ann se graduó de la universidad con un título en lengua francesa y planeaba estudiar negocios internacionales a continuación. Luego obtuvo su maestría en La Universidad Case Western

Reserve, y esperaba conseguir el empleo perfecto para su carrera en cuanto se graduara.

Encontrar un trabajo le costó todo un año de entrevistas pero finalmente consiguió un empleo en ventas en American Greetings, la empresa de tarjetas de felicitación. Planeaba quedarse algún tiempo ahí y luego buscar su trabajo soñado. Pero se quedó veintisiete años y terminó siendo presidenta de la división de ventas al menudeo, a cargo de 440 tiendas en cuarenta estados. Trabajó en Australia y subió por la escalera corporativa hasta llegar al peldaño en donde estaba el puesto de vicepresidenta *senior* de innovación de negocios. Y luego, todo se detuvo de golpe y con un fuerte rechinido.

Mary Ann perdió el empleo en un recorte de personal, su padre falleció y a ella le dio cáncer de mama.

Todo sucedió en un año.

Y entonces oró. «Señor, te estoy prestando toda mi atención. ¿Qué es lo que Tú deseas que haga con mi vida?», preguntó.

En ese momento todo parecía un desastre, un caos, pero al mirar hacia atrás con detenimiento, se hizo evidente para qué era ese tiempo.

Mary Ann pudo estar con su padre en sus últimos días de vida.

Sanó y recuperó su empleo de tiempo completo.

Vigorizó su fe a través de la quimioterapia y la radiación, recuperó la fe que había obtenido en los años que estudió en la Academia Saint Joseph, una preparatoria católica para señoritas.

Después de que Mary Ann sobrevivió a la tormenta, encontró un arcoíris enorme. Terminó en el trabajo de sus sueños, un empleo que no apareció sino hasta que la despidieron como parte del recorte. Ahora es presidenta de la Academia St. Joseph, la escuela que siempre amó, y le encanta estar en un lugar en donde el motor es la misión, no las ganancias.

«La vida es una montaña rusa —me dijo—. A veces te dan ganas de vomitar, pero tienes que pensar y creer que todo estará mejor».

¿Cómo mantienes la fe?

Haces que la negación trabaje a tu favor. Crees, a pesar de las estadísticas. Tienes seguridad más allá de tus dudas. No dejas de creer por ningún motivo.

Cuando me diagnosticaron cáncer en 1998, tuve un periodo de miedo, pero en cuanto lo superé, me pareció que mi enfermedad era una gran pérdida de tiempo. En lo que se refería al trabajo, prácticamente me había vuelto una inútil. O al menos, eso era lo que me parecía. Pasaba incontables horas en consultas médicas y terapias. Todos los demás estaban ocupados haciendo lo que aparecía en sus listas de pendientes y conquistando el mundo, y yo sólo me enfrentaba a la siguiente tomografía axial, resonancia magnética o efecto secundario de la quimioterapia.

El cáncer es una mierda. No hay ninguna manera amable de decirlo. Te drena la energía y el entusiasmo. Incluso cuando te parece que estás bien, no te sientes normal del todo. Es como tener gripe todo un año. El cáncer me empujó al carril de baja velocidad de la vida, y en aquel momento lo detesté, pero ahora estoy muy agradecida por ello. La experiencia me permitió profundizar en todas las áreas de mi vida y me forzó a crecer espiritual, emocional y físicamente. Siempre quise tener la capacidad de inspirar a la gente para que viviera de la mejor manera posible, y ahora tengo esa inspiración gracias al tiempo que permanecí en el carril de baja. El carril de baja te enseña a hacer lo que es necesario, luego lo posible y, poco tiempo después, lo imposible.

Fue un período muy atemorizante porque el cáncer siempre ha sido fatal en mi familia. Toda la gente que lo tuvo antes que yo, murió. Mis tías Veronica, Francie y Maureen sucumbieron al cáncer de mama y a mí me dio a los 41 años. Un año después, le fue diagnosticado a dos primas más y fue entonces que decidimos hacernos una prueba genética.

Descubrí que porto una mutación llamada BRCA1 que incrementa la probabilidad de desarrollar cáncer de mama hasta un 85 por ciento. A cinco de mis primas también les diagnosticaron la enfermedad. A mi hermana Patricia le hicieron pruebas para ver si portaba el gen. Como lo tenía, decidió hacer algo al respecto.

Ahora le dice a todo mundo: «Le hice trampa al cáncer».

Y vaya que sí.

Lo hizo con valor, gracia y determinación.

Ella es la más chica de nuestra familia de once. Todavía recuerda que acompañaba a mi papá al hospital para visitar a su hermana Veronica cuando estaba luchando contra la enfermedad. Le llevaba pelucas. Veronica murió a los 44 y dejó huérfanos a seis niños de entre 2 y 14 años.

Patricia decidió actuar y no esperar a que el cáncer se presentara, por lo que, a los 39 años, se sometió a una mastectomía bilateral preventiva con reconstrucción. Su hijo apenas tenía 2 años.

Luego descubrí que mi hija también portaba el gen, yo se lo había pasado. Fue demasiado triste saber que le había transmitido la posibilidad de que una enfermedad así amenazara su existencia, sin embargo, el tener el gen le permitió cambiar y darle forma a su vida.

Un año después de que descubrió que portaba el gen BRCA1, Gabrielle comenzó a trabajar en University Hospitals con el Instituto Nacional del Cáncer. Llevaba tiempo colaborando en recursos humanos y ahí vio la oferta de empleo. Sonaba perfecto. Como coordinadora del programa de colaboración para el Servicio de Información sobre el Cáncer del NCI, tuvo la oportunidad de trabajar con diversas organizaciones para compartir la información más actualizada sobre el cáncer y ayudarle a la gente a enterarse de los cambios necesarios en su estilo de vida, las revisiones y las pruebas clínicas para reducir el riesgo e incrementar las probabilidades de supervivencia. Parte de su empleo consistía en hacer que la información sobre el cáncer y los tratamientos estuviera disponible para quienes no contaban con seguro médico. Mi hija estaba salvando vidas.

En una ocasión no pudo encontrar un grupo de apoyo para mujeres jóvenes que portaban el gen, y ayudó a fundar uno. Se puso en contacto con otras mujeres de grupos de apoyo de internet para personas en «plan preventivo», es decir, mujeres que todavía no habían desarrollado el cáncer de mama pero que portaban el gen. El hecho de ser una de ellas, asustó a Gabrielle pero también le infundió fuerza; y educar a otras le brindó una sensación de control sobre algo que estaba fuera de sus manos. Cuidó a la familia. Recolectó los diagnósticos y los historiales quirúrgicos de todas para trazar un árbol genealógico y pasárselo a todas las primas. Se convirtió en la educadora personal de nuestra familia y nos envió los estudios más recientes, conferencias, pruebas clínicas y recursos de internet.

Ella también se sometió a cirugía para que le quitaran ambos senos. Al principio fue algo muy triste, pero ahora tiene tres hijos y está agradecida todos los días por estar viva y poder verlos crecer. En cuanto tuvo a sus niños decidió dejar su trabajo y ser directora ejecutiva de tiempo completo de su hogar. Y jamás ha estado tan feliz como ahora.

El sabernos portadoras del gen nos dio otro regalo. Cuando estaba yo buscando el vestido que usaría en la boda de mi hija, me costó trabajo encontrar algo elegante que no fuera escotado o sin tirantes. El vestido tenía que ocultar los gruesos tirantes tamaño industrial de mi sostén de mastectomía que sostiene mis prótesis. Otras supervivientes me habían dicho que me tratara de entablar una relación amistosa con mis nuevas «conocidas», así que las bauticé con los nombres de Thelma y Louise. Mi hermana Patricia me ayudó a buscar un vestido adecuado para la mamá de la novia, y le sorprendió lo difícil que era encontrar ropa tras una mastectomía.

Luego mi hija también tuvo que reconciliarse con su cirugía y la tristeza de tener que utilizar trajes de baño especiales para mujeres con mastectomía por el resto de su vida. Pero Patricia se puso a trabajar. Sacó su cuaderno de dibujo y comenzó a esbozar trajes de baño. De pronto, mi hermana la arquitecta ya estaba diseñando trajes de baño de lujo para mujeres que se habían sometido a la mastectomía, y nombró a su línea Veronica Brett en honor de nuestra tía. Patricia quiere que todas las mujeres se sientan hermosas, elegantes y especiales. A mí me encanta la sensación y la apariencia de sus creaciones.

La etiqueta de sus trajes de baño es perfecta para las prendas y para cualquier persona que quiera enfrentar los cambios que le esperan con valor: «LA VIDA NUNCA LUCIÓ TAN SEXY».

LECCIÓN 18

Cuando fracases, hazlo hacia delante

Mi esposo es un fracaso total.

Es genial para caer de bruces, pero es todavía mejor para levantarse de inmediato.

Antes de conocernos tuvo muchas carreras distintas, por lo que llegó a nuestro matrimonio arrastrando un sólido currículum de fracasos.

Siempre fue empresario. En la preparatoria diseñó y vendió calcomanías para la salpicaderas de los autos, y botones con mensajes de amor y paz.

Luego probó en otros campos. Trabajó en una fábrica de acero durante... un día completo. El capataz le entregó un casco y le dijo que fuera a vaciar un camión, señalándole el tractor más grande que Bruce había visto en su vida. Estaba lleno de cajas con revestimiento de aluminio. Eran tan largas que se doblaban a la mitad cuando las cargaba. La temperatura era de 48 grados a la sombra. Le tomó todo el día, y al final, le entregó al capataz su casco y le dijo: «Esto no es para mí».

Luego pasó un verano trabajando en una sala de muestras de artículos de catálogo cerca de su casa. El gerente lo vio y le dijo: «Tú eres el único chico del vecindario al que pienso contratar porque tu padre fue el único que no llamó anticipadamente. Viniste aquí por cuenta propia». Bruce jamás olvidó la lección.

Luego asistió a la universidad y se casó a los veinte con una mujer cuyo padre tenía una joyería. Bruce se hizo cargo de la sección de bisutería del negocio durante siete años. Odió cada instante que pasó ahí, sin embargo, aprendió a vender. Le gustaba la idea de tener un negocio, sólo que ése en particular no le agradaba.

«Aprendí a disfrutar de las ganancias —me dijo—. Y además encontré un pasatiempo».

Bruce tenía la habilidad de organizar a la gente e involucrarse en la política local. En una ocasión dirigió una feria callejera multitudinaria a la que asistieron 60,000 personas y filmó un documental al respecto para el canal de televisión por cable local.

Sin embargo, cuando tuvo que cambiar de empleo, se quedó paralizado. No actuó sino hasta que se vio forzado a hacerlo, cuando las tasas de interés subieron veinte por ciento y la inflación se disparó. Nadie le estaba pagando lo que le debía y sus proveedores le exigían que cubriera sus facturas. Entonces solicitó una segunda hipoteca sobre su casa para pagar sus deudas. Un día vio un anuncio en el periódico en donde solicitaban un director ejecutivo para una sinagoga judía de grandes dimensiones, y solicitó el puesto. Sólo tenía veintisiete años y no tenía idea de cómo dirigir una sinagoga con 1,200 familias, pero en la feria callejera había aprendido a reclutar voluntarios, y tenía la experiencia contable que había adquirido en la joyería. De alguna manera, logró que lo contrataran.

El primer año se sintió tan confundido, que era como si estuviera solo en un acuario. Veía a la gente hablar pero no entendía nada de lo que decían. Tenía que supervisar a quince empleados, veinticinco comités activos, dos cementerios y un servicio de catering. Duró tres años en ese empleo y, al final, el presidente lo despidió. La junta directiva volvió a contratarlo pero él sabía que había llegado el momento de seguir adelante.

Durante ese tiempo, Bruce estuvo vendiendo lo que quedaba del inventario del negocio de bisutería. Lo hacía los fines de semana en mercados de pulgas y tiendas al menudeo. Su objetivo era pagar la segunda hipoteca. Pero un día su suegra le llamó y le dijo: «Ven de inmediato, tienes que ponerte a trabajar. Tu negocio está perdido».

¿Qué le sucedió a toda la bisutería que guardaba en el sótano de la tienda de su suegro? Un tubo de agua se rompió e inundó el sótano; el nivel del agua llegó a casi los dos metros y medio. La bisutería se echó a perder, Bruce perdió todo. Todavía recuerda el hedor, el lodo y el moho. Perdió miles de piezas de joyería. La compañía de seguros le ofreció cincuenta centavos por cada dólar. «Si no le agrada la propuesta, demándenos», concluyeron. Pero Bruce no tenía dinero para entablar la demanda, así que tomó lo que le ofrecieron.

Entonces empezó a vender teléfonos para automóviles, un lujo que, en ese entonces, sólo la gente adinerada podía darse. Fue elegido empleado del mes tres meses consecutivos; pero el cuarto mes no alcanzó sus objetivos, el quinto tampoco y lo despidieron.

Bruce nunca olvidará el día que estuvo parado en una cabina telefónica con lágrimas en el rostro y tuvo que llamarle a su esposa para decirle: «Me despidieron». Tenían dos hijos y habían perdido su único ingreso.

Bruce terminó trabajando en las relaciones públicas y la rezonificación inmobiliaria de una cadena de concesionarias de automóviles. Pero un buen día hizo su apuesta más riesgosa hasta entonces y abrió su propio negocio de relaciones públicas. Durante seis meses casi se murió de hambre, llevó dos tarjetas de crédito al tope y utilizó una tercera para sacar dinero e ir haciendo los pagos mínimos de las dos primeras. Debía 25,000 dólares y estaba aterrado. Su esposa no dejaba de decirle «sólo consigue un empleo», pero él no quería volver a trabajar para alguien más y recibir un sueldo ínfimo. Quería ser el hombre que firmaba el frente del cheque, no la parte de atrás. Su negocio creció. Luego consiguió un socio y el negocio creció aún más. Pero entonces se divorció y dio por sentado que había fracasado.

A mí me conoció dos años después.

Cuando conocí a Bruce, él tenía una pequeña agencia de relaciones públicas que se especializaba en cualquier cosa. Hacían lo que fuera, de campañas políticas a proyectos de rezonificación. Le iba muy bien y su estilo de vida era bueno, pero todo terminó con los ataques del once de septiembre. Los ataques asustaron a los dueños de los negocios de todo el país, quienes, precisamente por su miedo, recortaron todos los gastos que no eran esenciales. El teléfono dejó de sonar en la agencia y los negocios se evaporaron. Bruce no pudo facturar una sola hora de trabajo en seis meses. Perdió tantos clientes que el negocio se fue a pique y tuvo que cerrarlo.

Ese último día de trabajo regresó a casa abatido, tenía la apariencia de un perro apaleado en la calle. Mientras él vaciaba su oficina, mi hija y yo convertimos una de las habitaciones libres de la casa en una zona de trabajo para él porque, con el tiempo, tendría que reponerse y volver a laborar. Me imaginé que buscaría un empleo pero, unas semanas después, nos anunció que estaba listo para empezar otro negocio. ¿Se había vuelto loco?

Quería usar la línea de crédito de nuestra casa para fundar su empresa. ¿En serio?

Después de orar mucho, de consultar con mis amigos y de confrontar mis miedos, accedí. ¿Me había vuelto loca?

Bob Smith, un amigo cercano, era director ejecutivo de la importante firma de inversión Spero-Smith. Bob le dijo a Bruce que debía dejar de ser todo para toda la gente, y que tenía que enfocar su negocio en una sola área. Bruce llevaba años lanzándose de un proyecto a otro sin un plan, pero finalmente decidió que ésta sería su última oportunidad. ¿Cuáles eran sus habilidades? ¿Qué adoraba hacer? Arreglar crisis de comunicación. Ésa sería su marca. Era la actividad que le producía una descarga de adrenalina. Esta vez elegiría una sola área, profundizaría en ella y haría las cosas de mejor manera para todos.

Yo cubrí nuestros gastos durante algunos meses y tuve la esperanza de que todo saldría bien. Dos años después, Bruce ya había pagado todo el dinero y, cinco años después de fundar el negocio, llegó a ganar más que nunca en su vida y seguía trabajando en la oficina en casa. Consiguió un socio nuevo y le puso otro nombre al negocio: Hennes Paynter Communications. Para el décimo año la empresa había crecido tanto que Bruce y su socio sacaron el negocio de sus hogares e instalaron una oficina en el centro de Cleveland, en el piso 32 de la Torre Terminal, en el corazón de la ciudad.

El año que la economía del país llegó a su peor nivel, fue el mejor para ellos. Habían logrado establecer un negocio a prueba de recesiones y tenían clientes de todo el país.

«Me encanta lo que hago —le dice Bruce a la gente—. Llevo trece años sin trabajar». Claro, esto no significa que no se esfuerce y no trabaje arduamente; de hecho, trabaja más que ninguna otra persona que conozco. Algunos dirían que demasiado, empezando por mí.

Un místico llamado Julián de Norwich, dijo: «Primero viene la caída y luego nos recuperamos de ella. Ambas acciones son producto de la compasión de Dios». O como mi amigo Bob suele decir: «Caigo y me levanto. Las dos cosas las hago por gracia de Dios».

Tiene razón. El fracaso puede ser el mejor maestro porque, si tu vida parece un desastre, tal vez se deba a que todavía estás en medio de una caída. Esta parte siempre es un caos, pero es demasiado pronto para saber cómo evolucionará la situación. En el caso de Bruce, las cosas salieron muchísimo mejor de lo que imaginó.

«Todas las personas que conocí, todos los empleos que tuve, todas las venta que realicé, todas las experiencias que viví, me dieron la felicidad y éxito que ahora poseo», dice mi esposo.

Los beneficios del fracaso son incontables. El fracaso nos despoja del miedo. Una vez que fallaste, ya no tienes nada que perder. En ese momento comprendes que sigues vivo, que todavía respiras, que todavía eres tú y que la vida continúa. Cuando te despojas de todo en la vida hasta llegar a una actitud de supervivencia, entonces comprendes que no necesitas tanto para sobrevivir como los otros; por fin entiendes de lo que realmente estás hecho, y que eres mucho más difícil de vencer de lo que imaginabas.

LECCIÓN 19

Lo que define tu destino son tus elecciones, no sólo la suerte

¿Cómo tomas la decisión adecuada de aceptar un nuevo empleo o quedarte en donde estás? ¿Elegir entre dos universidades? ¿Entre dos vocaciones?

Cuando es muy claro que una de las opciones es buena y la otra mala, es muy fácil decidir; pero cuando ambas opciones parecen ser igual de buenas —o malas—, tomar la decisión se complica.

Yo llevaba catorce años trabajando en el *Beacon Journal*, en Akron, Ohio. En ese tiempo me casé y me mudé a Cleveland, y entonces mi vida dejó de centrarse en la zona de Akron. Si eres columnista de un periódico, es importante vivir cerca de la gente sobre la que escribes porque sólo de esa manera puedes capturar la atmósfera de la ciudad. Por eso me pareció que había llegado el momento de vivir mi vida en un solo lugar.

Entonces me acerqué al *Plain Dealer* en Cleveland, y ahí me ofrecieron un empleo como columnista. ¿Debería tomarlo? Para complicar las cosas, el editor del *Beacon Journal* se enteró y me ofreció más dinero para que me quedara con ellos. Su oferta superaba a la del *Plain Dealer*.

¿Qué debía hacer?

No hay una fórmula secreta ni una solución global que permita tomar decisiones sin correr riesgos. O, quizás, sólo hay una solución distinta para cada persona.

En primer lugar está la salida fácil. En ese momento pude preguntarle qué hacer a una de esas bolas de billar mágicas que responden tus dudas. También pude consultar mi horóscopo, tirar dardos a una diana, echar un volado o jugar el bingo de la Biblia: el juego en que abres el libro sagrado, señalas un pasaje al azar con el dedo y, ¡*voilà*!, consigues tu respuesta.

También puedes usar la vieja lista de confianza: escribe las ventajas y las desventajas de cada opción y elige la que tenga una lista de ventajas más larga.

Otra posibilidad es elegir las dos mejores opciones y probarlas por un día como si fueran un par de zapatos nuevos. Digamos que quieres mudarte a Kalamazoo o a Chicago. Elige una ciudad e imagínate viviendo ahí por un día. Presta atención a lo que sientes en la cabeza, en el corazón y en las entrañas. Al día siguiente haces lo mismo con la otra opción. Por lo general, ya para el mediodía del segundo día uno ya sabe qué elegir.

También he escuchado por ahí que es muy útil separar los hechos de la ficción. En cuanto hayas hecho eso, descarta la ficción. Cuando tengas todos los datos, separa los irrelevantes de los relevantes y basa tu decisión en estos últimos exclusivamente. No des nada por hecho. Un maestro de periodismo me enseñó que, cada vez que asumimos algo, podemos terminar sintiéndonos muy estúpidos.

Mis amigos de la rehabilitación me enseñaron a aplicar los Cuatro Principios Absolutos de Alcohólicos Anónimos: honestidad, pureza, generosidad y amor. Cada vez que tienen que tomar una decisión, se hacen las siguientes preguntas: ¿Es verdad o es mentira? ¿Es correcto o incorrecto? ¿Cómo afectará esto a la otra persona involucrada? ¿Es algo feo o hermoso?

Otra opción es sólo tomar una ducha. Hablo en serio. A veces tu subconsciente se hace cargo y te da la solución.

También puedes hacer una encuesta. En primer lugar, consulta a tu círculo cercano de amigos. Forma una especie de junta directiva con gente a la que respetes, y consulta a los integrantes sobre tu decisión.

Puedes dejar que el destino decida por ti. «Las cosas son como son», suelen decir muchos. Pero lo que la gente no sabe es que, no decidir, también es tomar una decisión.

Lo que yo trato de hacer con frecuencia es ir de los métodos externos para tomar decisiones, hacia los internos. Los sacerdotes que conocí en la Casa Jesuita de Retiro en Cleveland compartieron conmigo una fórmula que aprendieron de San Ignacio de Loyola, fundador de su orden religiosa. Los sacerdotes suspenden todo el miedo, la ansiedad y las dudas, y se mantienen enfocados en su misión de alabar y servir a Dios. Se vuelven indiferentes a la salud, la riqueza, la fama y la longevidad. Desean y eligen sólo aquello que les ayuda a ser lo más serviciales posibles con Dios y con las demás personas.

Me agrada la idea del discernimiento estudiado. Es decir, pedir conscientemente claridad, y luego esperar que llegue. Por lo general tienes que esperar hasta que el ruido se despeje. Algunos días es como si en mi cabeza se llevara a cabo el recreo de una guardería infantil: escucho niños pequeños correr en todas direcciones.

Pero la clave radica en discernir cuál es la voz de Dios y cuáles no lo son. Un sacerdote dijo que la voz del Espíritu Santo era como el sonido del agua que cae con suavidad sobre una esponja, y que todo aquello que no es la voz de Dios, suena como agua cayendo violentamente sobre las rocas. Con el tiempo se va haciendo más sencillo reconocer la voz que no es de Dios. En mi caso, son el ruido y la estática en mi interior que me hacen sentir triste, culpable o confundida. La voz que me hace sentir abatida por la vida, inquieta e irritable, definitivamente no es la de Dios. La confusión, el ruido y la frustración son las tres señales de que debo dejar de reflexionar. Mi amiga Ruth suele recordarme: «No creas en todo lo que se te ocurre». Por eso tengo que esperar que la tranquilidad, la paz y la claridad me sigan el paso. A veces de plano tengo que levantar la mano y gritar : ¡Basta! Y entonces el ruido se acalla.

He notado que cuando me siento vapuleada desde el interior, es porque yo misma me di una paliza, no Dios. Mi Dios no tiene armas. Mi Dios es amoroso, gozoso y dulce. La claridad de su amor llega a mí a través de una paz que produce apertura o conclusión. Y entonces ya no importa lo que yo elija, siempre lo puedo confirmar con quienes más confío como mi esposo, mis hijos y mis amigos más cercanos.

Ya aprendí que cada vez que me siento perdida, debo esperar a que la sensación pase. La confusión y la duda se irán de la misma forma que el avión deja la turbulencia atrás. Tal vez mi camino esté lleno de saltos, pero siempre me mantengo en la misma dirección. Como no puedo permitir que los ruidosos pasajeros me guíen, sólo me queda esperar y no hacer cambios sino hasta que llegue la claridad. Rezo para que la claridad me llegue y luego medito para recibirla. También he aprendido que no debo tomar ninguna decisión cuando estoy bajo la influencia de la desesperación, el miedo o la fatiga.

Con lo anterior no quiero decir que no debas hacer nada mientras esperas; sigue rezando, meditando, escribiendo en tu diario, hablando con quienes, desde el fondo del corazón, desean lo mejor para ti. También tomar siestas ayuda. A veces, justo antes de descansar, rezo y pido un despertar espiritual. Y como dicen por ahí, la respuesta siempre llegará si en verdad la deseas.

En mi caso la respuesta vino cuando dejé de pelearme con la decisión. Mientras me debatía entre quedarme en el *Beacon Journal* o tomar el empleo del *Plain Dealer*, decidí dejar de pensar en el asunto durante 48 horas. Ya había rezado y hecho suficientes ejercicios de introspección para ese momento. Ya había pedido claridad e inspiración, así que era momento de relajarme, tomar las cosas con calma y confiar en que la respuesta llegaría cuando yo estuviera lista para recibirla.

Manejé durante cuatro horas para ir a visitar a mi hija a la universidad. Tuvimos un fin de semana maravilloso. Caminamos por el campus, fuimos de compras y nos reímos con sus amigas. Y de repente, mientras estaba empacando mis cosas para irme, lo supe. La respuesta llegó con absoluta calma.

Esa mañana que me fui, le pedí a mi hija que me prestara una blusa para poder ir directamente al *Beacon Journal* para avisarles que dejaría el periódico. Yo no lo sabía, pero Sheryl, mi compañera de trabajo y amiga más cercana, había tomado la misma decisión porque a ella también se le presentó la oportunidad de irse al *Plain Dealer*. Sheryl le avisó a nuestro jefe el mismo día que yo lo hice. De hecho terminamos usando el mismo atuendo para ir a trabajar: pantalones negros y blusa blanca.

Y con eso cerramos el asunto.

Jamás volvimos a mirar atrás.

LECCIÓN 20

No se trata de lo que puedes hacer tú, sino de lo que Dios puede hacer a través de ti

A veces las malas noticias del mundo pueden llegar a abrumarte. Pobreza, desempleo, guerras.

¿Quién va a arreglar todo lo que no funciona en el planeta?

Pero luego escuchas acerca de personas como Rick Burns, quien sencillamente decidió cambiar la esquina que a él le correspondía, y todo se compone.

El Servicio para Automóviles Burns está en una esquina de un pueblito llamado Bay Village, Ohio. La gente lleva ahí su auto para reparar los mofles y cambiar el aceite, pero un día, todos empezaron a cooperar con dinero en efectivo para ayudar a Rick a hacerle la afinación a una vida.

El letrero afuera del Servicio para Automóviles Burns anuncia mofles y afinaciones. El letrero de adentro, el que está en el pizarrón de noticias, explica lo que realmente sucede en ese lugar.

Rick Burns tiene cabello rizado del color del dulce de mantequilla. Viste pantalones azules que más bien se ven negros debido al aceite y la grasa que absorben cada vez que se desliza debajo, alrededor y en el interior de los automóviles. El padre de Rick compró una gasolinera, quitó las bombas y convirtió el espacio en un taller. Rick le compró el taller a su papá hace diez años, más o menos por la misma época que apareció Brian.

Brian tiene 37 años y vive con su madre. Casi toda la gente de Bay Village lo conoce. En la peluquería le cortan el pelo gratis, y en los restaurantes le regalan café. Brian nació con parálisis cerebral, lo que obstaculiza el control de sus músculos. Trabaja en el Ayuntamiento tres días a la semana; ahí vacía los botes de basura y coloca en el baño los artículos necesarios. Al otro lado de la calle está el Servicio para Automóviles Burns. Ambos sitios se encuentran a solamente kilómetro y medio de su casa.

El mundo de Brian es pequeño pero también profundo gracias a gente como Rick.

Brian solía sentarse en el asiento del pasajero cuando su mamá iba al Servicio para cambiarle el aceite al coche, y así conoció a Rick.

Brian no podía manejar un automóvil, así que sólo se pasaba todo el día deambulando en casa con la cabeza gacha. Entonces empezó a llamar al taller para pedir aventón. Brian cojea y camina con lentitud. Su cuerpo se carga a la izquierda, y el pie de ese mismo lado, lo arrastra. Mantiene el brazo pegado al costado, y su mano siempre está enrollada. A Rick le ponía nervioso ver a Brian cruzar la calle, hasta que, un buen día, puso un anuncio en el periódico *The Villager*:

> Todos en Bay Village conocen a Brian. Brian necesita un buen triciclo motorizado para poder andar por el pueblo. Rick Burns del Servicio para Automóviles Burns, en la esquina de Dover y Wolf, quiere conseguir un excelente triciclo para Brian. Visite el taller y haga una donación para poder adquirirlo.

Rick no incluyó ningún número telefónico, dirección o vínculo de un sitio en internet. No era necesario.

La gente llegó en su auto y empezó a donar billetes de diez y veinte dólares. Rick reunió 200 dólares en tres semanas.

Con el dinero compró un triciclo deportivo para adulto Schwinn color azul cobalto, un dosel para que el sol y la lluvia no afectaran a Brian, y 100 dólares en accesorios. Una señora donó un faro. La policía le dio a Brian una barra luminosa y un poste giratorio con el logo de personas con capacidades diferentes. Alguien más le dio una bandera estadounidense, y otra persona donó un reflector.

Jason Tuneberg, que trabaja con Rick, armó el triciclo que ahora tiene faros traseros y delanteros, frenos, una canastilla plegable, válvulas luminosas en las llantas, velocímetro, pedales y, por supuesto, una campana.

«Es perfecto para desfiles», dijo Rick.

El mecánico metió la mano a la canasta y sacó un candado y su llave. «Éste es el sistema de seguridad —explicó—. La otra llave se queda aquí en el taller en caso de que tengamos que ir a rescatar a Brian».

El espejo retrovisor se rompió.

«Choqué con el costado de mi garaje», confesó Brian.

Lo más rápido que ha llegado a manejar hasta este momento es trece kilómetros por hora.

«Trato de no bajar por la ladera», dijo Brian.

En el taller, las órdenes de reparación están perfectamente bien acomodadas y formadas en una hilera sobre el mostrador. Rick colocó camioncitos de juguete en una repisa a la altura de la mirada de los niños pequeños que tienen que esperar a sus padres. El pizarrón de noticias colgado sobre la repisa está lleno de recortes de periódico que narran las victorias de los Indios de Cleveland.

Rick también colocó ahí la tarjeta que le envió la mamá de Brian agradeciéndole por el vehículo. Debajo de la tarjeta hay una hoja de papel blanco con un texto que aclara la misión del taller de Rick Burns, un lugar adonde uno no sólo va por mofles y afinaciones.

> Definición de vida: La vida no se mide por las veces que respiras sino por los momentos que te quitan el aliento.

«Sacamos a Brian de casa. Volvió al camino», comentó Rick.

Y a la vida.

Después de que escribí un artículo sobre Rick, la gente empezó a llenar sobres con dinero y a depositarlos en la alcancía del Servicio para Automóviles Burns. Un donante anónimo dio 200 dólares. Otro hombre donó 100 y le dejó una nota a Rick pidiéndole que comprara un parabrisas y llantas de nieve para el triciclo de Brian. Una persona envió una enorme caja con un casco, guantes, un radio y una botella de agua.

Adonde quiera que iba Brian, la gente decía: «Tú eres el chico del triciclo». Las mujeres lo abrazaban, los hombres estrechaban su mano. Reunió 1,200 dólares. ¿Qué haría con el dinero sobrante?

Entonces llegó Jeannette en su viejo triciclo. A su vehículo se le desinflaban las llantas, se le caía la cadena y el asiento se le movía si no lo sujetaba con cinta de aislar. Jeannette es madre soltera, tiene un hijo en preparatoria y una niña en tercero de primaria. Se mueve y habla lentamente, y articula las palabras de una forma única. Mantiene las manos en la espalda y se mece a menos de que necesite las manos para señalar palabras porque le cuesta trabajo escucharlas. Tiene 41 años y, a la gente en que confía, le ha confesado que le diagnosticaron una discapacidad del desarrollo.

Jeannette va en su triciclo a comprar víveres, al banco y al doctor. No puede manejar un automóvil porque sufre de ataques. Cuando vio el triciclo que Rick y Jason armaron para Brian, empezó a rezar para conseguir uno igual. Y Dios le respondió a través de Rick, que le compró un triciclo como el de Brian. Le añadió un claxon rosa, faros delanteros, flecos rosas, radio, espejo lateral, dos banderas estadounidenses y un poste giratorio de seguridad. Cuando le dio el triciclo, ella se cubrió el rostro y empezó a llorar.

Rick tiene una carpeta de recuerdos en el taller, con todas las tarjetas y cartas que le ha enviado la gente. Una de las páginas está repleta de notitas post-it en las que ha ido enumerando los regalos:

50 dólares señora Camry
50 dólares señora que apareció en el taller
señor de 90 años, 100 dólares
Señora formada en Walgreens, 20 dólares
5 dólares de Dan, el jardinero.

Rick quitó la tapa del recipiente azul para café que estaba sobre el mostrador. «Mira esto —dijo, al mismo tiempo que sacaba un puñado de billetes—. Sigue llegando dinero».

«¿Qué sigue ahora?»

Rick continúa dando triciclos nuevos y usados que él y su equipo restauran, pintan y personalizan. «Me encanta hacer esto. Dios nos bendijo; somos muy afortunados», concluyó.

Todos lo somos, gracias a gente como él.

Una tarde me detuve en un estacionamiento y caminé al edificio en donde iba a dar un discurso y firmar libros. Una mujer me detuvo y me dijo que la llanta trasera de mi auto se estaba desinflando. ¿Sería una fuga lenta o rápida? ¿Qué debería hacer? La plática terminaría como a las 9 p.m., y para entonces ya habría oscurecido. Mientras yo miraba la llanta, se acercó un hombre y dijo: «Parece que necesitas ayuda».

Era Rick. Había asistido a mi plática por casualidad y, también por casualidad, llevaba un compresor de aire en la cajuela. Llenó la llanta y ambos entramos al edificio. Después de mi plática encontré una nota en el parabrisas. Rick había dibujado una cruz y dejó un mensaje: «Tu llanta está bien. Revísala mañana de todas formas».

Rick volvió a quitarme el aliento algunos días después que abrí el correo y encontré una caja con esta nota: «Aquí tienes tu propio compresor de aire para que no vuelvas a quedarte varada en el futuro. Tal vez también puedas ayudar a alguien más un día de estos».

LECCIÓN 21

En lugar de tratar de ser el mejor del mundo, sé el mejor para el mundo

¿Qué periodista no quiere ganar un Premio Pulitzer? Es la mayor cumbre del periodismo a la que se puede llegar. Bueno, eso es lo que dicen.

En mi ámbito se comenta que, una vez que ganaste el Pulitzer, la primera línea de tu obituario ya quedó escrita.

Yo he estado cerca de ganarlo dos veces. Los editores han nominado mi trabajo para el codiciado galardón en varias ocasiones y, de hecho, fui finalista en dos ocasiones.

La primera vez fui una de las tres finalistas de todo el país para el Premio Pulitzer en comentario. Cuando eso sucedió, me sentí atolondrada. Había escrito una serie de cuarenta columnas sobre la violencia en los cinturones de pobreza. Se supone que la decisión debe permanecer en secreto, pero a veces la información sobre quiénes son los finalistas de cada categoría, se filtra. Dos días antes de que anunciaran al ganador, yo estaba sentada en un cine. Era sábado por la noche pero de pronto me llamó mi editora. Salí al vestíbulo para tomar la llamada. Me dijo que no gané y me sentí devastada.

El lunes, cuando llegué a trabajar, mis amigos y compañeros de trabajo ni siquiera trataron de consolarme. Estaban tan emocionados de que hubiera sido finalista, que ni siquiera parecía que hubiera perdido. Tenían razón. Ser finalista debió bastarme, pero mi ego quería más. Mi esposo me hizo una fiesta. Mis amigos, mi familia y mis compañeros se reunieron a celebrar que había estado entre los tres columnistas más importantes del país ese año, pero en el fondo, yo seguía desilusionada de no haber sido la Número Uno.

En la segunda ocasión, fui finalista por varias columnas que escribí y que ayudaron a cambiar la ley en Ohio para que los abogados de la fiscalía ya no pudieran seguir ocultándoles información crucial a los abogados de la defensa. Para la categoría de comentario se pueden enviar hasta diez columnas, así que también enviamos otras que había escrito sobre la decisión de mi hija de realizarse una mastectomía doble preventiva a los 29 años. Ella había heredado de mí el gen BRCA1 que estimula el cáncer de mama, y compartir su viaje fue algo sumamente intenso para mí. Quería ganar para ella y, por supuesto, para satisfacer mi ego.

De hecho, ni siquiera imaginaba que podía perder en esa segunda ocasión.

Pero perdí. Esta vez me enteré frente a toda la gente que estaba en la sala de prensa y que se había reunido conmigo para celebrar la victoria cuando anunciaran a los ganadores. Una vez más, todos dijeron, «No perdiste, ¡fuiste finalista!». Hubo pastel y ponche, y todos me dijeron palabras amables. Pero yo tengo un ego muy peculiar que me hace creer que, si no gano, es porque perdí. No hay medias tintas. Es 10 o 6; el 9, el 8 y el 7, simplemente no existen.

La verdad es que ningún premio puede apaciguar a un ego de este tipo. Ni siquiera el Pulitzer. Mi amigo Bob, uno de los mejores reporteros del negocio, ganó un Pulitzer, pero eso no le sirvió para silenciar a los demonios de sus dudas internas. Bob siempre fue mi monje personal en la sala de prensa. Con frecuencia me repetía una cita de Bill Wilson, fundador de Alcohólicos Anónimos: «Tuve que ser el número uno en todo porque, en mi perverso corazón, sentía que era la criatura menos importante de Dios».

Bob me ayudó a entender que cuando te desapegas del mundo y los aplausos, dejas de depender de ellos para definirte y afirmarte, y por fin puedes ser libre para empezar a *servirle* al mundo.

Uno de mis dichos favoritos es «prefiero permanecer en la oscuridad, que bajo una luz que yo mismo me haya inventado».

¿Pero no podría la luz del Pulitzer bañarme también?

En el fondo quería ser famosa e importante, que me halagaran, me notaran, me necesitaran, me respetaran, me nutrieran, me alabaran. Cada vez que obtenía un poquito de eso, sentía que no era suficiente. Cada vez que me fijaba una meta y la alcanzaba, me fijaba otra que era inalcanzable. Era como perseguir el horizonte.

Pero a pesar de lo mucho que me gustaría ganar un Pulitzer, el lugar que más importancia tiene para mí, está debajo de un imán de refrigerador. Así es, el hecho de que la gente recorte mis columnas y las pegue en la puerta del refrigerador junto al examen de ciencias en que su hijo sacó 10 y la obra de arte de su hija, me honra profundamente. Los lectores a veces abren sus desgastadas billeteras y desdoblan columnas borrosas que decidieron llevar consigo a todos lados porque los conmovieron. En una ocasión, un juez me pidió que entrara a su oficina después de una audiencia para mostrarme una columna mía que guardaba debajo del vidrio de su escritorio. En una firma de libros, una mujer me mostró un álbum de recortes de la vida de su hijito. Yo no la conocía, pero había tenido la oportunidad de ver la hermosa sonrisa de su hijo cuando se publicó en la página de obituarios tras su fallecimiento. En mi columna mencioné el nombre del chico y lo mucho que me había conmovido su sonrisa, y ella jamás lo olvidó. Me pidió que firmara el texto que pegó cuidadosamente en el precioso libro de la breve vida de su hijo.

Qué aleccionadora experiencia.

Hay una cita bíblica de Isaías 49, que me recuerda lo que en verdad importa: «Seré glorioso a los ojos del Señor y mi Dios será mi fuerza». Ése es el tipo de gloria que busco. Cuando uno está con Dios no tiene que demostrar su valor. Mi objetivo actual es escribir para la mayor gloria del Señor, no de Regina Brett.

El ego es algo engañoso. Algunos lo consideran malo y creen que sirve para sacar a Dios con cuidado de la ecuación. Sin embargo, una vez un compañero de trabajo me dijo que si el ego te motiva a servir a otros, entonces no es malo. Incluso a Dios podría resultarle útil. La gente con egos grandes puede lograr muchas cosas para ayudar a otros. Podríamos, por ejemplo, cambiar el famoso lema de Nike: «Sólo hazlo... por la gloria de Dios». La clave es pensar en qué hay de bueno en tus acciones para Él. Esto me recuerda la encantadora respuesta que la Madre Teresa le dio una vez a una persona que le dijo que no podría hacer el trabajo que ella realizaba ni por un millón de dólares. La madre dijo que ella tampoco, que lo hacía sólo por Jesús.

El objetivo no es ser el mejor, sino ser el mejor para otros. Hay un lector que nunca me deja olvidar el verdadero valor de lo que hago. Hace algunos años me invitaron a una feria de empleo para minorías que se llevó a cabo en un prestigiado bufete jurídico. Asistí y conversé con la gente ahí, y luego escribí una columna sobre algunos de los hombres y mujeres que buscaban empleo. No fue una columna deslumbrante, no fue mi mejor trabajo y, de hecho, ni siquiera creo que haya sido buena. Sin duda no era material para el Pulitzer, pero fue simplemente lo mejor que pude hacer con el material que tenía en ese momento.

No era una columna para ganar premios, pero sí para cambiar vidas. En ella mencioné que Tony Morrison, un fotógrafo comercial, apreciaba la oportunidad de entrar al mundo corporativo a través de la feria de empleo. Siendo un hombre negro, a veces le costaba trabajo entrar a la antigua red laboral establecida por los hombres blancos aunque, él, en lo personal, nunca usó esas palabras.

Cuando lo entrevisté, Morrison expresó su gratitud por la feria. «Por fin pude ir más allá del mostrador de la recepcionista —me explicó—. Si puedes enseñar tu producto, entonces tienes una oportunidad. Este negocio es como la lucha entre David y Goliath, pero con la feria emparejaron un poco el campo de juego».

En una columna de aproximadamente seiscientas palabras, usé unas cincuenta para mencionar a Tony, pero eso bastó para cambiar su vida. A partir de que se publicó la columna, lo empezaron a contratar en todo el pueblo para que tomara fotografías. Ahora lo veo cada año en la Recepción de Funcionarios

Públicos de la Cámara de Comercio de Cleveland, en donde cientos de actores del escenario corporativo se reúnen para hacer negocios. Tony es el fotógrafo oficial. Toma fotografías de senadores, alcaldes y directores ejecutivos.

Todos los años Tony se acerca a mí, extiende la mano y me agradece la carrera que tiene.

Y yo le agradezco a él que me recuerde constantemente lo que más importa en *mi* carrera.

LECCIÓN 22

Si puedes ayudar a alguien, hazlo; si puedes herir a alguien, no lo hagas

Durante muchos años, la calcomanía que tenía pegada en el cubículo de la oficina, me regaló este mensaje: *Y tú, ¿qué diferencia haces?*

La pegué un día para darme ánimo después de haber escuchado a demasiados lectores del periódico quejarse sobre una columna en la que abogué por los pobres e impotentes.

La calcomanía se convirtió en un recordatorio de que debía permanecer enfocada en mi verdadera vocación, y hacer la diferencia que se esperaba de Regina Brett. Un empleo no es solamente para ganarse la vida, también es para cambiar el mundo. ¿Qué huella vas a dejar al final del día? ¿Es la huella que quieres dejar en tus compañeros de trabajo, clientes y compradores?

Una vez alguien me dijo: «Algún día sólo serás un recuerdo para la gente. Haz ahora lo que puedas para asegurarte de que sea bueno».

Pero yo no siempre sé si mi recuerdo será bueno. Cuando era reportera en un periódico, con frecuencia me asignaban la tarea de llamar a algunas personas para pedirles sus comentarios sobre noticias importantes. Una vez llamé a una fábrica para reunir información sobre un hombre que murió en un accidente. La persona con la que hablé todavía no se había enterado de que su amigo había fallecido, y claro, sentí horrible al darme cuenta de que no tuvo la oportunidad de enterarse de una manera más sensible y por medio de alguien cercano.

En otra ocasión, estábamos cubriendo las secuelas de los disturbios en una prisión de Lucasville, Ohio. La Guardia Nacional fue llamada para acabar con el motín en las instalaciones de la Correccional del Sur de Ohio, en donde siete personas fueron asesinadas. Un editor quería que yo llamara a la víctima de uno de los internos que murió en los disturbios. Diez años antes, el interno había sido condenado por secuestrar y violar a la víctima, amenazándola con un cuchillo.

Yo tenía mucho temor de hacer la llamada. ¿No le provocaría más dolor a esa mujer? Recuerdo que mientras marcaba el número, no dejaba de rezar. Cuando le pedí a la víctima que me dijera cuál era la reacción ante la muerte de su violador, gritó. No sabía que lo habían asesinado durante los disturbios.

De pronto comenzó a reír y llorar. Desde el día que el hombre la atacó, había vivido con miedo del día que lo dejaran libre. «Me despierto gritando y con dolor de cabeza. Tengo pesadillas todos los días», me dijo. En realidad estaba aliviada de que el hombre ya no viviera. «Qué bendición».

La mujer me agradeció por darle la noticia que cambió su vida. No había prestado atención a las noticias del motín, y nadie cercano a ella sabía sobre la violación que sufrió diez años atrás.

A veces no es muy claro si estás haciendo bien o mal. Una vez escribí una columna en la que encomié a una niña que llamó a la policía porque encontró a su madre drogada. Tal vez esa madre conseguiría ayuda y no terminaría como otra, una adicta que fue asesinada y dejó huérfanos a sus dos hijos. Pero por desgracia, utilicé los nombres de los niños. Sus nombres ya habían sido mencionados en el periódico, y yo no tenía por qué volver a usarlos.

Todavía tengo dos de las misivas llenas de cólera que recibí. Una de ellas era de la maestra de quinto año de uno de los niños. «Su artículo no sólo retomó los horripilantes detalles de la muerte de su madre (detalles que el niño desconocía), también dio por sentado que los niños sabían lo que su madre estaba haciendo y que debieron entregarla a las autoridades... Le voy a suplicar que, en el futuro, sea más prudente cuando trate con los sentimientos de los niños».

El director también me escribió. Estaba de acuerdo con mi argumento, pero dijo: «Usted colaboró en la victimización de estos niños... Al dar los nombres de los chicos echó abajo la labor que los consejeros, maestros, familiares y amigos han venido realizando durante meses para ayudarles a sanar».

Gracias a esa columna aprendí una importante lección: si puedes ayudar a alguien, hazlo; si puedes herir a alguien, no lo hagas.

Una vez escribí una columna ligera sobre una casa dilapidada en la que vivió mi hija cuando estuvo en el campus universitario. La casa la habitaban ocho muchachos y otra chica. El refrigerador olía tan mal, que hice una broma y dije que el inquilino anterior podría haber sido Jeffrey Dahmer. Poco después recibí una llamada de un lector enojadísimo que me recordó que la primera víctima de Dahmer fue de la zona de Akron. En mi siguiente columna ofrecí disculpas.

Ahora, cada vez que termino de escribir una columna, siempre se la envío a mi «escudriñador espiritual» y rezo. Digo la oración de San Francisco y le pido a Dios ayuda para no lastimar a nadie.

Si una de mis columnas ayuda a alguien, las personas la guardan en la cartera, la pegan al refrigerador, la meten entre las páginas de su Biblia, se la envían a sus tías y tíos, la citan en sermones y la reeditan en boletines y blogs.

Una vez me llamó un obrero a las tres de la mañana, cuando acabó de leer la columna que escribí sobre la ética laboral obrera de mi padre. El hombre me dijo que no podría dejarles mucho a sus hijos en lo que se refería al dinero, pero que cuando vio sus propios valores reflejados en lo que escribí, supo que eso era lo que les heredaría. «Me encantó la columna que escribió sobre su padre —me dijo—. La pegué en el interior de mi caja de herramientas para recordar por qué hago lo que hago».

Una mujer me envió una tarjeta que decía: «Si fuera escritora, me gustaría saber lo que la gente piensa de mi trabajo. Los artistas en el escenario pueden escuchar los aplausos, por eso creo que usted debería saber que en Wooster hay una abuelita de setenta años aplaudiéndole».

Un hombre me invitó a su casa tan sólo unas horas después de que su hijo fuera asesinado a balazos. Confió en mí, una desconocida, para que le dijera al mundo lo bueno que era el niño que acababa de perder. Jamás olvidaré como aquel obrero de línea de una gran compañía eléctrica rompió en llanto mientras abría su vieja cartera para mostrarme la fotografía de su hijo.

Una mujer con jeans azules me agradeció por arremeter contra un jefe de policía acusado de golpear a su esposa. Yo no supe que ella era oficial de policía y que estaba fuera de servicio hasta que sacó su placa y me dijo que los oficiales de su turno también apreciaban mis columnas.

Otra mujer me llamó para decirme que encontró mi columna de lecciones de vida en el bolsillo de su esposo tras su muerte. Después de que le diagnosticaron cáncer, el hombre sólo vivió 45 días más.

En todos los ámbitos de la vida hay gente que se esfuerza por no lastimar a otros, y también gente a la que no le importan los demás. Hace tiempo conocí a un abogado, defensor público, que llamaba a sus clientes «bolas de mierda», pero también he encontrado gente que trabaja horas extra para mantener a los acusados fuera de prisión. He conocido a policías que adoran multar a los automovilistas para aumentar su cuota, y oficiales que no lo hacen cuando ven placas vencidas en los vecindarios pobres porque saben que una multa de cien dólares equivale a los alimentos de todo un mes.

He conocido jueces que gozan de avergonzar a la gente y asignan sentencias absurdas que deben ser llevadas a cabo en público, sólo para que ellos puedan aparecer en televisión. Pero también me he encontrado con jueces como Joan Synenberg, que son estrictos pero sensibles. En una ocasión, un acusado lloró en la corte en cuanto escuchó su sentencia porque no tenía familia ni nadie que le enviara cartas a prisión. Joan le prometió que ella le escribiría, y así lo hizo cada mes.

No se trata de cuánto poder tengas en el trabajo, sino de cómo elijas emplearlo. Jamás olvidaré el correo electrónico que me envió una mujer llamada Barb, quien compartió su historia conmigo. Barb desafió a su nieta de ocho años, Calista, a que deletreara la palabra «supercalifragilísticoespialidoso». Dos días después, la niña le llamó a su abuela y deletreó la palabra; entonces Barb decidió llevarla a cenar a Macaroni Grill para celebrar.

Llamó al restaurante antes de llegar y preguntó si el mesero podría acercarse a la mesa y preguntar, «Chicas, ¿están celebrando algo especial hoy?». El encargado pudo haber dicho que no, que no tenían tiempo para esas cosas, sin embargo, un hombre llamado Jim quiso hacerlo en cuanto se enteró del logro de Calista. Cuando llegaron al restaurante, el hombre se acercó a su mesa y preguntó si estaban celebrando algo especial.

Y cuando Calista le contó su logro de deletreo, Jim le preguntó si sabía de qué película había salido esa palabra. Calista dijo, «Sí, ¡de *Mary Poppins*!»

«¿Y tienes la película?», preguntó Jim. Pero Calista no tenía la película, la habían rentado en la biblioteca para verla.

«Bueno, pues ahora ya la tienes», dijo Jim, y le entregó a Calista un DVD con un moño rosa.

Antes de irse, Calista le preguntó a su abuela cómo se había enterado el mesero de que estaban celebrando. La niña pensó al principio que tal vez era un espía, pero luego concluyó que se trataba de un ángel.

Y lo era.

¿En conclusión?

Esfuérzate por ser del tipo de gente que ayuda. Mi hija creció viendo Mister Rogers en televisión; se pasaba el día pegada a la pantalla viendo al aburrido individuo con el soso suéter de cárdigan que hablaba con más parsimonia que la melaza. Yo no sabía por qué le gustaba tanto, pero un día que escuché, lo descubrí. El hombre hablaba como si fuera ministro. En 2003, cuando falleció, me enteré de que en realidad era ministro presbiteriano ordenado.

Nunca me di cuenta de la importancia de su mensaje, sino hasta que perdimos a veinte niños en el tiroteo de la Primaria Sandy Hook, en Newtown, Connecticut. ¿Qué deberíamos decirles a nuestros niños? ¿Cómo podrían volver a confiar en la vida? ¿Cómo podríamos hacerlo nosotros?

La gente comenzó a citar en todos lados a... sí, adivinaste, Mister Rogers. El ministro dijo que cuando era niño y se enteraba de noticias atemorizantes, su madre le decía: «Busca a los ayudantes. Siempre vas a encontrar gente que brinda ayuda». Sus palabras nos sirvieron a todos para recordar que el mundo está lleno de ayudantes.

Ahí es en donde encontramos alivio, por eso tenemos que alejar nuestra mirada de la gente que lastima, y enfocarnos en la que ayuda.

Y mejor aún, ser parte de quienes siempre proveen auxilio.

LECCIÓN 23

Es importante que sepas cuáles son tus poderes y cuál es tu kriptonita

Una sola persona puede cambiar el mundo.
¿Cómo lo sé?
Porque yo trabajo con Clark Kent.
Hablo en serio.
Michael Sangiacomo es un individuo desbordante de energía y con cabello rizado, que tiene la misma capacidad de asombro y gozo de un chico de diez años. Mike es reportero del *Plain Dealer*; tiene una forma delicada de comportarse y se niega a crecer. Todavía lee historietas. Y también las hace. Todavía cree en los superhéroes, en que Supermán puede volar.
Y eso es bueno.
Hace algún tiempo Mike se enfrascó en un proyecto valiente, temerario y ligeramente alocado. De repente se le metió en la cabeza la idea de que podía salvar la casa de Supermán. Me refiero a su verdadero hogar, la casa azul con molduras rojas de tres pisos construida con ladrillos y argamasa en el 10622 de la Avenida Kimberly.
El Hombre de Acero nació en Cleveland, Ohio, hace más de 75 años, pero la casa estuvo a punto de perecer debido al descuido, y a pesar de que sus ocupantes se esforzaron por mantenerla

en pie. Luego, un día llegó un escritor al pueblo. El novelista Brad Meltzer quería ver la habitación en donde dos chicos del vecindario Glenville le dieron vida al superhéroe más importante conocido por el hombre. Los dueños le dieron un paseo a Brad por la casa, y él luego lo compartió a través de un video que hizo para ayudar a salvar el hogar de Supermán en www.OrdinaryPeopleChangeTheWorld.com. En el video les dijo a los espectadores: «Creo que la gente común puede cambiar el mundo».

¿La gente común? ¿No los superhéroes?

«¿Quieren saber cómo llegó Supermán al mundo? —preguntó Brad—. Fue gracias a dos chicos, Jerry Siegel y Joe Shuster, que eran tan pobres que solían dibujar en la parte de atrás del tapiz. Un día se les ocurrió la idea de un hombre a prueba de balas al que bautizaron Supermán».

En el video, Brad camina por la casa de Supermán y entra a cada una de las habitaciones para demostrar que Cleveland, Ohio, no había podido preservar la famosa casa durante décadas. Las paredes y el techo se estaban pudriendo, un interruptor estaba sujetado con cinta adhesiva roja. Las imágenes son tan tristes como la música del video cuya letra dice, «incluso los héroes tienen derecho a soñar».

Brad me hizo pensar en esas noches en que, siendo niña, me imaginé a mí misma más grande y poderosa mientras leía las historietas debajo de las sábanas.

«La gente cree que Supermán es lo importante —explica Brad—. ¿Pero qué es lo fundamental de la historia? Clark Kent».

¿El reportero introvertido?

«¿Quieren saber por qué? —pregunta Brad—. Porque todos somos Clark Kent. Me encanta la idea de que, a pesar de lo comunes que somos, todos queremos hacer algo mejor, ser alguien mejor. Que queremos desgarrarnos la camisa y salir corriendo para ayudar a la gente».

Todos tenemos un súper poder. Todos poseemos alguna habilidad que nos define. Pero también tenemos nuestra kriptonita personal, es decir, algo que nos constriñe, nos roba la fortaleza, nos drena los poderes y nos debilita en un instante. Y por lo general, nuestras mayores fortalezas están emparentadas con nuestras más terribles debilidades.

En el caso de Supermán, el agente debilitante era la kriptonita, un fragmento de su planeta Kriptón que podía hacer que el superhéroe se desmoronara. Supermán podía saltar altos edificios con un solo impulso, correr junto a una locomotora y ganarle, o girar alrededor del mundo para regresar al día anterior; sin embargo, exponerlo a un trozo de kriptonita era suficiente para impedirle llegar caminando a la esquina.

Mi mayor poder es hablar por otros. Mi kriptonita es nunca sentirme suficientemente valiosa para abrir la boca. Cuando fui niña nunca pude enfrentarme a mi padre para evitar que golpeara a mis hermanos y mis hermanas. Nunca pude confrontar a los chicos de la escuela que se burlaban de mí porque era flaca, porque tenía brazos velludos y orejas grandes, o porque usaba lentes. No pude encarar a los niños que molestaban y atormentaban a una niña de octavo grado porque no sabía cómo usar desodorante. Tampoco pude interceder por el chico al que aventaban contra los casilleros y empujaban por toda la preparatoria porque era gay.

Ser columnista me ha permitido usar mi voz para hablar en contra del abuso infantil, el *bullying* y todo tipo de injusticias sociales. Me he enfrentado a jueces, fiscales y gobernadores, pero de todas formas, hay días que me cuesta trabajo encontrar mi voz cuando nada más necesito devolver un suéter pero no tengo el recibo.

Mi amiga Beth encontró su súper poder ayudando a bebés con problemas de salud; ella es especialista en vida infantil y ha pasado toda su carrera en el Hospital Rainbow Babies & Children, en Cleveland, defendiendo a los niños antes, durante y después de los exámenes y procedimientos médicos. ¿Cuál es su kriptonita? En el fondo, debajo de toda la alegría que le da ayudar a los padres y a los niños a sentirse más seguros en el hospital, tiene una terrible sensación de impotencia que la sobrecoge cada vez que piensa en el bebé que perdió y que nunca pudo siquiera sacar del hospital para llevarlo a casa. Beth tenía diabetes y eso debilitó tanto su cuerpo, que no pudo completar los nueve meses de embarazo. Su bebé nació demasiado pronto. La pérdida del único bebé que ha dado a luz, le da a Beth su súper poder, pero también es su kriptonita.

Tengo un muy buen amigo que es un perfeccionista. Esta obsesión con que todo salga como debe de ser, es su súper poder y su kriptonita al mismo tiempo. Mi amigo sufre el trastorno obsesivo compulsivo. Cuando salimos juntos de vacaciones, lleva consigo artículos desinfectantes para atomizar la habitación y el baño. ¿Cuál es la ventaja? Que se gana la vida cobrando por encontrar errores en contratos comerciales.

Mi esposo dirige una agencia de crisis de comunicación. Adora ayudarle a la gente a salir de sus peores momentos. Una noche, por ejemplo, hubo un derrame en una compañía de químicos. Llamaron a Bruce a las dos de la mañana y él se tuvo que quedar pegado al teléfono durante horas para indicarles con calma qué debían hacer, a quién debían llamar, y qué le tenían que decir a los empleados, los medios y los residentes que tuvieron que ser evacuados. Bruce es genial en las crisis pero, con frecuencia, su peor momento personal lo debilita, la única crisis en su vida que no pudo impedir.

A los 22 años alguien le llamó por teléfono para avisarle que su madre había muerto. Estaba hablando por teléfono con una amiga cuando, de repente, se desvaneció y murió. Sólo tenía 45 años. El forense dijo que fue una neumonía atípica; de hecho nadie sabía que estaba enferma. La crisis sacudió a la familia. Bruce tenía un hermano que acababa de graduarse de la universidad, y otro hermano y una hermana que todavía estaban en la preparatoria cuando esto sucedió. La familia acababa de vender su casa y planeaba mudarse la semana que la madre murió. Bruce la extraña todos los días y pasa cada instante de su vida pensando que pudo hacer más para ayudar a sus hermanos a superar ese momento tan terrible.

Su hermano Gary, por ejemplo, nunca se repuso de haber perdido a su madre y su casa la misma semana. Mi cuñado es dueño de Gary Hennes Realtors y se especializa en encontrar la casa soñada de cada cliente en South Beach. Gary quiere que la gente encuentre su lugar en el mundo, algo que él mismo también está buscando. Su súper poder consiste en llevar belleza a cada edificio y condominio que encuentra para ayudar a crear un hogar para el dueño indicado. ¿Cuál es su kriptonita? Una adorable mujer llamada Barbara que tira con tanta fuerza de su corazón, que es difícil que haya cabida para alguien más.

Todos tenemos un súper poder, incluso la gente que se considera más común. Y así es como termina el video para salvar la casa de Supermán. Las personas que tratan de salvar la construcción donde nació el superhéroe son tan comunes y corrientes como Clark Kent.

«¿Sabes quién la va a salvar? —pregunta Brad—. Nosotros, la gente normal, ordinaria.»

Gente como él, como Mike, como nosotros. El video termina con una hilera de gente común gritando «Yo soy Supermán».

Todos lo somos.

Dentro de mí, de ti, de todos, existe el poder de cambiar el mundo o, por lo menos, nuestra esquinita.

LECCIÓN 24

Dios completa tu trabajo

La llamada de emergencia fue hecha mientras yo estaba en el interior de la ambulancia reabasteciendo de vendas las repisas sobre la camilla: *posible ataque al corazón*.

La víctima estaba en Atwater, una comunidad de agricultores a quince minutos de distancia. Volamos a 130 km/h con las luces y las sirenas encendidas. Pasamos zumbando por campos de maíz y graneros, mujeres colgando ropa y niños persiguiendo collies. El entrenamiento que recibí como técnico en emergencias médicas inundó mi cabeza mientras la adrenalina fluía por mi cuerpo. Despeja las vías respiratorias, revisa los signos vitales, busca datos de enfermedad cardiaca en la historia médica, etcétera. Cuando llegamos al lugar, estaba lista para ese hombre y su corazón.

Pero no para encontrar a un niño.

La gente nos indicó que habíamos llegado al lugar y nos llevó hasta el patio trasero en donde un grupo de gente estaba apiñada alrededor del cuerpo. Tuve que empujar a las personas para pasar, y alguien retiró la frazada. Esperaba que fuera un hombre mayor, pero lo primero que vi fue un tenis del tamaño de mi mano. Era un niño de aproximadamente siete años con cabello rubio y jeans. NO respiraba. Levanté su cabecita y coloqué mis dedos sobre su cuello: no había pulso. Eché su cabeza un poco hacia atrás, pellizqué su nariz y soplé en su boca. Su pecho se hinchó como globo. Otro paramédico de la ambulancia comenzó la resucitación y contó en voz alta, «Mil uno, mil dos, mil tres...».

Escudriñé el patio. Había una soga al pie de un árbol cercano. Nadie conocía al niño ni sabía lo que había pasado. Mi corazón gritaba en silencio, ¿Dónde están sus padres? ¿Cómo se llama? ¿Quién es este pequeñito? Quería acariciar su cabello rubio, abrazarlo, hablar con él, darle suficiente amor para devolverle la vida pero no tenía la libertad de hacerlo, no podía susurrarle nada. Cuando volví a echar su cabeza hacia atrás, vi una marca roja como de un centímetro de ancho a lo ancho de su cuello. Iba de una oreja a la otra. Revisé sus pupilas y miré los ojos más azules que jamás había visto. Se estaban poniendo negros rápidamente. Su piel todavía estaba caliente y suave. Tan suave...

Cada vez que yo respiraba, elevaba una oración: *Dios, no dejes que muera este pequeño. Por favor, déjalo vivir.* Si tan sólo pudiera desear que viviera y me fuera concedido, rezar por él e imbuirle vida.

El trayecto al hospital fue una eternidad y, al mismo tiempo, se fue en segundos. En cuanto llegamos a las instalaciones, tres doctores y cinco enfermeras nos recibieron en la sala de urgencias. Se cernieron sobre el chico y yo me quedé en el corredor rezando, pidiendo un milagro. Pero ni siquiera podía usar su nombre en mi plegaria. No tenía idea de quién era ni lo que le había sucedido. Los doctores estimularon su corazón, le proporcionaron oxígeno y frotaron sus extremidades durante una hora, pero la marca roja en forma de anillo en su cuello nunca se desvaneció. Fue como si la muerte dejara una sonrisa permanente que se burlaba de nosotros. El equipo de mi ambulancia no se alejó hasta que lo vimos cubierto con la sábana blanca de la rendición.

Pensé en sus padres, en el momento que llegaran a casa o recibieran la llamada. Entonces no importaría lo que poseyeran, sus empleos ni cuánto ganaran. Su hijo había muerto. Entré al baño afuera de la sala de urgencia; golpeé la pared con una mano y me enjugué las lágrimas con la otra. Al día siguiente leí en el periódico que el niño se había estrangulado accidentalmente mientras jugaba en el árbol.

Cada octubre pienso en ese chico. El aliento en sus labios tenía el olor de tomates maduros al sol. Cada otoño, cuando esa esencia me trae su recuerdo de vuelta, le envío un beso a donde quiera que esté y rezo por sus padres.

Hay veces que uno se esfuerza lo más posible en la vida pero eso no es suficiente; no hay final feliz. No obtienes el empleo que querías, el aumento que merecías ni el ascenso por el que trabajaste. Nadie te dice «Dame esos cinco», nadie te da palmaditas en la espalda ni choca su puñito contigo. Vuelves a casa abatido, triste y exhausto, preguntándote qué diablos sucedió. Pero no hay respuesta. Sólo tienes que volver al trabajo y esforzarte una y otra vez sin fallar, y sin importar que, desde tu perspectiva, hayas fracasado. Dios completa tu trabajo, lo acaba de maneras que muchas veces son un misterio que no nos corresponde descifrar, sólo aceptar.

En mi carrera como periodista a menudo he tenido que preguntarle a la gente que entrevisto cuál ha sido su peor día en la vida. No me refiero a un mal día en la oficina porque la copiadora se descompuso o el jefe te gritó o la máquina expendedora se quedó con tu billete. Me refiero a esas veces que el paciente muere, el avión no aterriza como debería, o no logras detener al delincuente a tiempo.

Jamás olvidaré a una asistente de vuelo que me narró su historia de supervivencia. Me mostró el uniforme que usó el día que el Vuelo 232 de United Airlines chocó en un maizal en Sioux City en 1989. Hablé con ella seis meses después del accidente, precisamente la semana que regresó al trabajo. La chica levantó el uniforme que usó el día del percance. Nunca lavó la blusa blanca con hombreras de color dorado y azul marino después del accidente. La sangre en la prenda no era de ella sino del pasajero herido que dejó sus huellas cuando la abrazó.

Susan me habló de los rostros de quienes murieron. No eran desconocidos, eran las mismas mujeres con las que conversó en el avión, los hombres a los que les ayudó a recostarse sobre almohadas, los niños a los que les sirvió refresco y les sonrió durante el viaje. La asistente recordó a todas las personas cuyas lágrimas no pudo contener, a las que, sumidas en llanto, preguntaron, «¿Vamos a morir?». Ella les repitió, «No lo sé, sigamos rezando». No hay manera de entender por qué 112 personas murieron ese día pero ella sobrevivió.

También recuerdo al jefe de policía de Brimfield Ohio que me contó sobre su peor jornada de trabajo. «Fue el 21 de enero de 2005 —relató David Oliver—. No sólo fue mi peor día en el trabajo, fue el peor de mi vida».

En el pequeño pueblo de 10,000 habitantes donde vivía Oliver, una mujer llevaba algún tiempo tratando de huir de su novio porque la golpeaba. Renee Bauer tenía el abrigo puesto, había empacado algunas cosas en una bolsa y estaba lista para huir con Dakota, su hijo de siete años. James Trimble la detuvo con una pistola en las manos. Ella trató de proteger a su hijo como si fuera un escudo pero las balas la atravesaron y lo mataron a él también. Renee y Dakota están enterrados en el cementerio que se encuentra detrás del Departamento de Policía de Brimfield. El jefe visita las tumbas cada semana.

«Siento que ahora los puedo cuidar», me dijo.

El hombre que los asesinó huyó de la escena del crimen antes de que llegara la policía y tomó como rehén a una estudiante de la Universidad Kent State. El jefe Oliver recuerda que trató de negociar su libertad. Todavía escucha a la chica deletreando lentamente su apellido cuando habló con ella por teléfono. Sarah Positano recibió un balazo y murió antes de que la policía pudiera llegar a ella. Trimble fue arrestado y sentenciado a pena de muerte.

El jefe me dijo que todavía ama su trabajo pero, para poder hacer eso, uno tiene que hacer la paz con las situaciones que no puede cambiar y reunir valor para enfrentar las que sí. Uno sólo sigue dando lo mejor de sí para marcar la diferencia siempre que pueda. El jefe trabaja arduamente para atrapar a los tipos malos, pero también va todas las mañanas a la primaria para chocar manos con todos los niños que atraviesan la puerta. Organiza eventos como Shop with a Cop, en el que cien niños reciben cien dólares cada uno para comprar cualquier cosa que quieran. O Fill-a-Cruiser, en el que los policías estacionan patrullas en tiendas de la zona, y la gente las llena de juguetes y comida para abastecer la alacena local. También desayuna con cientos de adultos mayores para que los que viven encerrados no se sientan tan solos.

Tu peor día en el trabajo puede dejar una honda cicatriz en tu vida, pero no tiene que alejarte de la labor que realizas. Si permites que la cicatriz te fortalezca, con el tiempo también volverá más fuerte al mundo que te rodea.

LECCIÓN 25

No todo lo que cuenta se puede contar

No todos llegamos a ser famosos pero, ¿no sería genial ser inolvidable?

¿O dejar un rastro así?

A las personas que hacen eso se les llama *maestros*.

Andy Rooney solía decir que, al final, a la mayoría de la gente sólo la recuerdan un puñado de personas, pero a los maestros los recuerdan miles de personas por el resto de su vida.

Una vez escribí una columna en la que exhorté a los lectores a escribir un aforismo o una enseñanza breve. Éstas son las que enviaron los maestros:

Marcar la diferencia. Dejar un legado.
Darle forma al futuro hoy.
Se solicitan maestros: la paciencia es obligatoria, la cordura opcional.
Esperaba hacer la diferencia. Terminé transformado.
Sólo quiero enseñar. Punto.

Creo que la última va a resonar en el corazón de maestros de todo el mundo.

Por desgracia, los exámenes han estado sustituyendo la enseñanza. Actualmente ya no medimos el valor de un maestro de acuerdo con el impacto o la huella que deja en la vida de un alumno, sino con la calificación que el alumno obtiene en un examen. Muy a menudo, el valor de un estudiante se reduce a la cifra que aparece en un examen estatal de aptitudes, uno de graduación, o en los famosos GPA, SAT o ACT.

Después de que las boletas salieron en junio, el director David Root escribió una disculpa que me encanta, para los padres de los estudiantes de la preparatoria Rocky River, en Ohio.

A los chicos les fue bien en los Exámenes de logros Ohio de 2008, que debían presentar cada año para evaluar las materias de matemáticas, lectura, ciencias, estudios sociales y redacción entre todos los estudiantes de escuelas públicas del estado, de los grados tercero a octavo. La escuela obtuvo una calificación «Excelente» y cumplió los requisitos del Progreso Adecuado Anual. ¿Pero cuál fue el costo para los estudiantes y los maestros al enfocarse tanto todo el año en una sola prueba? ¿A qué dejaron de prestarle atención? En muchísimos salones de clases, los maestros utilizaron la mayor parte del tiempo en enseñarles a los niños a pasar las pruebas de aptitud impuestas por el estado. El director lamentó que hubieran dejado de enseñarse muchas otras cosas. Se refería a todas esas experiencias y conocimiento que no se puede medir ni contarse con números.

Lo único que pudo decir el maestro a los estudiantes, al personal y a los ciudadanos de Rocky River respecto a todos esos logros, fue «Lo lamento».

El señor Root emitió una disculpa. Me la envió mecanografiada; eran dos cuartillas a espacio sencillo. Su disculpa me hizo pensar en que es muy común que insistamos en usar referencias absurdas para evaluar el éxito, y que esto nos haga perder de vista lo que verdaderamente importa.

El director lamentaba que sus maestros pasaran menos tiempo enseñando historia de Estados Unidos porque la mayoría de las preguntas de los exámenes de estudios sociales eran sobre otros países.

Lamentó no haber suspendido a un alumno que atacó a otro, sólo porque, de haberlo hecho, habría perdido varios valiosos días de la prueba estatal.

También sentía haber alejado a los muchachos del arte, la música y el gimnasio, de las clases que les encantaban, sólo para que pudieran aprender estrategias para contestar la prueba.

Lamentaba haber aplicado un examen del que no podría aclarar ninguna pregunta ni hacer ningún comentario para ayudar a los alumnos a entenderlo, y cuyos resultados tampoco podría divulgar con el objetivo de que los estudiantes en verdad aprendieran de sus errores.

Le apenaba haber tenido que mantener en la escuela a algunos alumnos que se enfermaron mientras tomaban la prueba porque, si no la acababan debido a enfermedad, la reprobarían automáticamente.

Lamentó que la integridad de sus maestros estuviera vinculada públicamente a una sola prueba.

Se disculpó por perder ocho días de enseñanza que fueron ocupados en actividades relacionadas con el examen. Por tomar decisiones relacionadas con asambleas, excursiones y presentaciones musicales, basándose en el hecho de que ese tiempo que los alumnos estuvieran alejados de las matemáticas, la lectura, los estudios sociales y la redacción, afectarían los resultados de la prueba estatal. Se disculpó por hacer arreglos para que a algunos alumnos se les etiquetara como «En riesgo», frente a sus compañeros, y por formar grupitos de estudio para que la escuela tuviera más oportunidades de pasar el examen.

Por ser el director pero no enfocarse en ayudar a sus maestros a enseñar a los alumnos, sino solamente en transmitirles indicadores de evaluación.

El señor Root no está en contra de las pruebas. De hecho, está a favor de los exámenes que sirven para medir el progreso y establecer objetivos de enseñanza. Pero desde su perspectiva, las pruebas estatales de logros fueron diseñadas para que los medios pudieran mostrar en qué posición se encuentra una escuela frente a las otras.

Cuando hablé con él llevaba 24 años de ser director, 12 de ellos en la preparatoria Rocky River, y el resto en las ciudades de Hudson, Alliance y Zanesvill, Ohio. Al señor Root le encanta trabajar con los chicos del sexto, séptimo y octavo grados. «Tengo mucha compasión por los abatidos por la pubertad», dijo, bromeando.

Sus alumnos tienen entre 11 y 14 años, y están preocupados porque saben que los maestros a quienes tanto quieren, pueden perder el empleo con base en su desempeño como estudiantes. Uno de ellos preguntó: «Si no salgo bien en la prueba, ¿van a despedir a mi maestro?». El director se sintió avergonzado cuando escuchó a otro alumno decir: «Realmente quiero salir bien en el examen pero no soy tan inteligente».

El director quiere que los alumnos aprendan a pensar, no a presentar pruebas.

«Ya no les enseñamos nada a los niños —me explicó—. Sólo les decimos cómo presentar pruebas. Todos nos enfocamos en eso. Extraño mucho aquellos días en que sí les proporcionábamos conocimientos».

La forma en que juzgamos a los maestros me hace pensar en esa bella frase atribuida a Albert Einstein: «No todo lo que cuenta se puede contar, ni todo lo que se puede contar, cuenta».

Esto resulta muy cierto en el caso de los maestros, pero también en el de muchos otros trabajadores y empleados.

Muy a menudo, los patrones diseñan sistemas para contar, cuantificar o medir nuestro valor, sin embargo, estos métodos rara vez ponderan lo que realmente importa. Nos califican con base en reportes de desempeño, evaluaciones críticas, número de adminículos producidos, cifras de ventas, clientes servidos o visitas a una página de internet. Recuerdo a un editor que solía hacer un conteo de firmas para ver cuántos artículos producía cada reportero al año. Y claro, todos los reporteros se sentían avergonzados. ¿Pero realmente eran las cantidades lo que importaba? Sé que es necesario llevar un registro pero no se puede contabilizar todo.

Para colmo, no siempre es el jefe quien trata de cuantificar nuestro valor: a veces lo hacemos nosotros mismos. Así es, nos pasamos el tiempo buscando en el exterior maneras para medir lo que valemos y nunca nos sentimos a la altura. Revisamos de manera obsesiva el número de amigos y seguidores que tenemos en Facebook y Twitter, por ejemplo. Yo solía contar las llamadas y correos electrónicos que recibía por cada columna para evaluar qué tan fuerte había sido el impacto. Pero la verdad es que no hay manera de medir el amor que se le imbuye al trabajo que hacemos ni el valor que los demás ven en nosotros.

No todo lo que cuenta se puede contar. En una ocasión, cuando empezaba mi carrera como periodista, un editor pasó una historia que nunca he podido olvidar; es una anécdota muy popular entre la gente del medio. Un reportero llamado Al Martinez estaba trabajando hasta tarde en la víspera de Navidad. Era empleado de *The Oakland Tribune* y en ese momento escribía sobre un chico que iba a morir a causa de la leucemia. ¿Cuál era el mayor deseo del niño? Duraznos frescos.

La historia era perfecta para provocar lágrimas entre los lectores cuando se despertaran el día de Navidad. El reportero estaba mecanografiando el artículo cuando el teléfono sonó alrededor de las 11 p.m. El editor de la ciudad le preguntó en qué estaba trabajando y el reportero le contó sobre el chico agonizante que quería duraznos frescos pero no podía tenerlos porque no había; le dijo que era un buen artículo. Había un espacio reservado para la historia en la primera plana, esa propiedad inmobiliaria a la que todos los reporteros aspiran cada vez que escriben, y la verdadera medida de la grandeza que se puede lograr en la sala de prensa.

El editor preguntó cuánto tiempo le quedaba al chico y el reportero le explicó que no mucho. Días. Tras un largo silencio, el editor le dijo: «Consigue los duraznos para el niño».

El reportero ya lo había intentado, ya había llamado a todas partes pero no era temporada de duraznos. *El editor insistió. Llama a otros países si es necesario. Haz lo que tengas que hacer.*

El reportero hizo llamadas apresuradas mientras se acercaba su fecha de entrega y, finalmente, como por arte de magia, encontró duraznos y organizó que un avión los trajera a la ciudad para que el niño pudiera recibirlos. Apenas había tiempo para escribir la historia. Cuando el editor volvió a llamarle y le pidió que le entregara los duraznos al chico, la fecha límite para entregar el artículo ya estaba encima. El reportero dijo que se le acababa el tiempo, que tenía que empezar a escribir la historia para poder incluirla en el periódico.

Y el editor le contestó: «No te dije que escribieras el artículo, te dije que le consiguieras los duraznos al chico».

El niño recibió la fruta. Los lectores, la historia. El reportero, su nombre en la primera plana. Y los demás recibimos el mensaje: lo que más cuenta no es el trabajo sino el espíritu humano que le imbuimos.

LECCIÓN 26

No confundas tu trabajo con tu valor

Resulta muy extraña la forma en que el Día del Padre te toma por sorpresa cuando has perdido a tu padre.

Se te olvida que la fecha está próxima y, luego, ¡zas!, ya está ahí. Pasas por la sección de las tarjetas de felicitación en una tienda, te detienes, tomas una tarjeta... y entonces te percatas de que no tienes a quién enviársela.

Mi papá se fue hace dieciséis años pero todavía puedo escuchar su voz y ver lo que queda de él en todas partes. Jamás he olvidado la noche de invierno que le pedí prestado su coche y regresé tarde a casa. Nevaba tanto que apenas se podía ver el camino. Ya estaba a tan sólo una cuadra de casa cuando, de repente, vi una silueta fantasmal caminando en medio de la calle. ¿Quién era el loco que andaba afuera en una noche así?

Mi papá.

Le llevaba un calentador a una familia que vivía a unas cuadras. No tenían calefacción. Le habían llamado para que reparara su caldera pero él no pudo hacerla funcionar, así que decidió llevarles uno de nuestros calentadores ambientales.

Ése era el tipo de persona que era.

Kate, su hermana, una vez nos contó que nuestro padre no tuvo infancia. Había trabajado desde siempre, desde niño. Era el hijo mayor, lo que significaba que la carga siempre recaía en él. En la época de la Gran Depresión, le gritaban porque les daba más grano a los caballos cuando los veía muriéndose de hambre. Verlos marchitarse seguramente le rompía el corazón.

Mis tías me contaron sobre el día que perdieron la granja. Ellas estaban en la casa escuchando mientras, afuera, el rematador subastaba todo lo que poseían y amaban, desde la casa y los caballos, hasta el maíz en el campo. Tom Brett, mi padre, había plantado ese maíz. Apenas tenía veinte años. El rematador dijo que los 690 dólares obtenidos por la cosecha, serían para mi padre.

El dinero lo usó como enganche para comprar una casucha cerca de las vías ferroviarias de la calle Sycamore, en Ravenna, Ohio. Era lo único que podía comprar la familia. A los vecinos les costaba trabajo creer que alguien se mudaría ahí, pero mi papá y sus hermanos asustaron a todos los grillos y luego cavaron para hacer un sótano. En el segundo piso sólo había una habitación y ellos la transformaron en tres.

El tiempo pasó y mi padre y mi madre vivieron en esa casa. Papá siguió añadiendo habitaciones conforme tuvieron más hijos.

Papá jamás se preocupó por seguir estudiando. Dejó la escuela al salir del octavo grado y se dedicó a mantener a su familia. Se pasó la vida usando camisas de cuello azul y un trapo rojo en el bolsillo del pantalón, con el que se enjugaba el sudor. La única vez que salió de su pueblito fue para ir a librar una importante guerra. Durante la Segunda Guerra Mundial fue artillero de cola y voló en más de 30 misiones. Cada vez que uno de nosotros iba a ciudades grandes como Nueva York, D.C., Phoenix, Chicago e incluso Cleveland, él lloraba. Si hubiera podido salirse con la suya, todos seguiríamos viviendo en Ravenna.

Papá era adicto al trabajo y no tenía pasatiempos. Jamás dejaba de trabajar y esperaba que sus hijos hiciéramos lo mismo.

Cuando no nos daba cinturonazos, nos castigaba con trabajo. Barrer los pisos, trapear el comedor, organizar clavos en el Taller. Así le llamaba al garaje: Taller. El Taller era el original Home Depot. No sé cómo, pero papá sabía perfectamente en dónde iba cada tornillo, tuerca y clavo. También mis cinco hermanos que, cada vez que cometían una travesura —como romper una lámpara jugando a las luchas en la sala—, terminaban separando clavos por órdenes de papá. «Les tengo clavos para organizar», gritaba, y luego los llevaba hasta una mesa de trabajo en donde había un frasco gigante de pepinillos lleno de todos los clavos del mundo.

Si nos veía jugando, de inmediato vociferaba: «Vayan a ayudarle a su madre». Si nos veía leyendo, decía: «Jamás van a aprender nada de los libros». Nuestras palabras más temidas eran: «Les tengo un trabajo».

El trabajo era lo que lo definía, y cuando perdió su empleo, quedó devastado. Todavía no sé bien qué sucedió pero recuerdo que me hizo mecanografiar varias páginas de una diatriba contra el sindicato, la compañía y quienquiera que lo despojó de su forma de ganarse la vida. Jamás le devolvieron el empleo, y yo fui testigo de cómo mi padre, un hombre de un metro noventa, se encogió frente a mí sin remedio. Estaba perdido.

Mi mamá consiguió un empleo de medio tiempo; para ayudar a pagar las facturas, empezó a trabajar por las noches en un juzgado de asuntos vehiculares.

Eso mató a mi padre: que su esposa trabajara mientras él se quedaba en casa.

Cuando mamá aceptó ayudar a limpiar la iglesia para trabajar más horas, mi padre enfureció. La acusó de pasar demasiado tiempo ahí. Estaba tan amargado que reaccionó como si mi madre estuviera teniendo un romance. ¿Con quién? ¿Con Dios?

Finalmente decidió entrar al mundo de los negocios y las cosas se enderezaron. Reclutó a mis hermanos para que le ayudaran a reparar techos, hacer ductos y arreglar calderas. Y siempre encontraba la manera de explotarlos.

Papá jamás tomó vacaciones. Nunca. Cuando llegaban las vacaciones de verano, tampoco las disfrutábamos. Jamás. Nunca hubo viajes a la playa ni a Disneylandia. No. Los Brett nos pasábamos la semana limpiando el congelador del sótano, tallando las sillas del comedor —las trece—, o lavando los paneles de madera de la sala.

¿A él le gustaba su empleo? Nunca nos enteramos porque en aquel tiempo uno no hacía ese tipo de preguntas. Lo que sí sé es que no le agradaba ser pobre, y que le gustaba comer y hacer que nuestra vida fuera mucho mejor que la que él tuvo.

A los setenta y tantos años sufrió un ataque al corazón, pero antes de manejar él mismo hasta el hospital, descargó las escaleras de madera que estaban sobre la camioneta para que mamá no tuviera que regresar del hospital con ellas encima.

Aunque siempre admiré su ética laboral, tengo que confesar que era una bendición y una maldición al mismo tiempo.

Lo sigue siendo. A veces tus padres te enseñan lecciones que luego tienes que desaprender. A mí me tomó mucho tiempo entender que mi trabajo no equivalía a mi valor.

De hecho todavía me cuesta trabajo darme tiempo para relajarme y, cada vez que tomo vacaciones, me siento culpable. Todavía se me dificulta no ir a la oficina cuando no me siento bien de salud, y si llego a reportarme enferma, por lo general termino lavando, sacudiendo los muebles o limpiando algún cajón en casa sólo para sentirme útil. Incluso el año que tuve cáncer de mama y me sometí a dos cirugías, cuatro meses de quimioterapia y seis semanas de radiación diaria, sólo falté dos semanas al trabajo. Organicé mi tratamiento con base en mi trabajo para tener el fin de semana disponible para sentirme enferma y recuperarme a tiempo para presentarme el lunes en la oficina. El día que tuve que parar porque estaba exhausta, lo hice gimiendo por la tristeza porque, ¿quién era yo si no trabajaba?

¿Quién era yo? Una hija de Dios que ya valía lo suficiente. Todavía recuerdo cómo me negué a creer lo que me dijo un sacerdote en una ocasión: que a Dios le importaba un rábano todo lo que yo hacía. «A Dios le basta tu presencia para deleitarse», me dijo.

Pero en ese momento pensé que había muchísimo más que yo podía darle a él.

«Tu presencia es más importante que tu desempeño», insistió el sacerdote.

Y también eso fue lo fundamental de mi padre: su presencia, no su trabajo.

Lo importante fue cada vez que estuvo ahí, arrastrándonos en el trineo de metal sobre la nieve, tomándose un descanso breve del trabajo para anotar carreras mientras jugábamos *kickball*, o cuando nos llevó a pescar con las cañitas de bambú y los flotadores de pesca, y todas esas veces que llegó a casa contento del trabajo y gritó «¡Ya llegué, locos afortunados!».

Sí, fuimos afortunados.

Eso era lo que estaba pensando aquel día que entré al Taller y alcancé a inhalar el aserrín de la madera que papá nos ayudó a convertir en casas de pájaros, y cuando vi las cañas de pescar y el viejo y destartalado trineo. Hurgué un poco en su mesa de trabajo y encontré una bolsa grande de supermercado. Me costó trabajo creer lo que encontré en ella.

Eran todas las tarjetas del Día del Padre que le dimos.

A mí solía preocuparme que, conforme los techos y las calderas que mi papá instalaba se desgastaban, su trabajo iba desapareciendo. Cada vez que salíamos en la camioneta, él señalaba todos los techos en los que había trabajado como si cada uno fuera una obra de arte pero, a pesar de ello, la labor de mi padre no fue su legado.

Los obreros como él no tenían que preocuparse por dejar su huella en el mundo. Nunca se enfocaban en subir por la escalera corporativa para alcanzar algún objetivo encumbrado o encontrar el santo grial. Estaban demasiado ocupados subiendo por escaleras de verdad para mantener los techos bien puestos sobre las cabezas de cada familia. Por eso creo que papá sostuvo la escalera para que nosotros pudiéramos escalarla más allá de lo que él jamás lo logró.

Nosotros éramos su grial.

Dejó una huella en sus hijos y, gracias a eso, también permanecerá en todas las marcas que mis hermanos y yo dejemos en el mundo.

LECCIÓN 27

Prepara el camino para la persona que viene después de ti

¿Qué consejo te habría gustado que alguien te diera antes de comenzar tu carrera?

Jessica Thomas respondió esa pregunta en un manual que escribió, llamado «Consejos para mi hermana menor que va a la universidad». Mecanografió todo el manual y se lo dio a su hermana como regalo de graduación de la preparatoria.

Para cuando decidió facilitarle el camino a la más chica de la familia, Jessica ya tenía 23 años y se había graduado como ingeniera biomédica de la Universidad del Estado de Ohio. Rachel apenas tenía 18 y estaba a punto de entrar a Ohio Wesleyan. Ambas son de North Olmsted, Ohio. Jessica tomó todo lo que aprendió en cuatro años y lo condensó en cinco páginas.

«El momento más difícil es cuando tus padres se van —escribió Jessica—, pero recuerda, es como cuando tenías dos años y te dejaron por primera vez sola con la nana: enloqueces como por diez minutos, pero luego te calmas». Cuando tus padres se van en el auto, entras en pánico algunos instantes: «¿Oh, no, estoy sola!». Luego te embarga la emoción y todo cambia: «¡Vaya! ¡Qué maravilla, estoy sola!».

Es probable que el primer año te sientas perdida y confundida, pero para el segundo ya serás dueña del lugar y te sorprenderás a ti misma diciéndoles a tus padres, «Debo ir a casa». Pero cuando digas «casa», te referirás al dormitorio de la universidad.

Jessica era una hermana mayor protectora y quería que la transición fuera más sencilla para su hermanita. En el manual incluyó todo lo que le habría gustado saber cuando salió de la preparatoria. Al leer el manual de Jessica, pensé que me habría gustado recibir uno de mis cuatro hermanos mayores, y haber escrito uno para mis seis hermanos menores.

A los 21 años, cuando me embaracé y abandoné la universidad, tuve una serie de empleos distintos para pagar la renta y, finalmente, terminé como secretaria. Jamás olvidaré el día que Therese, mi hermana mayor, me retó a terminar la universidad. Lo hizo con una sola oración: «¿Quieres ser secretaria el resto de tu vida?».

Ahora bien, si a ti te fascina ser secretaria y tu desempeño es increíble, entonces tal vez tu respuesta sería un gozoso, «¡Sí!», pero yo era muy mala en el trabajo y además lo detestaba. A pesar de todo, enfurecí con mi hermana por hacerme sentir tan poca cosa. ¿Cómo se atrevía a insultarme? Pero la verdad es que nadie puede hacerte sentir menos; ella sólo me recordó que yo ya me sentía así porque me estaba conformando con algo que no era lo que yo soñaba.

A nosotros nadie nos enseñó a soñar, sólo a sobrevivir. Mi papá nunca soñó. Dejó la escuela cuando estaba en la secundaria y tuvo que mantener a su familia porque perdieron todo en la Depresión. Se pasó la vida cargando tejas, y subiendo y bajando escaleras con canaletas a la espalda bajo el rayo del sol. En el invierno reparaba calderas llenas de asbesto, y eso terminó matándolo. Esperaba que sus cinco hijos varones se hicieran cargo del negocio de la familia: Brett Sheet Metal, pero ellos no querían formar parte de ese matadísimo negocio que exigía tanto y generaba tan pocos ingresos. Mi madre no fue a la universidad; trabajó como asistente de enfermera hasta que se casó con mi padre. Él era un atractivo soltero cuando lo conoció en el hospital donde estuvo como paciente. Accidentalmente, o a propósito, lo quemó con una botella de agua caliente para que tuviera que quedarse más tiempo. Luego se casaron, estuvieron de acuerdo en tener diez hijos pero terminaron teniendo once. Uno de ellos fue un accidente pero nunca nos dijeron cuál.

Para mis padres fue muy difícil ver a su primer hijo ir a la universidad; creo que se sintieron abandonados o traicionados porque querían que todos nos quedáramos a vivir para siempre en casa o, por lo menos, en nuestro pueblo natal. Cuando mi hermana Patricia obtuvo una beca para ir a Yale, ellos hablaron del asunto entre susurros: «¿Por qué se tiene que ir de Ohio?». No tenían idea del increíble logro que significaba para ella.

Mis hermanos forjaron sus propios caminos. Recuerdo a mi hermana Therese en ese feo y aseñorado uniforme que usaba en la tienda de abarrotes Acme de nuestro pueblo, en donde trabajó y estudió toda la carrera mientras contabilizaba víveres en la caja registradora. Ella fue la primera que asistió a la universidad pero todavía siguió viviendo en la casa. Al final, estudió varias carreras, la última fue Enfermería de Cuidados Intensivos, que le sirvió para salvar vidas antes de retirarse.

Mi hermana Joan fue la primera que se fue de casa y vivió en un dormitorio universitario. Mis padres querían que fuéramos a la universidad más económica y cercana a la casa: Kent State. La institución estaba a solamente 9.5 kilómetros. Joan fue pionera, posó su mirada en la Universidad del Estado de Ohio, a dos horas y media de distancia de casa. Eso significaba que tendría que mudarse y mantenerse sola. Joan obtuvo un doctorado en psicología organizacional por la Universidad de Nueva York, y ahora es profesora de la Universidad del Estado de Arizona.

Mi hermano Michael se hizo contador público y obtuvo su maestría de la Universidad del Estado de Ohio. Mary trabajó durante años en una fábrica de General Electric para poder pagarse la universidad; terminó con dos maestrías y ha salvado incontables vidas, todas víctimas de la violencia doméstica y las adicciones a las drogas y el alcohol.

Tom pasó años trabajando en los techos con papá. Se graduó de Kent State y ahora hace avalúos de bienes raíces y trabaja para el Departamento de Transporte de Ohio.

Maureen fue a la Universidad Bowling Green State, en donde obtuvo su título de periodista. Se dedicó a comercializar casas y servicios para una comunidad de retirados que hace a los adultos mayores sentirse como en casa en este mundo.

Patricia fue a la Universidad del Estado de Ohio y luego estudió una maestría en arquitectura en Yale. Cuando estoy en Nueva York, me encanta pasar por el edificio que ella diseñó. Patricia también diseñó la línea de trajes de baño Veronica Brett que se presentó en la revista O de Oprah.

Mark se graduó de la Universidad del Estado de Ohio con un título de terapeuta físico. Luego estudió la maestría, y ahora supervisa varios hospitales en Michigan. Jim se graduó como contador de Kent State, se unió al Cuerpo de Paz y sirvió en Uzbekistán. Ahora es contador público en Washington, D.C.

Matthew, el más chico, pasó su infancia dibujando historietas. Como fue el último de once hijos, siempre fue más temerario. Una vez les dijo a mis padres que iba a acampar, pero en lugar de eso se fue manejando hasta Nueva Jersey para ver a Bruce Springsteen. En otra ocasión les dijo que iba de pesca pero en realidad fue a lanzarse en paracaídas. Se graduó de Kent State como diseñador gráfico. No me di cuenta de lo difícil que fue para él hacer su propio camino sino hasta varios años después de que abriera Substance, su propia agencia de diseño gráfico en Chicago.

Una vez, cuando todavía vivía en casa con mamá y papá, consiguió una entrevista en Chicago. Al final le preguntaron, «¿Puedes comenzar a trabajar en dos semanas?». Él acepto pero no tenía idea de cómo les iba a dar a nuestros padres la noticia de que se mudaría en dos semanas. ¿Cómo les iba a decir que, después de criar once hijos, dentro de poco se quedarían en un nido vacío? ¿Encontraría un departamento? ¿Cómo llegaría a Chicago? ¿Cómo se movería en la ciudad? Cuando eres el primero en hacerlo, mudarse de Ravenna, Ohio (12,000 habitantes) a Chicago (2.7 millones de habitantes), puede parecer un viaje a la luna.

Me habría gustado ayudarlo pero en aquel tiempo yo estaba demasiado perdida para prepararle el camino al siguiente viajero. Ni siquiera sabía que me correspondía hacerlo. Pero ahora lo sé, todos tenemos esa tarea. Cada una de mis hermanas y yo hemos ayudado a preparar el camino para las sobrinas y sobrinos que vienen detrás de nosotras.

Mi esposo y yo hemos aprovechado el tercer piso de nuestra vieja casa como plataforma de lanzamiento; primero para nuestros hijos y luego para nuestra sobrina Rachel que dejó su empleo en Dayton para venir a Cleveland y terminó consiguiendo un empleo en el Rock and Roll Hall of Fame. Consiguió un departamento, conoció al amor de su vida y ahora vive cerca de aquí con su esposo y su hijo.

Mi sobrino Michael está estudiando su doctorado. Él sabe que eso es posible gracias a que su tía tiene uno. Su hermana Leah tocaba en la banda de marcha de la preparatoria en Garrettsville, Ohio (2,329 habitantes), y luego llegó a formar parte de la banda de Notre Dame y a actuar en televisión nacional frente a millones de personas. Acaba de obtener su título de maestría en danza terapéutica, en Boston. Mientras estuvo en la preparatoria, su hermano Luke participó en producciones teatrales, pasó un verano viviendo en nuestra casa para trabajar en un campamento de teatro, escribió una obra y luego pasó otro verano estudiando dramaturgia en el Estudio Stella Adler de la ciudad de Nueva York. Se graduó como dramaturgo de la Universidad Baldwin Wallace.

Sigo fascinada por el hecho de que mis diez hermanos hayan dejado el hogar para perseguir sus sueños. Me parece que el viejo dicho «Que la luna sea tu objetivo porque, incluso si fallas, caerás entre las estrellas», describe lo que ellos hicieron. Para mí, todos son estrellas: una luz para la nueva generación de astros.

LECCIÓN 28

Que alguien no esté en tu camino no significa que esté perdido

A los veintitrés años, mi hija cayó en una depresión.

Una amiga suya que vivía en Manhattan hablaba de mudarse a Los Ángeles. La amiga con quien creció en Kent, se iba a Atlanta. Las amigas que se estaban casando, tenían a sus parejas, y las que estaban teniendo hijos, estaban inmersas en la maternidad.

Gabrielle de pronto se encontró estancada en la crisis de los primeros veinticinco años de vida. Es algo que te pega a los veintitantos, cuando estás tratando de tener una vida pero la de todos los demás siempre luce mejor que la tuya. Al principio pensé que mi hija era la única que tenía ese dilema, pero luego me enseñó un correo electrónico anónimo que circulaba entre sus amigos y respondía a la pregunta: ¿Cómo sabes que ya llegaste a la adultez?

«Sabes que ya eres adulto cuando tienes más comida que cerveza en el refrigerador. Cuando escuchas tu canción favorita en un elevador, cuando ya no sabes a qué hora cierra Taco Bell. Cuando ya no tomas siestas del medio día a las seis de la tarde. Cuando pasas de tener 130 días de vacaciones, a sólo 7».

El último renglón mató a mi hija porque ella solía trabajar todos los veranos en... mejorar su bronceado. Pero ahora, por primera vez en su vida, tenía un empleo de verdad de nueve de la mañana a las cinco de la tarde, el cual no le permitía broncearse entre el mediodía y las dos de la tarde. Le encantaba el empleo pero odiaba la noción de trabajar de nueve a cinco por el resto de su vida. Recuerdo que el día que entendió que estaba a punto de acabar la escuela, me dijo: «¿Quieres decir que voy a tener que trabajar todos los veranos por el resto de mi vida?».

Cuando Gabrielle se graduó de la universidad, ya estaba comprometida con un gran muchacho. El plan era utilizar el título de la carrera de 50,000 dólares que había estudiado, para conseguir un empleo y comenzar su carrera, y seguir viviendo en casa para ahorrar dinero y casarse en el otoño. Pero como dicen, la vida es eso que te sucede mientras tú estás ocupado haciendo otros planes. Y eso fue justamente lo que pasó. Cuatro meses después renunció a un empleo que le exigía trabajar jornadas de doce horas por un pago correspondiente a solamente ocho. Después, en algún momento entre el apartado del salón de fiestas y la compra del vestido de novia, descubrió que no estaba lista para casarse y devolvió el anillo.

Consiguió un nuevo trabajo pero no estaba segura de lo que pasaría después. Buscó un departamento pero no podía pagar mucho. Se esforzó por construir una vida para la que ya no tenía un plano trazado previamente. En pocas palabras, estaba a la deriva.

Traté de ser su ancla pero eso no le ayudó a avanzar. Fue genial tenerla en casa y ver capítulos repetidos de *Friends*, probar nuevas recetas de cocina y dar largos paseos juntas. Y luego, un día me espantó porque empezó a ver los precios de los vuelos a Atlanta y Nueva York. Creí que tal vez se sentía tentada a mudarse, y eso me preocupó, así que le sugerí que primero consiguiera un departamento en donde estábamos.

«No quiero quedarme varada en este pueblo para siempre», me dijo con un suspiro.

¿Varada en este pueblo? Le recordé que estábamos en Cleveland, una tierra de oportunidad, hogar del Rock and Roll Hall of Fame, The Flats y The Tribe. No era un pueblucho insignificante. Gabrielle puso los ojos en blanco. Cualquier lugar en donde vivan tus padres siempre será un pueblito.

Vivir en casa por demasiado tiempo puede hacer que un adulto tenga una regresión a su infancia. A los padres también les pasa. Si te quedas más tiempo de lo necesario cerniéndote sobre tus hijos, lastimarás su vida social y sus motivaciones para avanzar. Yo pensé que le estaba dando a Gabrielle un colchón económico para protegerla pero, al final, descubrí que la había sofocado. Quería decirle que no había nada de malo en fracasar, en correr riesgos o en elegir algo —una ciudad, una carrera, un novio, un pasatiempo—, y construir su vida. De todas formas no va a ser perfecta porque ninguna lo es.

La vida es un desastre. El plan a cinco años es un concepto sobrevalorado. La mayor parte de las cosas que planeé en la vida, nunca se concretaron. Lo que sí sucedió jamás fue parte de un plano. Y hasta la fecha, la vida ha resultado mucho mejor de lo que jamás imaginé. Un día Gabrielle comprendería que el mundo era su ostra, pero en aquel entonces mis perlas de sabiduría le parecían inútiles. Era momento de que descubriera las suyas propias, y eso fue lo que hizo sin que yo tuviera que trazarle un mapa. Decidió escuchar a su propio corazón, y así forjó su camino.

A veces tienes que extraviarte para poder encontrarte. Eso fue justo lo que hizo mi sobrino Michael cuando se graduó de la universidad. Tenía un plan: tres jóvenes, una camioneta y un mapa. A mí no me parecía que fuera algo realmente organizado pero Michael confiaba en que su plan lo llevaría de Ohio a la Universidad de Nuevo México. Se estaba preparando para emprender sus estudios a nivel superior y, según él, el trayecto de 26 horas de la zona rural de Garrettsville, Ohio, a Albuquerque, sólo le tomaría tres días.

He visto demasiados filmes independientes para creer que la idea de Michael fuera buena. Hay demasiadas cosas que le pueden suceder entre este lugar y Nuevo México a un chico con placas de Ohio, cabello largo y tres guitarras. Quería salvar a mi sobrino de sufrir un colapso, caer en bancarrota o extraviarse en el camino, así que le hice una oferta. Como regalo de graduación le daría un boleto de avión a Nuevo México. Cuando le entregué el obsequio, me sentí bastante nerviosa.

Y él me rechazó sin miramientos. Michael y sus amigos de verdad querían viajar en la camioneta.

¿Cuántos kilómetros tendría que recorrer?

No sabía.

¿El seguro cubriría su viaje?

No sabía.

¿En qué estado se encontraba la camioneta?

No sabía

Naturalmente, me era imposible dejar de imaginarlo en medio de la nada. Pero no pude detenerlo.

Luego yo también hice un viaje, a la playa. Mi esposo quería asegurarse de que no nos perdiéramos como nos sucedió el año anterior que yo manejé, así que compró un GPS. ¿Y cómo quejarme? Yo fui quien no salió de la carretera cuando debía, y siguió manejando durante media hora más sin darse cuenta.

El GPS parecía una diminuta televisión pegada al parabrisas. El mapa se iba desplegando conforme avanzábamos. Si dabas una vuelta incorrecta, te indicaba que tenías que dar vuelta en U. Una voz femenina te decía adónde ir. «En setecientos metros gire a la izquierda en la autopista», decía. Y después de veinte minutos yo ya estaba harta y quería indicarle a la señorita cómo irse al diablo. No me agrada en absoluto que alguien me diga cómo manejar cada cinco minutos, en especial si se trata de una desconocida con acento británico que a cada carretera le llama «la autopista».

«¿No te parece genial?», exclamó mi esposo cantando como pajarito.

No, odié el artefacto. Pero él sólo se quedó dormido en el asiento del pasajero, confiado en que nuestro viaje estaba en manos de una brújula anónima.

No es tan malo perderse, pensé, haciendo un puchero. Si llega a suceder, sólo se extienden un poco las vacaciones. Una vez terminamos perdidos pero encontramos una adorable vista del Valle Shenandoah. Otro año llegamos a un caminito no más ancho que un cabello en el mapa. Vimos un letrero con una *P* enorme. ¿P de Perdidos? No. Era una señal que indicaba que habíamos llegado al Paraje de la vieja carretera Lincoln. Mi esposo se espabiló. Mike Singer, su tío abuelo, hizo una excursión de Nueva Jersey a San Francisco en 1914, cuando tenía dieciocho años. Debe haber sido un viaje salvaje. La enorme montaña frente a nosotros no se veía tan intimidante cuando lo imaginamos escalándola.

Por desgracia, al año siguiente nuestro GPS nos mantuvo en la ruta y a tiempo. Mi esposo estaba feliz pero yo sentía que me habían robado la perfección de lo espontáneo. Hay tanto que explorar en estados Unidos, pero con MapQuest, Google o el GPS, el arte de perderse se está perdiendo. Cómo extraño aquellos tiempos en que podías confiar solamente en un mapa y en el hombre de la gasolinera para llegar a tu destino. O cuando uno podía nada más subirse al auto y seguir su brújula interna.

Eso fue lo que pensé cuando me despedí de Michael, cuyos planes ya habían cambiado para entonces. Los tres jóvenes y la camioneta se transformaron en un automóvil y sólo dos chicos: el tercero se echó para atrás. Pero en esta ocasión, en lugar de seguir dándole consejos a Michael, le entregué mi atlas, repleto de todos los estados que no había visitado, que sólo había soñado. Ya no me preocupaba que mi sobrino pudiera extraviarse.

La verdad es que lo envidiaba. Hacinaría todo lo que poseía en la parte trasera de un Dodge Neón, y no tendría a nadie indicándole en qué parte de la carretera dar vuelta.

Por supuesto, terminó perdiéndose a una hora de salir de casa, incluso antes de dejar Ohio. Luego la dirección y el aire acondicionado se descompusieron y ambos chicos se fueron derritiendo todo el camino hasta Albuquerque.

Michael se perdió pero también se encontró en el viaje. Ahora está terminando su maestría en filosofía y está listo para enfrentarse al doctorado. No está seguro de lo que sucederá pero va a forjar su propio camino y lo hará a su manera.

LECCIÓN 29

Ensancha tu zona de confort
para que otros estén más cómodos

Algunos minutos antes de subir al escenario para dar el discurso inaugural de una conferencia de negocios, una mujer se acercó a mí para preguntarme algo.

Era intérprete y estaba trabajando en un evento de la universidad local. Me preguntó si podía traducir mi discurso a lenguaje de señas para la gente del público sorda o con problemas de audición. La mujer no quería ser una distracción, pero estaba interesada en compartir mi mensaje.

Por supuesto, le dije que no había ningún problema, pero le advertí que hablaba rápido y tal vez le costaría trabajo seguirme. Y ella se rio.

Como todavía nos quedaban algunos minutos, le pregunté por qué se interesó en el lenguaje de señas. Pensé que tal vez uno de sus padres era sordo o que en su familia inmediata había alguien con problemas para escuchar.

Pero ella me contó una adorable historia que nunca olvidaré.

La mujer tenía sólo catorce años aquel verano que trabajó en una heladería. Un día entró un hombre y le mostró una hoja de papel que decía: *un cono de chocolate grande*. A ella le pareció un poco raro pero preparó el cono y se lo entregó. Cada vez que el hombre se presentaba en la heladería, le entregaba la nota con la misma orden: *un cono de chocolate grande*. Y un día, la chica finalmente comprendió que el hombre era sordo.

Entonces sacó un libro de la biblioteca y aprendió sola un poco del lenguaje de señas. Sólo le tomó media hora aprender la pregunta que le haría a su cliente, y la siguiente vez que el hombre se presentó en la heladería, ella le preguntó, ¿Qué va a llevar?, con lenguaje de señas.

Él se quedó asombrado.

Estaba tan sorprendido que salió del lugar sin siquiera comprar el cono de chocolate grande. ¿Habría usado signos incorrectos? ¿Lo ofendió de alguna manera?

Pero minutos después el hombre regresó con un auto repleto de amigos sordos con quienes entró a la heladería. Luego la miró y les hizo señas a sus acompañantes. Ellos se la quedaron viendo y empezaron a llorar. Yo también lloré cuando me enteré de que aquella chica se convirtió en intérprete profesional y profesora universitaria, y de que se ganaba la vida enseñando el lenguaje de señas.

Cada vez que ensanchamos nuestra zona de confort para que alguien más se sienta cómodo, pueden suceder cosas increíbles para todos. En lugar de buscar el camino que tomarán nuestras carreras, a veces los caminos nos encuentran más allá de donde nos sentimos seguros.

Annette Fisher estaba muy cómoda dirigiendo una tienda de artículos para novias cuando se ofreció como voluntaria para hacerse cargo de los animales de granja de una amiga que se iba de vacaciones. Annette estaba alimentando a los animales cuando notó un rincón oscuro y lleno de telarañas en el establo. Cepilló la zona y descubrió a una cerdita inválida. Nadie había cuidado a la cerdita regordeta y ahora parecía que se le habían roto las patas. No tenía pelo y no podía caminar. Annette luego se enteró de que la cerdita solía ser gorda y feliz hasta que alguien la dejó caer cuando la estaba bajando de un camión.

La carrera de Annette la había llevado al ámbito del diseño gráfico. Fue dueña de una agencia durante once años, luego se casó, compró una propiedad de unos cuantos acres, y puso su tienda de artículos para novias. Para los 26 años ya había cumplido todas sus metas pero algo le hacía falta. Su momento de epifanía llegó el día que llevó a la cerdita al trabajo para darle su medicina. Una novia se molestó mucho porque el traje Alfred Angelo que se estaba probando no iba bien con los zapatos ni el bolso. Annette vio a la mujer vestida con traje de diseñador y luego miró a la cerdita. Entonces se dio cuenta de que preferiría trabajar con la porcina.

«Cuando ves el panorama completo, realmente a nadie le importa si tus zapatos van bien con el vestido», me dijo Annette.

Poco después, cuando regresó la dueña de la granja y le preguntó a Annette cuánto le debía por haberse encargado de los animales, la diseñadora le contestó: «¿Qué tal si sólo me regalas a la cerdita inválida?».

La cerdita se convirtió en su obsesión. ¿Cuántos animales más habría como ése? ¿Animalitos que sufrían de abuso y maltrato? ¿Criaturas dejadas a su suerte en graneros oscuros y mohosos? Annette cerró la tienda de artículos para novias y abrió el Santuario Happy Trails para Animales de Granja.

También se hizo cargo de Janice, la cerdita, durante siete años, hasta que ésta falleció en 2007. Annette dice que Janice fue la fundadora de Happy Trails; le dio de comer caramelos de menta en forma de cerdito y estuvo con ella hasta sus últimos días, los cuales pasó en una cabañita con lámparas para producir calor, durmiendo debajo de un grueso edredón rosado, al pie de un calendario de cerditos en la pared.

Annette ha logrado que el Santuario Happy Trails para Animales de Granja en Ravenna, Ohio —el pueblo donde viví de niña—, siga creciendo. En cuanto se propagó la noticia sobre su refugio, la Sociedad Humana, la Liga Protectora de Animales y varios agentes de policía comenzaron a llevarle a Annette animales lastimados y descuidados. Ahora tiene graneros llenos de puercos, caballos, patos, gansos y pollos. Happy Trails ha rescatado a más de 4,000 animales. Esta organización sin fines de lucro encuentra hogares adoptivos para todo tipo de animales de granja. Los voluntarios limpian los establos, reparan vallas, construyen refugios y descargan heno. La misión de la granja es rescatar, rehabilitar y dar en adopción a animales que son rescatados de dueños abusivos o descuidados, o que los oficiales de policía encuentran en condiciones de abandono, como es el caso de los cuarenta gallos que fueron rescatados de un ring de peleas en Cleveland.

Un hombre que estaba acampando encontró a Wilbur, un cerdito al que parecía que alguien había pateado como si fuera balón de futbol. Bronson, el pollo, había sido tirado en una carretera de Cleveland. Barney, un caballo que servía para cargar leña en una comunidad amish, se lastimó la espalda y no pudo seguir trabajando. Una cerdita llamada Maria escapó de un matadero en Mogadore. Otro cerdo, llamado Mr. Bojangles, fue arrojado al estacionamiento de una escuela a medio invierno.

Annette me llevó a conocer su granja de diez acres. Me mostró una cerdita acurrucada en una bolsa de dormir. Alrededor de su panza, Asbury tenía las marcas que le había dejado una manguera que alguien le amarró alrededor y nunca le quitó. Conforme creció, la manguera se le incrustó en el cuerpo y, tiempo después, se la tuvieron que extraer.

También conocí a Joy, una vaquilla Holstein que cree que es un pony. A las cinco semanas de nacida, Joy se congeló y se quedó pegada a la tierra, como consecuencia, una parte de su colita se rompió. Todo esto es muy doloroso hasta que uno ve la forma en que el corazón de Annette se ensancha para abarcar a todos los animalitos. Esta mujer les brinda el amor suficiente para resucitarlos y busca gente que les pueda brindar un hogar permanente.

Annette siempre estará agradecida con Janice, la cerdita, porque fue capaz de hacerla ensanchar su zona de comodidad. Annette usa brillo labial rosado, delineador oscuro, aretes de plata, un saco azul polvoriento y botas de trabajo cubiertas de... bueno, no, no quieres saber de qué. Hace mucho tiempo que dejó atrás la tienda de artículos para novias pero está encantada con lo que hace ahora. Podría decirse que se siente en el paraíso porcino.

LECCIÓN 30

En el yate no se lloriquea

Antes de que te quejes una vez más de la vapuleada cotidiana a la que llamamos trabajo, piensa en lo siguiente: ¿Cómo te gustaría que fuera tu vida si no pudieras trabajar?

Todos hemos escuchado decir, «No conozco a nadie que, estando en su lecho de muerte, diga, "me gustaría pasar un día más en la oficina"». Yo solía decir eso hasta que realmente conocí a una persona que sí lo habría dicho.

Lo único que Susan quiso hacer durante toda su vida fue trabajar. Mientras otras adolescentes soñaban cómo lucirían con su vestido de novia, ella estaba ocupada visualizándose con zapatos de color azul marino, falda tableada, blusa blanca y un portafolios.

«Una mujer con un portafolios de piel con mis iniciales —me corrige—. Eso era lo que yo quería ser. No deseaba ser la madre ni la esposa de alguien, pero no porque creyera que había algo de malo en ello».

Susan obtuvo títulos en comunicaciones e historia, de la Universidad de Ithaca, en Nueva York. Luego, en 1976, se inscribió en otra institución superior y obtuvo una maestría en la Universidad de New Hampshire. Cuatro semanas antes de iniciar las clases, el doctor le dijo que sufría de esclerosis múltiple. Susan sólo tenía veinticinco años.

«La tierra se abrió y me tragó completa, de una sola mordida», me dijo, articulando cada sílaba como si fuera un golpe al vientre.

Su vida no volvió a ser la misma.

Cuando yo la conocí tenía 49 años y se pasaba el tiempo apretujada en una silla de ruedas negra en su casa, en Shaker Heights, Ohio. Se parecía muy poco a la vibrante mujer profesional que adoraba comprar portafolios y trajes de JoS. A. Bank con corbatas de moño. Más bien lucía infantil con ese vestido amarillo con estampado de dientes de león, calcetas del mismo color e inmaculados zapatos casuales de color blanco. Como ya no puede hablar con las manos, sus ojos cafés y sus oscuras cejas saltan un poco para acentuar sus oraciones.

«¿Cuáles son mis limitaciones? Ni siquiera sé por dónde comenzar. Antes era diestra pero ahora como con la mano izquierda. No puedo ponerme de pie. Alguien me tiene que cuidar permanentemente en casa. No puedo cortar mis alimentos. No he podido abotonarme una blusa desde 1982», me explicó.

Susan no puede empujar su silla, no puede abrir su correspondencia, manejar un auto ni levantar una pluma si se le cae. De pronto hizo una pausa e hizo un inventario de sus habilidades. Las resumió en una sola frase: «Tengo una boca muy grande y una mano que funciona».

«Mira, no soy una víctima, es sólo que esta situación no era mi primera opción —aclaró—. Siento que me robaron, pero la vida no es justa. Uno sólo hace lo que puede. No envidio la vida de nadie más pero quería vivir la mía.»

Susan obtuvo su maestría y la aplicó en el departamento de informática de la Clínica Cleveland. Sus padres tenían que llegar a las seis de la mañana para ayudarle a vestirse y subirla al auto. En el trabajo, alguien tenía que sacarla del auto y llevarla a la oficina.

«La gente del departamento donde trabajé era extraordinaria —me cuenta—. Jamás lo habría logrado sin mis compañeros de la oficina.»

Susan dejó de trabajar hace más de diez años, cuando moverse ya se le dificultó demasiado.

Como el trabajo había dejado de ser el punto central de su vida, Susan empezó a desarrollarse como voluntaria en todo el pueblo. Cuando le pregunté qué extrañaba del mundo laboral, en su rostro apareció una expresión fija, como la de la melancolía que provoca el recuerdo de un amante perdido.

«El trabajo implicaba dignidad y cierta elegancia... y aretes de perlas. Pequeñitos, de buen gusto. Tienes autoridad. Puedes llegar a ser bueno en tu campo», dijo, como si estuviera hablando de otra persona. Y de cierta forma, así era.

«Necesitas un lugar más grande que tú, un lugar al que puedas pertenecer. Ahora extrañas las ideas y el estímulo; la necesidad de tomar decisiones. El trabajo te legitima. Creo que extraño los contactos. La normalidad.»

Susan me ofreció un consejo para todos aquellos que se quejan de la hora de más tráfico, de las jornadas largas y de los jefes gruñones: «Atesora lo que tienes».

Después de conocerla tuve una nueva perspectiva del trabajo, y mi noción del agradecimiento se renovó. Ahora me pregunto cómo veríamos nuestros empleos si pudiéramos contemplarlos exclusivamente a través de ojos llenos de gratitud.

¿Qué pasaría si todos nos diéramos una sobredosis de gratitud todos los días y pudiéramos ver a todos y a todo como el regalo divino que realmente son? Probablemente nos percataríamos de que, en comparación con el resto del mundo, muchos estamos sentados en un yate que se mece con suavidad.

Mucho de lo que nos quejamos, es el sueño dorado de otros. ¿El lento trayecto a la oficina en medio del tráfico? ¿El jefe arrogante? ¿El desagradable compañero de trabajo? ¿El cheque de nómina desnutrido? Para alguien que no puede trabajar o encontrar empleo, todos estos inconvenientes serían un regalo.

Alguien realizó un maravilloso video de gente de países del tercer mundo leyendo las quejas de gente de países del primer mundo. Lo puedes ver en www.waterislife.com. Un niño sentado sobre un montículo de basura, dice: «Odio que mis asientos tapizados en piel no tengan calefacción». Una mujer parada junto a un río en donde otras lavan ropa, lee: «Cuando dejo la ropa en la lavadora demasiado tiempo, empieza a oler mal». Un chico con barba de chivo, se lamenta: «Odio dejar mi cargador en el piso de abajo». El video termina con la frase: «Los problemas del primer mundo no son problemas».

Mi amiga Connie siempre me recuerda que «En el yate no se lloriquea». Y es que muchos estamos en un yate si comparamos nuestra situación a la de buena parte de la demás gente del mundo, en particular, aquellos que no tienen trabajo y apenas se mantienen a flote. Hay días que me quejo de que un editor le hizo modificaciones a mis escritos, en lugar de sentirme bendecida de que alguien me pague por escribir. A veces gruño por los inconvenientes de llenar una forma mensual para contabilizar los kilómetros que viajo, cuando debería sentirme afortunada de que me paguen viáticos.

A través de la mirada de la gratitud, tu empleo se convierte en una labor valiosa, digna de ser alabada, y por la cual deberías sentirte agradecido. Tal vez no te parezca un yate de lujo sino más bien un botecito, una canoa o una balsa salvavidas, pero si tienes empleo, créeme que tienes la cabeza por encima del nivel del agua. Si mantienes la barbilla arriba, tu panorama mejorará día con día.

LECCIÓN 31

Nadie puede drenarte sin tu permiso

El recibo del gas con que calentamos nuestra vieja casa seguía creciendo, por eso decidimos averiguar en qué lugar se estaba escapando el calor para aislar más las paredes y terminar con las fugas.

Mi amigo Bill fue a la casa y trajo consigo su termómetro infrarrojo especial. Era como una pistolita amarilla. Adonde quiera que lo apuntaba aparecía un punto rojo sobre la pared, y la temperatura del área cercana al punto se registraba en el medidor.

Bill apuntó la pistolita al rellano de la puerta trasera y descubrimos que la temperatura cerca del piso era de 6º centígrados. El aire frío se estaba colando por la puerta; la temperatura de una de las paredes era de 11.5º y la de otro muro cercano, de 20º. Con la pistolita fue muy fácil encontrar las fugas.

En cuanto ubicamos todos los lugares de la casa en donde se estaba escapando el calor, calafateamos las junturas, aislamos cada fuga y agregamos sellador de agua. Nuestro recibo de gas disminuyó de 185 a 118 dólares mensuales, y pasamos el invierno en un lugar caliente y acogedor.

¿No sería genial si tuviéramos un artefactito como la pistola amarilla para señalar todas las zonas de tu vida por donde se fuga la energía? Imagina lo productivo que serías si pudieras deshacerte de todas tus fugas personales de energía. Imagina si pudieras aceptar exclusivamente los proyectos que te imbuyeran vida. Imagina cómo te sentirías si eligieras sólo a los amigos, socios, parejas y colegas que te pudieran vigorizar, en lugar de tener que apagar tu piloto interno.

Hay días que siento que estoy atravesando una crisis de energía personal. Siento que la fuerza de la vida me abandona, y me descubro diciendo cosas como, «¡Estoy tan abrumada! Estoy exhausta. Me siento drenada...».

Por ahí he escuchado que la forma en que inviertes tu energía es más importante que la forma en que usas tu tiempo, por eso, en lugar de tratar de repartir bien el tiempo, ahora mucha gente se enfoca en administrar su energía.

Pero entonces, ¿adónde se va? En cuanto encuentres las fugas podrás sellarlas. A mí no me tomó mucho tiempo identificar las mías, sólo tuve que disponerme a encontrarlas.

Descubrí que malgasto mucha energía revisando una y otra vez la bandeja de correo electrónico, Facebook y Twitter. También pierdo energía cuando me salto el desayuno y la comida.

La energía se desborda cada vez que chismorreo, me quejo, critico, culpo a otros y dudo. También cuando reacciono y sucumbo al drama en lugar de esperar y responder con consideración; cuando reviso y cambio de lugar los mismos papeles sobre mi escritorio varias veces. La energía se fuga en todas las lluvias de ideas innecesarias y sin enfoque que se acumulan en mi pensamiento y en mi escritorio.

Cada vez que me acuesto tarde por estar jugando sudoku o viendo una película que ya vi veinte veces como *La propuesta*, *No me olvides* o *La boda de mi mejor amigo*, me siento drenada. También cada vez que acepto y añado más exigencias a pesar de que ya estoy mermada; cuando leo noticias horrorosas que me van a seguir perturbando durante horas; y cuando escucho dramas que ni siquiera son míos.

La verdad es que me paso la vida tratando de exprimirme más a mí misma e insertando más actividades en mi agenda como si los días se fueran a alargar y durar más de veinticuatro horas, y como si las semanas pudieran extenderse más allá de siete días. Pero no estoy sola en esto. Todos tenemos la tendencia a respetar nuestros aparatos electrónicos más de lo que respetamos nuestro cuerpo. Todas las noches conectamos los celulares para recargarlos pero rara vez dormimos lo suficiente para recargarnos nosotros mismos.

Lo bueno es que en cuanto encuentres tus fugas personales, podrás sellarlas. Te diré cómo lo hice yo:

Orar y meditar: esto es lo más importante que hago cada mañana; abrir la energía divina, que es una fuente inacabable de energía.

Coloco frases positivas en mi escritorio, en el auto y en el espejo para recordarme que debo ser la mejor persona posible.

También es muy importante que elijas la banda sonora correcta para tu vida. A mí me gusta mucho la música *country*, pero las canciones están llenas de corazones dolidos, mentiras, engaños y revanchas. De hecho teníamos una broma: ¿qué pasa si tocas un disco de música *country* para atrás? De pronto regresan tu perro, tu camioneta y tu esposa. Las canciones que escucho ahora me llenan de esperanza y alegría.

Otra cosa fundamental es que ahora trato de hacer sólo una cosa a la vez. Cuando como, como. Ya no paso el tiempo leyendo el periódico o cambiando canales mientras tomo mis alimentos, y tampoco como cuando estoy en Internet, en el iPhone o en el iPad.

¡Las fechas límite son geniales! Si no tengo una fecha límite de entrega real, me la invento. De esta manera no desperdicio tiempo dándole vueltas durante semanas a un proyecto, una columna o al capítulo de un libro, y tampoco malgasto mis horas navegando por la red si no es necesario.

Y... ¡ALTO! No te vuelvas demasiado ambicioso, demasiado colérico, demasiado solitario ni te abrumes mucho. Esto me lo enseñaron algunos amigos que tengo y que están en programas de rehabilitación. Mucha gente se salta la comida todos los días porque está demasiado ocupada para comer, pero eso no es cierto.

Antes de aceptar un nuevo proyecto, de dejarme empapar por una lluvia de ideas o de comprometer mi tiempo de manera importante, siempre le llamo a mi *coach* de vida. Mi hermana Joan me ayuda a permanecer anclada en los hechos y a hacer a un lado la ficción sobre lo que puedo y quiero hacer, y a dejar de pensar en lo que «debería» hacer. Por eso también me encanta la frase de Anne Lamott: «Yo vivo apegada a la verdad de que un "no", es una frase completa». Amén, hermana.

Estoy aprendiendo a decir «no» a mis fugas más grandes de tiempo y energía en el ámbito laboral:

Correo electrónico: En lugar de revisarlo de manera compulsiva cuando no tengo tiempo de responder (o sea, cuando de todas maneras voy a tener que leerlo una segunda ocasión), ahora sólo leo los mensajes una vez y los respondo o elimino.

Papeleo: ¿Por qué crecen tan rápido los alteros de papel sobre los escritorios? Alguien me dio un buen consejo. Cada vez que toques un papel, ponle una grapa en la esquina. Si encuentras un papel con millones de grapas, eso significa que estás evitando el tema, así que actúa, archívalo o tíralo a la basura.

Los enloquecedores: En toda oficina parece haber algunos personajes que succionan todo el oxígeno disponible. Es el tipo de gente a la que puedes percibir antes de siquiera verla. Son personas que provocan problemas donde no los hay porque chismean, envidian y quieren que te unas a ellas para vencer a enemigos imaginarios. Mantente fuera de su radar; mantente cuerdo y alejado.

Decir «sí» sólo para complacer a alguien más: Antes yo solía sugerir proyectos sólo para impresionar a otros en las reuniones de trabajo, pero luego salía y me daba cuenta de que no tenía ni tiempo ni interés en llevarlos a cabo.

Postergación: Muy a menudo evito las cosas más importantes sólo porque tengo miedo. La ansiedad que me provoca terminar algo se convierte en una tormenta en mi cerebro y los nubarrones de dudas me impiden ver con claridad cualquier cosa que esté frente a mí. Lo que hago ahora es enfrentar lo más difícil primero y hacerlo a un lado de una vez por todas.

Si no puedes negarte, haz un análisis de costo y averigua lo que implicará decir «sí». Siempre hay un precio, ya sea en tiempo, en energía o en ambos. Cuando empecé a sentirme abrumada por tener que dar discursos (además de escribir dos columnas a la semana, ser anfitriona de un programa semanal de radio y escribir mi siguiente libro), consulté a Joan y le pregunté cómo negarme a algunas de las peticiones para ser oradora en eventos. Joan escuchó mis preocupaciones, le dije que me era muy difícil negarme a grupos importantes, organizaciones, amigos y miembros de la familia, porque todos tenían causas valiosas y querían que yo los apoyara como oradora. Pero hay que pensar que incluso mucho de lo bueno puede resultar demasiado.

Una vez mi esposo me dijo: «Demasiadas barras de chocolate». ¿Qué? «Un chocolate es genial. Dos, aún mejor. Tres, ya te pasaste. Cuatro, definitivamente demasiado. Cinco, prepárate para el dolor de estómago». Incluso si podía llevar a cabo todos los eventos, sabía que hacerlo no me vendría bien porque terminaría sin vida y me pasaría todo el tiempo dando discursos para ganarme el pan.

Todos tenemos un límite. Joan me dio una solución que se basa en matemáticas sencillas: ¿Cuánto te costaría? Es decir, toma en cuenta los gastos a partir de que atraviesas tu puerta y llegas allá. Incluye el tiempo que tendrás que manejar, el tiempo de preparación, el tiempo que dediques a saludar a la gente, firmar libros, agradecer y todo lo demás. Luego ve a lo que estás renunciando a cambio: tiempo con los nietos, con tu esposo u horas que podrías dedicarle a un pasatiempo. Después haz una lista de los beneficios. Por ejemplo, ¿a cuánta gente podrás conmover? Si no resulta lógico aceptar pero la culpa te arrastra a hacerlo, entonces mide el factor culpa. Traza una línea que vaya del uno al diez y marca hasta dónde llega tu sensación de culpa. Al hacer esto verás con claridad que estás permitiendo que tome decisiones por ti y te drene la vida. La culpa es un tirano que no te da tregua.

Joane también me sugirió dibujar otra línea para medir mi pasión. Escribe NO en un extremo y SÍ en el otro. ¿Aceptar un trabajo en particular me hace inmensamente feliz o sólo me provoca una mueca de descontento? ¿En dónde está esa sensación de «¡Guau! ¡Me encanta!». Si no la hay, entonces la respuesta es NO. Y punto.

Todavía no manejo las siguientes técnicas muy bien pero me estoy esforzando:

Asignar una cantidad específica de tiempo para revisar el correo electrónico, el de voz, Facebook y Twitter.

Alimentarme con comida saludable y fresca todos los días en lugar de cosas que no le sirven a mi cuerpo como combustible, como los refrescos, las frituras y el helado.

Pasar más horas de comida con mis amigos para ponernos al día en lugar de hacer negocios y relaciones públicas con desconocidos.

«Deja de ser multitareas y empieza a ser multipreguntas». Éste es un excelente consejo que da la oradora motivacional Colette Carlson. «La solución no está en administrar bien el tiempo sino en administrarte bien *a ti mismo*», dijo en una conferencia a la que asistí. Colette sugirió que hiciéramos una lista de «Cosas que no debo hacer» y nos deshiciéramos de todos los «Debería...». Ocasionalmente deja de pensar que eres egoísta sólo porque no quieres cocinar. Enfócate en lo importante. «A veces se puede uno sentar a compartir con la familia de verdad y sólo desayunar cereal —explicó—. O incluso comer algo de McDonald's. Las Cajitas Felices se llaman así por una razón».

Deja de supervisar a detalle a tu esposo, a tus hijos y a tus compañeros de trabajo. Yo ya no tengo que estar al tanto de cada minucia. No, la gente no hará las cosas a la perfección —o sea, a mi manera—; de hecho tal vez lo hagan a *su manera*, y eso podría resultar mejor al final de cuentas.

Apacigua a los exigentes. ¿Quiénes son? Son todas esas personas que te exigen más y más tiempo. Puede ser tu cónyuge, tus hijos o tu jefe. No importa quién sea, tú sólo aprende a decir «no» con más contundencia. Si no puedes negarte, entonces empieza por decir «Espera». Nadie puede drenarte si tú no lo permites. Pasa tiempo con la gente que te vigoriza, no con la que te deja vacío. Un amigo me envió esta frase en un correo electrónico y me encanta: «Nadie puede conducirte a la locura a menos de que tú personalmente le des las llaves del auto».

Una amiga me enseñó en un retiro a dejar fluir mi propia energía física con tan sólo enfocarme en distintas partes de mi cuerpo. ¿Has visto cómo se golpean el pecho los gorilas? Inténtalo, es increíblemente vigorizante.

En cuanto averigües en qué malgastas tu energía podrás sellar las fugas, y entonces tendrás más tiempo y energía para el trabajo y la gente que más importa, empezando por ti.

LECCIÓN 32

En la vida hay otras cosas además de vivir más rápido

El póster hizo que me parara en seco: *Nunca confundas tener una carrera con tener una vida.*

No importa lo que hagamos para ganarnos la vida si no nos tomamos el tiempo necesario para vivirla.

A veces lo mejor que se puede hacer por uno mismo y los demás es pisar el freno y desacelerar. Por eso estoy totalmente a favor del tiempo de descanso, y de hecho sé que hay un Día Internacional del Esparcimiento para celebrarlo, pero todos los años me lo pierdo porque... estoy demasiado ocupada.

Pero creo firmemente que es muy buena idea tomarse un día para descansar, reflexionar y divertirse. ¿O qué tal toda una temporada de esparcimiento? Espera... ¿qué no se supone que para eso es el verano?

La vida se va volando de tal manera que tal vez te has llegado a preguntar, ¿Alguien aceleró la rotación de la Tierra? ¿Alguien le quitó hojas al calendario? Por la manera en que vivimos, uno pensaría que el primero de los Diez Mandamientos es «No descansarás».

Nosotros nunca paramos, pero incluso Dios se tomó un día de descanso.

Independientemente de que celebres el Sabbat el sábado o el domingo, antes éste solía ser un tiempo para acallar el ruido. Albert Schweitzer en una ocasión le recomendó a la gente no dejar que la despojaran del Sabbat porque, si tu alma no tiene ese tiempo de descanso, se convierte en huérfana.

Me parece que somos un país de huérfanos.

Nuestros hijos juegan en las ligas de béisbol, soccer y hockey en el Sabbat. Las tiendas venden licor y cerveza al mismo tiempo que en los templos se están dando los sermones. Nuestros centros comerciales, tiendas de abarrotes, tienditas de la esquina y pequeñas plazas comerciales están repletos de compradores todo el tiempo. Cuando yo era niña, era imposible encontrar una gasolinera abierta en el Sabbat, y la mayoría de las tiendas cerraban para honrar el mandamiento: «Recuerda el día del Sabbat y mantenlo sagrado».

Antes íbamos a la iglesia o al templo, regresábamos a casa y nos sentábamos para disfrutar de una increíble comida familiar. Ni siquiera teníamos que aclarar que había que sentarse, porque dábamos por hecho que todos estaríamos en la mesa del comedor y no nos levantaríamos sino hasta que todos terminaran. Si el teléfono sonaba, se atendía como un inconveniente menor. «Diles que les llamamos más tarde. Estamos comiendo», solía vociferar mi padre.

Luego pasábamos la tarde entera visitando al tío Joe o manejando hasta la granja para ver al abuelo y a la abuela. Quebrábamos frijolitos. Apretábamos las largas briznas de hierba entre los pulgares y silbábamos. Comíamos tomates y pepinos que venían todavía tibios porque los acababan de recoger de las ramas. Nadie tenía prisa. No había ningún lugar adonde ir porque no había nada abierto.

Pero ahora el Sabbat es sólo un día más. La gente hace diligencias, compra y trabaja. Todos están demasiado ocupados para leer el periódico dominical. ¿Qué le pasó a nuestro día de descanso?

Ahora también llenamos los domingos de trabajo y proyectos. Alardeamos sobre lo agradables que somos los que tenemos sangre tipo A... cuando vamos camino a la sala de emergencias donde nos recibirá el personal de atención a problemas cardiacos. Hablamos sin cesar sobre nuestra capacidad para hacer varias cosas a la vez. hasta que recordamos que se nos olvidó recoger a nuestros hijos de la práctica de soccer.

Llenamos las agendas de nuestros niños con actividades y presumimos de la cantidad de ligas infantiles en las que juega Jason y todas las clases que toma Bethany para aprender ballet, gimnasia, alemán y piano, antes de siquiera entrar al jardín de niños. Les estamos enseñando a nuestros hijos a ser personas «multitareas», a llenar de actividades sus fines de semana, a posponer el gozo hasta después del retiro.

¿Cuándo fue la última vez que tú y tus hijos jugaron a capturar la bandera? ¿Que pasaron la noche mirando las estrellas? ¿Cuándo fue la última vez que atraparon luciérnagas? ¿Que se treparon a un árbol? ¿Que leyeron una historieta? ¿Que pelearon sobre el pasto? ¿Que corrieron entre los aspersores? ¿Alguna vez los has llevado a pescar? ¿Los has llevado caminando a la heladería? ¿A explorar el bosque?

Si nosotros no les enseñamos a nuestros hijos el delicado arte de desperdiciar el tiempo, ¿quién lo va a hacer?

¿Qué pasaría si dejáramos de programar cada minuto y les permitiéramos aburrirse lo suficiente para descubrir su propia imaginación? Es probable que también descubramos la nuestra.

Si tú ya desarrollaste una sólida ética laboral, llegó el momento de fortalecer tu ética lúdica. Olvídate de buscarle lugar a la diversión en tu plan a cinco años. ¿Por qué no mejor empiezas asignándole un espacio en las siguientes cinco horas?

Hace algún tiempo me llegó un correo electrónico anónimo con consejos para mantener un nivel saludable de locura. El autor sugería colocar un cesto de basura en tu escritorio con la etiqueta «Adentro». Salta en lugar de caminar. Pon redes para mosquitos alrededor de tu cubículo y reproduce un disco con sonidos del trópico todo el día.

¿Y por qué no agrandar la lista? Ponle una sombrillita a tu café en el trabajo, quítate los zapatos y anda descalzo en tu cubículo. Cuando llegues a casa después de un largo día de trabajo, siéntate en una hamaca y otórgate el puesto de Inspector de Movimiento de Nubes.

Desconecta la televisión. Apaga la computadora. Confisca todos los celulares, video juegos y iPads. Saca a tus hijos de la casa a patadas. Y a ti también.

Organiza a tus vecinos para jugar con linternas en la noche. Planea un rally, un espectáculo de mascotas, uno de talentos. Juega a las adivinanzas en el patio del frente. Fabrica instrumentos musicales con basura de la cocina y el garaje. Deja de sermonear a tus hijos sobre lo increíble que fue tu niñez y mejor sal y muéstrales a qué te refieres.

Y ni siquiera le llames tiempo de ocio.

Llámale vivir.

LECCIÓN 33

En lugar de planear una vida mejor, comienza a vivirla

Un día ofrecí una patética fiesta a la que sólo asistí yo. Mi escritura estaba en un punto muerto. Sobre mi escritorio había un manuscrito recién terminado pero yo estaba demasiado asustada y no quería enviárselo a un agente o a un editor y que lo rechazaran. Quería saber cuál era el camino perfecto de Dios antes de dar un paso tambaleante por un sendero fallido.

Y entonces mi esposo me dijo: «Estás esperando una señal pero la señal está en tu interior. Depende de ti. No has hecho nada para que te publiquen, no has actuado, sólo sigues esperando que Dios te diga qué hacer. Tal vez yo soy tu señal. Te ordeno que envíes el manuscrito».

Eso fue lo que hice. Y sigo asombrada de que terminara siendo publicado en veintiséis países.

Un anciano amish solía decirme: «Está bien orar y pedir papas, pero primero toma un azadón». Uno de mis amigos en rehabilitación decía: «Dios hará por nosotros lo que no podemos hacer solos, pero no lo que se supone que debemos hacer».

La mayoría de la gente no posterga las cosas porque sea floja. Casi todos retrasamos la acción porque tenemos miedo de dar un paso equivocado, y por eso ni siquiera nos movemos.

Es como el individuo que le rezó a Dios una y otra vez pidiéndole sacarse la lotería pero nunca lo hizo. Y un día, a media oración, escucho la rugiente voz del Señor que le gritaba desde el cielo: «¡Compra un maldito boleto!».

Si quieres ganarte la lotería, compra un boleto. Si quieres comer papas, puedes seguir rezando todo lo que quieras pero primero tienes que tomar el azadón. Puedes tener toda la fe que quieras en Dios, pero tienes que respaldar tus oraciones con actos. Y todo cuenta, incluso las acciones mas pequeñas. Tienes que hacer lo que está en tus manos.

Hay una parte de mí que se rebela y se resiste a actuar. Siempre quiero un momento más propicio o una historia perfecta de principio a fin, antes de siquiera mecanografiar la primera palabra. Quiero estar segura de que ésta es la idea adecuada desde el principio, y que lo seguirá siendo hasta el final del libro. ¿Cómo puedo actuar antes de estar lista? Bueno, es que quizás el «estar listo» simplemente no existe.

Con mucha frecuencia me engaño pensando que estoy actuando cuando, en realidad, lo único que hago es planear, organizar y leer sobre cómo actuar. He comprado una cantidad abrumadora de libros sobre cómo hacer ejercicio y los he leído todos sin siquiera estirar un músculo.

Cada vez que quiero aprender algo nuevo, tomo una clase o leo un libro en lugar de sólo lanzarme y hacerlo. Una vez leí cuatro libros sobre cómo tocar mejor el piano y coloqué todas mis notas en una carpeta de aros. ¿Y toqué alguna escala o canción? Noooo. ¡Ni una sola nota!

Muchas personas me dicen que quieren ser escritoras, y toman montones de clases y asisten a incontables conferencias pero ni siquiera levantan la pluma. ¿Por qué? Porque es más seguro permanecer en el sueño de que se escribe una obra de teatro o una novela, y disfrutar de todas las posibilidades, en lugar de probar y fallar. Yo admiro mucho a la gente que está dispuesta a arriesgarse a hacer algo de manera imperfecta en lugar de hacer nada a la perfección.

En una ocasión fui a un retiro y escuché una oración que incluía la siguiente frase: «Señor, he pasado la vida entera afinando mi lira en lugar de cantándote». Apuesto que lo único que Dios quiere es escucharnos cantar, aunque desafinemos. El padre Clem Metzger fue director de la Casa Jesuita de Retiro. Aún recuerdo el precioso momento en que le pidió a una mujer que leyera para la misa. La mujer revisó el versículo de la Biblia que leería. Lucía muy asustada. Luego le pidió ayuda al padre y le preguntó cómo pronunciar algunas palabras antes de leer. «Oh, no te preocupes, sólo pronúncialas a tropezones».

A tropezones.

Qué buen consejo.

Todos vamos tropezándonos en la vida, es sólo que algunos ocultan mejor sus caídas.

Una vez asistí a un retiro en donde la doctora Francoise Adan dio una plática llamada «Cómo llevar paz al interior». La doctora nació en Italia pero creció en Bélgica. Obtuvo su título de medicina y luego decidió especializarse en ayudarle a la gente a cuidar su mente, su cuerpo y su espíritu. Es directora adjunta de la Red Connor de Medicina Integral de University Hospitals y profesora asistente en la Escuela de Medicina de la Universidad Case Western Reserve. La gente dice que es una campeona de la salud, y ahora sé por qué.

El salón estaba repleto de mujeres ocupadas que se habían tomado un día libre, pero la mayoría estaba haciendo trampa porque, debajo de la mesa, seguía enviando mensajes con la BlackBerry y los iPhones. La doctora nos exhortó a dejar de trabajar incesantemente. Primero hizo que respiráramos y que exhaláramos por más tiempo del que inhalábamos. Inhala contando hasta cuatro y exhala contando hasta seis.

Luego nos pidió que nos preguntáramos a nosotras mismas: ¿Qué beneficiaría más a mi bienestar?

Las mujeres del salón nos quedamos en silencio. Yo pensé en dejar de planear y empezar a vivir. ¿Qué necesitaría para confiar en la vida y abrirle los brazos al cien por ciento aquí y ahora? ¿Qué tal si pudiera abandonar mi búsqueda de la perfección y empezar a creer que basta con terminar algo en vez de que sea inmaculado?

Lo que realmente me impide vivir es mi búsqueda de la perfección. Pienso demasiado, planeo demasiado, organizo demasiado.

Luego la doctora nos invitó a participar en un ejercicio que jamás olvidaré. Levantó una boa de plumas y nos dijo que las plumas eran ligeras y etéreas, lo opuesto a los objetivos, que son pesados y siempre nos jalan hacia el fondo. Nos pidió que imagináramos una serie de balanzas con lo que queríamos hacer en uno de los platos, y lo que no queríamos hacer, en el otro. En lugar de enterrarnos bajo el peso de incontables metas, ¿qué pasaría si sólo hiciéramos una acción del tamaño de una pluma? Al añadir esa pluma a la balanza tal vez no se note mucho la diferencia al principio, pero si se añade otra y otra más, las cosas cambian.

Basta una pluma para sesgar la balanza a tu favor. ¿Cuál es esa pluma? ¿Qué es esa pequeña acción que sesgará la balanza? ¿Cuál va a ser tu ligera acción de hoy?

La doctora Adan pasó la boa por todo el salón y nos pidió que cada quien arrancara una pluma y compartiera con las demás la acción que íbamos a realizar o dejar de hacer para cambiar nuestra vida.

Nos turnamos para compartir nuestras plumas. Algunas mujeres decidieron que buscarían a sus amigos de nuevo, otras escribirían algo que apreciaban de sí mismas, pedirían ayuda o saldrían de la oficina a las seis en punto todas las tardes. Muchas juraron revisar su correo electrónico con menos frecuencia, ir a sus clases de yoga, contratar un entrenador personal, programar media hora de tiempo «para sí mismas» en su agenda. Algunas anunciaron que apartarían cierto tiempo para beber margaritas con sus amigas, para hacer declaraciones positivas cada mañana o para tomar siestas.

Yo salí del retiro con una sencilla pluma de color azul y el compromiso de dejar de añadir más cosas a mi lista de pendientes, y de que lo que sí agregara, tendría que ser digno de mi vida porque eso es justamente lo que es el tiempo que tengo: mi vida.

LECCIÓN 34

El mundo necesita gente completamente viva

«Siempre ensilla tu propio caballo.»

Mientras jalaba las cintas de piel y las ajustaba lo más posible para no caerme, pensé en el lema de la legendaria vaquera. Tal vez éste no era un caballo pero, para mí, era igual de atemorizante.

Después de leer el obituario de Connie Douglas Reeves, la vaquera de mayor edad del país, decidí que había llegado el momento de vivir al máximo. La vaquera texana de quien hablo tenía 101 años de edad; ya le costaba trabajo escuchar y estaba casi ciega, pero falleció cuando Dr. Pepper, su caballo, la lanzó de su lomo.

Asombroso. La mujer seguía montando a los 101 años de edad.

Muchos no montamos ni una sola vez. Vivimos la vida con demasiado cuidado y tenemos miedo de lastimarnos. Yo solía pensar que la mejor manera de morir sería llegando a vieja; sólo me quedaría dormida y ya no despertaría. Pero esta vaquera me hizo cambiar de opinión: ya no andes de puntillas con la muerte. Sal como un disparo. Sal a vivir.

No planeaba salir pronto a algún lugar específico pero sí tenía la intención de elevarme. Subiría a 243 metros hasta el cielo, atada a un aparato motorizado que tenía la apariencia de un ventilador industrial sujeto a un go-kart con dos asientos y un paracaídas.

Justamente cuando mi amigo Hal Becker me llamó, yo acababa de leer otro libro más que me instaba a salir de mi zona de comodidad, a enfrentar el miedo y hacer las cosas de todas maneras. Hal llevaba varias semanas llamándome y dejando alegres mensajes en la contestadora: «El clima es perfecto... Afuera se ve increíble... ¡Llámame!».

Y yo quería subir. Bueno, quería *querer* subir, pero la verdad es que ni siquiera me subo a ruedas de la fortuna, funiculares o montañas rusas. Sin embargo, gracias a la vaquera, decidí aceptar.

A ella nada la detuvo. Las historias en internet decían que la señora marcaba ganado, castraba ovejas y mataba víboras de cascabel. En 1986 se rompió una pierna porque un caballo la pateó. A los 91, otro caballo la lanzó porque un abejorro lo picó. A lo largo de su vida se rompió la muñeca y cinco costillas, y además, le tuvieron que hacer una puntura en un pulmón.

Una vez le contó a un reportero de Associated Press sobre su cuñada, una mujer que tenía diez años menos que ella y que desperdiciaba su vida viendo televisión. La vaquera refunfuñó: «¿Qué tipo de existencia es ésa? Uno tiene que salir al mundo y ver las cosas maravillosas que hay que en él».

Y eso era lo que Hal me prometía: un panorama deslumbrante.

A Hal Becker le diagnosticaron cáncer en etapa 3 a los 28 años. Le dieron solamente tres meses de vida. El cáncer testicular que lo aquejaba ya se había extendido al abdomen, el pecho y el cerebro. Eso fue en 1983. Hal siempre lleva consigo una foto de cuando pesaba menos de cuarenta kilos y tenía quemaduras en los brazos debido a la quimioterapia.

Hal se convirtió en autor, gurú en entrenamiento de ventas y orador internacional. Pero claro, juega tan duro como trabaja, o tal vez más. Debido a que es superviviente del cáncer, sabe que no hay garantías respecto a tener una vida larga, y por eso siempre se divierte al máximo. Toca en una banda, toma fotografías aéreas y absorbe todas las puestas de sol que puede desde el cielo. Siempre le saca el máximo provecho al ahora porque, como dice, «El ahora jamás volverá».

¿Cómo negarme al ofrecimiento de Hal? Estábamos en el campo de futbol de una preparatoria y él lanzó al aire un puñado de pasto para revisar las condiciones del viento. Sonrió y dijo: «Es una noche perfecta para volar».

Desempacó el paracaídas de nailon con los colores del arcoíris, desenredó las cuerdas (¡sí, cuerdas nada más!), amarró el paracaídas al go-kart y me entregó un casco.

«¿Hay algo en tus bolsillos del frente?», me preguntó. Hal no quería que algo fuera a caer en las hélices. Vacié rápidamente mis bolsillos.

Sujeté bien las cintas del arnés, me puse el casco y respiré hondo. Hal se subió al asiento del frente y ambos saltamos sobre la hierba sobre tres llantitas. Y de repente, ya flotábamos en el aire.

Hal me advirtió que podría sentirme «desorientada» durante el primer minuto, pero yo habría usado la palabra «aterrorizada». Sin embargo, él tenía razón. Después de un minuto mi cuerpo se acostumbró al paso acelerado del viento alrededor de mí y a la sensación de que no había nada de qué sujetarse, pero tampoco nada que temer.

Flotamos sobre las exuberantes copas de los árboles, albercas de color azul, estanques de tonos esmeralda, renos que parecían astillas de color café, y luego nos dirigimos hacia el ocaso. Cuando aterrizamos suavemente sobre la hierba, Hal me preguntó: «¿Lo sientes?».

Algunos dirían que es una descarga de adrenalina pero yo diría que es algo más. Es como una inyección de gozo que te corre por las venas. Apuesto que la vaquera siempre se sentía así después de montar. Varias veces les dijo a los reporteros que no renunciaría jamás: «Lo llevo en la sangre», explicó.

Y no hablaba sobre montar a caballo sino sobre vivir la vida.

Una manera sencilla de encender el motor de tu vida es escribiendo tu obituario y vivirlo mientras estás aquí. Eso fue lo que hico Nancy Lee Hixson. Yo no la conocí pero cuando leí su obituario en el *Plain Dealer*, el periódico donde trabajo, pensé que me habría gustado hacerlo.

Nancy realmente escribió su obituario y lo revisó durante siete años. Fue una mujer que acumuló toda la vida que pudo en los 65 años que vivió. Falleció el 30 de junio de 2009, al amanecer. Esto es lo que decía sobre su vida, y su familia lo atestigua: Además de ser una madre abstemia y una ama de casa indiferente... con frecuencia se ofrecía como voluntaria defensora de adolescentes con limitaciones, y les ayudaba a conseguir fondos para estudiar la universidad. Asimismo, les abrió su hogar a muchos niños pobres y, aunque no siempre querían, logró criar a varios hasta que se convirtieron en adultos.

También disfrutó de una larga vida de aventuras inefables y confesó haber sido una adolescente rebelde que trabajó como empleada en una biblioteca; estudiante universitaria sin talento, dependiente de una beca; hippie en huida; estoica maestra de escuela dominical; líder de las Brownies; conferencista de Grange; tiradora experta de rifle; mesera, esposa —una o dos veces—, soldadora, artista y escritora.

Nancy fue Directora Ejecutiva del Centro de Entrenamiento para Liderazgo en Exteriores del Centro del Valle de Cuyahoga, lugar en donde vivió, en una alejada cabañita de una sola habitación en el Parque Nacional del Valle Cuyahoga. A pesar de la falta de espacio en su cabaña y de no tener una mesa para comer, con frecuencia servía cenas en ocasiones especiales para sus amigos y parientes, y era capaz de sentar a veinte personas en una cama.

Nancy vivió sus últimos 23 años en la Granja Winter Spring, cerca de Danville, Ohio. Ahí construyó su propio Stonehenge y plantó y salvó de la extinción a casi cincuenta variedades de manzanos antiguos. Se dice que su sidra y vino caseros provocaban un estupor repentino.

Nancy se hizo amiga de una cantidad asombrosa de perros callejeros, gatos, caballos y, de vez en cuando, alguna cabra. Era la némesis de los cazadores, y también activista a favor de causas poco populares pero justas. En resumen, aunque nada le salió bien, todo lo hizo con entusiasmo. Después de mudarse a Danville, se enfrentó con valor a un severo desorden incapacitante y libró una batalla de diez años con el linfoma que finalmente le arrebató la vida.

Con frecuencia tenía que quedarse en casa, desde donde seguía ayudando incansablemente como voluntaria y donaba sus limitados recursos a adolescentes necesitados de la zona, quienes le alegraban la vida con sus pequeños y grandes logros. La simpatía y las grandes donaciones todavía se pueden extender ahora.

Después de enlistar a los sobrevivientes, el obituario de Nancy decía: «Durante mucho tiempo fue miembro oficial de la ACLU, del Partido Demócrata y de MENSA. En lugar de traer flores, por favor recen por la Constitución de los Estados Unidos».

Qué vida.

Me recuerda la conmovedora cita de Howard Thurman, quien solía decir: «No preguntes qué necesita el mundo. Pregúntate qué te hace sentir vivo, y ve y hazlo porque lo que el mundo necesita es gente llena de vida».

¿A ti qué te hace sentir vivo?

Quizás no es el trabajo. Podría ser todo lo que lo rodea.

Lección 35

Lo mejor que puedes hacer con tu vida es amar

Mi hija se casó con un hombre que creció con 63 hermanos y hermanas.

Sus padres, Elsie y Kevin Sullivan, tuvieron tres hijos pero adoptaron sesenta más, e hicieron toda una carrera de amar a los niños de otras personas.

Elsie y Kevin eran padres sustitutos de emergencia para niños que tuvieron que ser separados de sus verdaderos padres por razones como abuso, descuido o emergencias médicas. Ni siquiera puedo imaginarme todos los pañales que cambiaron, las comidas que dieron y las fiebres que apaciguaron. En esa casa, mi yerno obtuvo su doctorado en amor.

Una vez entrevisté a un chico que quería que lo adoptaran. En mi corazón todavía hay una grieta por Maurice. Lo conocí hace mucho tiempo, cuando tenía doce años y se estaba quedando sin esperanza. Sabía que también la niñez se le estaba escapando. Sabía que la mayoría de las personas quieren adoptar un bebé o, al menos, un niño que apenas gatea. No obstante, Maurice se emocionó cuando su fotografía comenzó a aparecer en la sección semanal «Un niño espera», del *Plain Dealer*. En su anuncio personal, se informaba que Maurice buscaba nuevos padres, y se le describía como un chico inteligente, creativo y artístico que estaba en tratamiento residencial por abuso y descuido, y que deseaba ser el primer presidente negro de Estados Unidos.

Pero nadie llamó.

Maurice era lo suficientemente grande para saber que nadie lo quería.

«Es un poco difícil ser paciente cuando los años se pasan volando —dice en voz baja—. ¿Por qué querría adoptarme alguien?»

¿Qué le diría a la persona que estuviera considerando adoptarlo? La sonrisa del chico fue tan grande, que sus enormes mejillas apretaron sus ojos y los transformaron en ranuras negras con joyas de ónix. «Vamos —dijo, con un tono como de vendedor—. Está usted eligiendo bien. ¡No puede dejar pasar esta oportunidad!».

Desde la perspectiva de un niño, si nadie te quiere adoptar es fácil sentir que estás siendo castigado por los errores de tus padres. El enojo te embarga, comienzas a exagerar, y entonces se vuelve más difícil que alguien te quiera. Cuando conocí a Maurice, estaba viviendo con 42 niños más en Beech Brook, en Pepper Pike, Ohio. Era el niño con más tiempo en ese lugar, ya casi iba a cumplir dos años de vivir ahí. Le pregunté en cuántos hogares había estado.

«¡Uff! —dijo, mientras hacía cuentas—. Por lo menos en doce.»

A Maurice lo separaron de sus padres a los siete años. Sus dos hermanas terminaron en hogares adoptivos. Él hubiera deseado estar en uno a pesar de que le asustaban un poco.

«Te pones muy nervioso —dijo, retorciendo las manos—. Realmente no conoces a nadie. No sabes en dónde está la cocina o el baño. Es como si fueras recién nacido. No sabes qué va a suceder.»

Y tampoco sabes cuánto tiempo pasarás ahí. Maurice creyó que los últimos padres adoptivos que tuvo se quedarían con él. «Dijeron que querían adoptarme —me explicó—, pero supongo que yo solito me eché la sal».

Como si hubiera sido un sueño, el chico me contó que solía jugar a las escondidas y que, el día que se fue, le hicieron una fiesta y su madre adoptiva lloró. «Ni siquiera recuerdo el número telefónico ni la dirección», dijo, mirando sus tenis.

Antes de someterse a terapia, Maurice perturbaba los hogares adoptivos. Con el tiempo aprendió que, en lugar de aventar sillas o decir groserías cuando estuviera enojado, tenía que decir lo que le molestaba. Su historia asusta a la gente e impide que quieran saber cómo es ahora y quién podría llegar a ser.

No obstante, Maurice tuvo algo a qué aferrarse. Su mentor le ayudó a practicar sus nuevas habilidades en el mundo real. Dave, arqueólogo del Museo de Arte de Cleveland, empezó a sacarlo todos los sábados.

«Es un chico encantador —me dijo David—. Es muy inteligente y divertido. Se muere por recibir afecto. Se llevaría bien con cualquier persona.»

Antes de que apareciera el mentor, Maurice se sentía totalmente desesperanzado. Tanto, que le dijo a su terapeuta: «Ya no quiero vivir. Prefiero irme al cielo». Maurice no era quisquilloso respecto al tipo de familia que deseaba. «Sólo quiero una familia en la que no haya drogas ni violencia», confesó.

Le costaba mucho trabajo ver que a otros chicos los adoptaban y se los llevaban. Cada vez que eso sucedía, la herida se hacía más profunda.

«Vaya, es que todo mundo me está dejando —dijo, sacudiendo la cabeza—. Cada vez que mi mejor amigo se va, sólo trato de conseguir uno nuevo.»

Por lo que sé, Maurice jamás fue adoptado, sólo creció hasta que pudo salir del sistema. No sé en dónde se encuentra, pero seguramente tiene el corazón lleno de dolor. No es el único. Una vez entrevisté a un grupo de chicos en un campamento para jóvenes que habían crecido demasiado para ser adoptados. Tenían entre 13 y 17 años, y me hablaron sobre la Buena Vida, cuando tenían madres y padres, hermanos y hermanas, recámaras y patios que nunca cambiaban.

También hablaron sobre el momento en que recibieron las malas noticias. Uno de los padres murió o fue arrestado y, evidentemente, no volvería más. Me contaron sobre cómo reaccionaron ante la noticia. Algunos gritaron. Uno de ellos vomitó, otro se quedó sin habla. Uno me confesó: «Todavía no puedo creerlo». Hablaron sobre la ira de dejar atrás a sus amigos y sus hermanos más pequeños; de no haberse enterado de que una de sus hermanas había sido adoptada sino hasta un año después; de la desagradable sensación de ser observados todo el tiempo; me hablaron sobre los primos, tías y tíos que nunca llamaron para verlos ni fueron a recogerlos.

Los chicos me contaron sobre las negociaciones que trataron de hacer: *Si sólo saco 10, si me porto bien, si no hablo mucho... entonces tal vez pueda regresar a casa.* Cada uno me dijo que sentía que no era lo suficientemente bueno o valioso para que alguien lo amara. La voluntaria del campamento les pidió a todos que encendieran una vela para recordarles que todavía podían elegir la esperanza, y que nadie más apagaría esa luz. Lo que ella quería era que llegaran a aceptar el hecho de que tal vez jamás regresarían a la Buena Vida, pero que tenían la posibilidad de crear una nueva.

Si tan sólo hubiera más gente como Jean y Chuck Harrell, dos personas que les ofrecen a los niños esa nueva vida. Jean y Chuck tienen casi sesenta años de casados y han recibido a trescientos niños. Amar a los hijos de alguien más se convirtió en su misión de vida. Ellos le llaman «ministerio», y todo fue idea de ella.

«Tuvimos que rezar *muchísimo*», explica Jean.

Los Harrell tuvieron tres hijos propios pero luego decidieron convertirse en padres adoptivos. A través de sus oraciones, Jean logró ahuyentar la renuencia de Chuck.

Un día él le dijo: «De acuerdo, vamos a hacerlo», y desde entonces, no se han detenido jamás.

La última vez que hablé con ellos, él tenía 81 y ella 78 años.

Qué gran travesía.

En su hogar, en el diminuto Rootstown, Ohio —un pueblo con sólo dos semáforos—, han vivido con nueve niños. Su casa se convirtió en un oasis para chicos que sufrían de abuso y abandono. Una vez recibieron a toda una familia de un momento a otro. La familia realizaba un viaje interestatal cuando, repentinamente, tuvo un accidente automovilístico. Los padres terminaron en el hospital, y los niños, en casa de Jean y Chuck. El día que se fueron, uno de los chicos fue a explorar un parque muy cerca de la casa. Ahí descubrió una letrina y, cuando se asomó, cayó en ella. Regresó hecho un desastre y Jean tuvo que apresurarse a asearlo antes de que llegara su tía.

«Sólo nos reímos mucho», cuenta Jane.

Pero a veces también lloraron.

«Los chicos llegan con problemas. Algunos de tipo médico, otros físicos y otros, de comportamiento», me explicó la mujer.

Todos los niños los han conmovido, pero un pequeñito llamado Isaac fue quien les dejó el recuerdo más profundo. Un día, la gente de servicios del condado fue de visita a casa de los Harrell y les pidió que aceptaran a un bebé que tenía daño cerebral severo debido a que alguien lo había sacudido. Jean y Chuck fueron al hospital a verlo para decidir si sí podrían cuidarlo. Les advirtieron que era probable que no sobreviviera pero decidieron llevarlo con ellos de todas maneras.

«La única información que nos dieron fue el nombre de la persona a la que debíamos llamar cuando el bebé muriera», cuenta Jane.

Pero la pareja vertió todo su amor en el pequeño durante el mayor tiempo posible.

«Rezamos y rezamos, y nos esforzamos mucho», relata la mujer.

Isaac perdió la vista parcialmente. No podía permanecer sentado ni hablar. Tenía que asistir a incontables consultas médicas. Jean y Chuck lo alimentaban a través de un tubo, lo llevaban a terapia física, y le daban medicinas todo el día. Su sistema inmunológico llegó a estar tan débil que tuvieron que dejar de ir a la iglesia para no exponerlo.

«Ese bebé era uno de los hijos especiales de Dios, por eso sé que a Él no le molestaba que faltáramos a misa —me contó

Jean—. En ese momento estábamos haciendo lo que el Señor quería que hiciéramos.»

«El bebé sólo podía permanecer recostado sobre su espalda, pero tenía la sonrisa más hermosa que jamás habíamos visto —narra Jean—. Agitaba los brazos y las piernas, y murmuraba. Era el bebé más feliz.»

El pequeño todavía era capaz de sentir amor, y eso fue lo que lo salvó: el amor de sus cuidadores.

Los Harrell lo tuvieron con ellos durante casi tres años, hasta que se fue con otra familia que lo adoptó.

«Era alegría pura», dijo Jane.

Sí, y ahora es la alegría de alguien más.

LECCIÓN 36

Para descubrir quién eres, deja ir a quien no eres

Si creciste viendo el juego de televisión *Hagamos un trato*, seguramente sabes lo difícil que puede ser elegir la puerta correcta.

A los concursantes del programa les dan la opción de cambiar un premio que ya ganaron —como un televisor o un horno—, por algo que está detrás de las puertas 1, 2 o 3. Por lo general, los concursantes cambian todo lo que han ganado por uno de los premios misteriosos, a pesar de que, detrás de una de las puertas siempre hay un premio muy decepcionante de consolación.

¿Qué hay detrás de la puerta número 1? Podría ser un viaje a Hawái, un automóvil de lujo o un comedor. Pero también podría ser un burro, una carcacha o una dotación de pulidor de muebles para un año completo.

En la vida real, casi siempre nos aferramos a lo que ya conocemos o tenemos, por el mayor tiempo posible. A menudo, cuando una puerta se cierra, de todas formas nos quedamos afuera de ella y seguimos tocando con la esperanza de que vuelva a abrirse como si el ruido y nuestro esfuerzo fueran a bastar. Mientras tanto, es posible que otra puerta se abra o, incluso, permanezca abierta de par en par, pero nosotros nos negamos a separarnos de la que ya conocemos.

Durante muchos años fui anfitriona de un programa de radio sobre asuntos públicos en una de las filiales de NPR en Cleveland. La verdad es que me fascinaba hacer radio. Me gustaba tanto que los viernes trabajaba gratuitamente la hora de programa que comenzaba a las nueve de la mañana. Con el tiempo, sin embargo, me dieron ganas de enfocarme en otros temas además del alma y el corazón. Hablo de los temas a los que yo llamo «asuntos internos». Por eso escribí un plan para la creación de un programa de radio completamente nuevo llamado justamente así: *Asuntos internos*. Hice una lista de varias páginas con ideas para el programa, y estaba ansiosa de presentarlo a los ejecutivos de la estación.

Pero nadie lo quiso.

Nadie, en serio.

Los ejecutivos preferían que me enfocara más en el programa que ya estaba haciendo, y que afianzara los temas relacionados con negocios, economía y política. Por supuesto, ninguno de estos temas me hacían bailar de alegría ni movían siquiera la aguja de mi medidor de pasión. Una vez hicimos un programa sobre los trabajadores de la industria automotriz, pero nuestros invitados fueron analistas del ámbito, no verdaderos trabajadores de las fábricas como yo sugerí.

En otra ocasión me dieron a elegir entre hacer un programa sobre la carpa asiática del Lago Erie o la construcción del Puente Innerbelt. Elegí el puente y dirigí una discusión llena de entusiasmo, pero la verdad es que, de haber sido radioescucha, no habría sintonizado el programa.

Fue entonces que descubrí que me había convertido en el típico pez fuera del agua, obsesionado con seguir nadando en el aire. Yo debía estar dirigiendo programas con noticias que en verdad me interesaran, y los ejecutivos debían presentar programas en los que realmente creyeran. Era claro que nuestros intereses no coincidían, así que decidí irme.

¿Pero qué podía hacer con la lluvia de ideas que inundaba mi cabeza? Llevé mi propuesta a otra estación de radio pública, WKSU-FM, y les encantó. Me dieron mi propio programa semanal, al que llamamos El Show de Regina Brett. Ahí encontré lo que buscaba. El lema era: «Inteligente pero con corazón». Los productores siempre me decían: «Sé tú misma, queremos más de tu persona en el programa». ¿Más de mi persona? ¡Guau! Cuando me dieron esas instrucciones, supe que había llegado al lugar correcto.

A veces, el cerrón de una puerta hace tanto eco en nuestros oídos, que nos cuesta trabajo escuchar que otra se abre sutilmente justo al lado. Todos hemos escuchado la frase, «Cada vez que se cierra una puerta, otra se abre», pero rara vez nos quedamos para saber qué pasa después. Helen Keller le añadió una parte importante a la frase cuando dijo que cuando una puerta de felicidad se cierra, otra se abre. El problema es que en lugar de atravesarla y entrar, solemos quedarnos afuera de la que está cerrada sin tomar en cuenta nada más.

A veces tenemos que dejar ir a la persona que somos para averiguar quiénes somos realmente, cuál es nuestro llamado. Primero tenemos que renunciar a lo bueno para recibir lo grandioso. Fue justamente lo que hizo mi amigo Adam Shapiro. Adam estaba en una encumbrada posición en Cleveland porque ocupaba el codiciado puesto de anfitrión de base del programa *Good Morning Cleveland*, de WEWS-TV (de ABC). Adam leía las noticias de la primera parte de la tarde en la sección «Live on Five», y llegó a ganar premios por su labor como reportero y presentador.

Sus amigos —me incluyo entre ellos—, nos quedamos asombrados cuando supimos que había renunciado a su maravilloso empleo para irse a la Gran Manzana. Y ni siquiera se iba a un nuevo empleo, lo único que tenía era la posibilidad de uno. Sin embargo, Adam siempre quiso vivir en Nueva York. Ahí terminó siendo reportero general para el programa matutino de WNBC-TV, *Today in New York*, y luego se fue para ocupar un puesto en la Cadena de Negocios de FOX.

¿Era su crisis de la edad madura?

En absoluto. Él le llamó «Corrección de la edad madura».

A veces la vida te corrige el camino. Mi columna se publicó por años al frente de la sección Metropolitana, pero la verdad es que desde algún tiempo atrás yo había dejado gradualmente de escribir columnas locales sobre crimen y corrupción para enfocarme en temas inspiradores y reconfortantes. Por ahí dicen que «el éxito consiste en hacer lo que a uno le sale mejor». Para mí también había llegado el momento de hacer mi mayor esfuerzo y trabajar en lo que más me apasionaba.

Un día llegué muy emocionada por la publicación de mi nuevo libro, *Tú puedes ser el milagro*, una colección de ensayos inspiradores. Llegué a la oficina con copias autografiadas para cada editor. Cuando le entregué la suya al director editorial, él me pidió que tomara asiento y me dio la noticia de que habían quitado mi columna porque, según me explicó, ya no encajaba en la página metropolitana local; ahora aparecería en la página A-2. Me quedé sin aire por unos segundos. Oh, no, mis escritos ya no aparecerían en la primera plana, en la propiedad inmobiliaria de mayor valor de un periódico. Pero entonces comprendí todo: ¡Esperen, esto es un regalo!

Una nueva puerta se estaba abriendo y, detrás de ella, tendría la libertad de escribir columnas más inspiradoras porque las noticias locales ya no me limitarían. Ya nadie tendría la expectativa de que escribiera sobre crimen y corrupción. Me liberé por completo en cuanto dejé atrás mi viejo empleo con esta plegaria: «Gracias, Dios mío, por todo lo que me has dado. Gracias por todo lo que has tomado pero, sobre todo, gracias por lo que has dejado en mis manos».

Hoy en día me veo a mí misma como una escritora que inspira, no como periodista. Ya no tengo que pedir más disculpas por quién soy, o no soy, y ahora me cuesta mucho menos trabajo negarme a todo aquello que, evidentemente, no es parte de mi vocación. Si no hay gozo en la labor, si no hay sonrisas, entonces no es para mí.

Debes saber que no tienes por qué ser bueno en todo. Si tratas de hacer todo a la perfección, lo más probable es que termines siendo mediocre. Leo Buscaglia solía contar una maravillosa anécdota sobre por qué debemos atesorar nuestra originalidad. Los animales se reunieron y abrieron una escuela. Todos participaron en el diseño de los programas. El conejo quería que hubiera carreras, el pájaro quería clases de vuelo, el pez, de natación, y la ardilla quería entrenamiento para escalar árboles de manera perpendicular.

¿Qué sucedió entonces? El objetivo era que todos los animales obtuvieran calificaciones excelentes en todas las materias pero, por supuesto, eso los terminó arruinando. El conejo era excelente en las carreras pero cada vez que trataba de trepar por los árboles, se caía y se lastimaba. Eso afectó su capacidad para correr, así que cuando entregaron las boletas, notó que, además de reprobar la materia de ascenso perpendicular, ya no obtuvo 10 en atletismo. El pájaro se rompió un ala cuando estaba tratando de cavar en la tierra; al final sacó 8 en vuelo y reprobó excavación.

Me parece que la moraleja de la historia es que, si tratas de ser la versión segundona de alguien más, ya no podrás ser la mejor versión de ti mismo. Lo único que quiere Dios es que sea yo misma, pero a veces me niego porque creo que esa yo, no vale lo suficiente. Evidentemente, eso ya lo sabe Dios y no le importa.

Cada vez que siento que soy una rareza en el ámbito del periodismo, leo un correo que me envió un lector llamado Paul. El correo lo escribió después de leer una columna que escribí sobre un soldado que había fallecido. Su hija portó su Corazón Púrpura en su funeral:

Querida señorita Brett,

Todas las personas nacen con un don que Dios les otorga. Algunos pueden cocinar y hacer que el sentido del gusto de otros enloquezca. Hay personas que nacen siendo las mamis perfectas: saben cuándo enjugar las lágrimas o cocinar una tarta. Usted, amiga mía, realmente puede pintar. Jamás había pensado que el teclado fuera una herramienta artesanal pero, en sus manos sirve para pintar un suceso o una anécdota cotidiana que luego se transforma y se vuelve parte del corazón del lector.

Su capacidad para extenderse y tocar con precisión la fibra correcta del corazón, me asombra. Usted me atravesó el día de hoy. Entienda que los dones de Dios que mencioné no son una posesión nuestra; más bien, son algo que debemos compartir para hacer que la vida sea más plena y completa para la mayor cantidad posible de personas. En mi opinión, Dios debe estar muy complacido con la forma en que usted utiliza y comparte el don que él le dio.

En cuanto dejo de tratar de ser alguien más y me enfoco en ser yo, siempre empiezan a suceder cosas increíbles para mí y para quienes me rodean. Por eso me encanta esta cita: «En un mundo en donde puedes ser cualquier cosa, mejor sé tú mismo».

Sólo sé tú. Es lo único que te pide Dios, y con eso basta siempre.

LECCIÓN 37

Primero céntrate, luego actúa

Fue un día difícil en la clase de arquería.

Mis flechas volaban y llegaban a todas partes excepto a donde yo quería: justo al centro de la diana, en donde está la X diminuta.

Yo estaba parada con el arco recurvo en las manos y la carcaza llena de flechas. Apunté al centro de la diana amarilla que se encontraba a dieciocho metros de distancia. Cada vez que jalé la cuerda hacia atrás cuando ya tenía la vista puesta en el objetivo y sentía que era el momento adecuado para disparar, me fue bien. Pero hubo veces que, a pesar de que el tiro no se sentía cómodo, de todas formas disparé en lugar de bajar el arco y volver a apuntar desde el principio. Varias veces lancé la flecha aunque en mi cabeza escuchaba la palabra *Detente*. Y en cada una de esas ocasiones, las flechas aterrizaron lejos del círculo interior. Demonios. ¿Por qué me estaba costando tanto trabajo disparar ese día? Cada lanzamiento me hacía sentir más frustrada.

Un par de arqueros me separaban de una mujer a la que noté desde mi sitio. Cada vez que disparaba, daba en la diana. Al ver su objetivo, daba la impresión de que cada tiro le resultaba tan natural como respirar. Incluso le dio a la X. Dos veces. Consecutivas. ¿Había algo que ella supiera y yo no? ¿Qué técnica secreta estaba aplicando? Tenía que averiguarlo.

Después de usar mis tres tiros, me quedé analizándola. Se mantuvo parada en la línea de tiro, jaló la cuerda, hizo una pausa, y luego bajó el arco. De hecho lo bajó varias veces sin liberar la flecha. Era justamente lo que yo me negaba a hacer. La mujer se detenía, se alineaba y empezaba de nuevo. Así es como logró darle al centro de la diana tantas veces: nunca dejaba ir una flecha hasta que no estaba segura de que su alineación era perfecta.

Ambas sabíamos que no estábamos listas, pero una de nosotras prestó atención y se detuvo para realinearse. La otra, o sea yo, disparó de cualquier forma.

Dicen que en la arquería, la base de todo tiro comienza en los pies. Tu posición tiene que ser correcta para que el tiro sea bueno. Antes de actuar, tienes que alinearte porque necesitas que tu cuerpo desarrolle la memoria muscular. En la arquería aprendes a tirar bien gracias a las repeticiones. Primero averiguas qué sí te funciona, y luego repites los mismos pasos una y otra vez hasta que tu cuerpo los aprende de memoria. De pronto ya no tienes que pensar el tiro, tu cuerpo simplemente lo hace solo. Se supone que en cuanto liberas la flecha y ésta da en el objetivo, tú te tienes que olvidar del asunto, liberar tu mente y prepararte para lanzar la siguiente.

Durante los tiros estás acumulando y liberando energía en el arco que, a su vez, la transmite a la flecha. Los mejores arqueros visualizan cada tiro, es decir, lo ven antes de soltar la flecha. Primero practican la alineación y luego el tiro real.

Cuando recuerdo todo esto y tiro tomando en cuenta el proceso, mi marcador mejora y me divierto más al disparar.

Y lo mismo sucede en la vida.

Si estoy alineada, calmada, centrada en el aspecto espiritual, y con la mente bien enfocada, no hay nada que pueda detenerme. Pero si no es así, incluso el tope más pequeñito me saca de equilibrio y el insulto más trivial me desmorona.

¿Cómo me mantengo alineada? Principalmente con la oración y la meditación diaria. Ambas son parte de mi ejercicio espiritual. Con ellas puedes fortalecer la memoria muscular para recordar siempre tu verdadero centro y para apuntar con precisión incluso cuando la vida te sorprenda. En cuanto estás alineado —tanto en la vida como en la arquería—, resulta mucho más sencillo dar en el blanco porque sólo entonces sabes bien adónde estás apuntando.

Cuando trabajé en el *Beacon Journal* como reportera, un editor decidió que todos necesitábamos enfocarnos más en nuestra forma de escribir. El periódico instituyó la regla de que, cada vez que entregáramos un artículo, teníamos que escribir un resumen en dos oraciones en la parte superior de la página para ayudar a los escritores de encabezados a elegir sus palabras. Si lo piensas, el encabezado es la parte más importante del artículo porque atrae a la gente para que lo lea, o la aleja.

Al principio refunfuñé y me negué a escribir las estúpidas dos oraciones, pero después me enamoré de la idea. Cada vez que escribía columnas o artículos demasiado extensos y me perdía, con frecuencia volvía al principio y leía las dos oraciones para asegurarme de que no había perdido el enfoque. Esas sencillas frases me ayudaban a editar la información innecesaria, es decir, todo aquello que no servía para el avance del artículo y que tampoco resultaba esencial para el lector.

Las empresas hacen lo mismo, por eso cada compañía debe tener una frase, una misión. La misión es una especie de punto en la brújula que sirve para que todos viajen en la misma dirección, del director ejecutivo a la secretaria.

Mi esposo tuvo una agencia de relaciones públicas cuyo lema era: «Construimos relaciones». Su tarjeta de presentación, sin embargo, era lo más confuso que había yo visto hasta entonces. En ella se enlistaba todo lo que hacía la empresa: relaciones con el gobierno, relaciones con la comunidad, relaciones públicas, relaciones con medios, relaciones de negocios. Hacían tantas cosas que nadie, ni siquiera sus hijos o yo, sabíamos cómo se ganaba la vida. Su «discurso de elevador» era adecuado, pero sólo si ibas de la planta baja hasta el piso 32 y tenías 20 minutos para que Bruce te explicara a qué se dedicaba.

Pero en cuanto decidió especializarse en una sola cosa, las crisis de comunicación, su negocio despegó. Si tratas de ser todo para todos, terminas no importándole gran cosa a nadie; cuando haces una sola cosa bien, te vuelves esencial.

Es muy importante tener un punto de enfoque para mantenerte centrado en esa sola actividad. Durante los tres años que tuve mi programa de radio, *The Regina Brett Show*, traté de mantenerme enfocada en lo que debía ser el programa. Para eso me concentré en mi misión personal, independientemente de quiénes fueran los invitados o qué tema se fuera a tratar. De hecho escribí mis Diez Mandamientos para el programa:

1. Sé interesante. Sorprende al radioescucha.
2. Sé original.
3. Sé tú misma. Suena como Regina Brett al 100 por ciento.
4. Diviértete.
5. Haz preguntas rudas pero de manera respetuosa.
6. Respeta en primer lugar al radioescucha.
7. Inspira a todos los involucrados a que encuentren y aprovechen su poder interior para crear una vida más plena para ellos mismos y para los demás.
8. Dale esperanza a la gente.
9. Trabaja en equipo para hacer todos los días exclusivamente lo que haces bien.
10. Esfuérzate al máximo cada semana. Da el 100 por ciento y luego deja que la energía fluya.

Antes de dar inicio al programa cada semana, me encerraba en los sanitarios y me alineaba. Juntaba mis manos para orar, tocaba con ellas mi frente y le pedía a Dios que bendijera mis pensamientos, que me diera claridad. Luego llevaba mis manos todavía unidas hasta mis labios y le pedía a Dios que bendijera mis palabras y les diera compasión. Por último, llevaba las manos al corazón y le pedía que bendijera a los invitados, al equipo y a los radioescuchas. En cuanto me alineaba, dejaba de preocuparme por lo que pasaría después.

Mi amigo Terry Pluto es columnista de deportes pero también escribe sobre la fe para el *Plain Dealer*. Hace muchos años trabajamos juntos en el *Beacon Journal*; ahí, él solía escribir columnas sumamente conmovedoras sobre su padre, quien se pasó la vida trabajando en una bodega y luego se retiró y sufrió un ataque que lo dejó sin poder caminar y casi sin hablar. Lo único que podía hacer el señor era gruñir o decir «hombre».

Terry fue invitado a mi programa de radio y nos contó una conmovedora historia sobre su padre y él, y sobre la importancia de mantenerse alineado en lo espiritual. En 1998 Terry pasó algunos días con su padre en Florida. Ahí le ayudó a salir del hospital y a establecerse en casa. Cuando tuvo que volver a su propia casa en Akron, un cuidador se hizo cargo de su padre.

Se suponía que Terry iría a Japón en febrero para cubrir los Juegos Olímpicos de Invierno como cronista de deportes. Para cualquier comentarista de este ámbito es un tremendo honor asistir a los Juegos, pero también representa un compromiso muy importante para todo periódico. De hecho el periódico ya había comprado el boleto de avión y pagado el hospedaje. Antes de salir al aeropuerto, Terry llamó al cuidador, y todo seguía sin novedad. Camino al aeropuerto mi amigo rezó por su padre, y entonces escuchó una voz que le decía: «No vayas».

Fue tan claro como si alguien se lo hubiera dicho en voz alta. Las palabras retumbaron en su cabeza, tanto, que detuvo el automóvil y volvió a llamar al cuidador para verificar el estado de su padre. Todo seguía bien. Entonces cerró los ojos y volvió a rezar. Pidió claridad. Pero volvió a escuchar las mismas palabras. «No vayas». En ese momento llamó a su jefe en el periódico y le dijo que no creía poder ir a Japón. Fue una llamada incómoda porque su papá seguía en las mismas condiciones que antes: no estaba en el hospital ni agonizando. Además el periódico había invertido miles de dólares para enviar a Terry a los Juegos. Terry le dijo a su jefe que, sencillamente, no se sentía cómodo yendo. Entonces su jefe le dijo: «No vayas».

Terry volvió a casa y llamó a su padre antes de acostarse. Su padre le dijo el típico «Hombre, hombre», y Terry por fin se durmió.

A las cuatro de la mañana le llamó su hermano: su padre acababa de fallecer.

Yo creo que Terry escuchó a Dios hablarle porque él se alinea constantemente para oírlo. Practica la audición por medio de la plegaria, así que, cuando Dios habla, él lo escucha. Si mi amigo no se hubiera preparado para oírlo, esas dos palabras, «No vayas», se hubieran perdido con facilidad en el ruido de sus pensamientos.

Lo mejor que yo hago por mí es alinearme todas las mañanas por medio de la meditación. Un día estaba a punto de meterme a la carretera interestatal a través de la rampa, y de repente escuché «¡Alto!». Vacilé por un instante y pisé el freno. Bien hecho. En ese preciso momento pasó un semirremolque a toda velocidad. Todo el tiempo había estado en mi punto ciego, así que, si yo hubiera acelerado, habría terminado debajo de él.

En otra ocasión iba manejando ya cerca de casa, pero llevaba demasiados pendientes en la cabeza. ¿Qué debería hacer primero? Entonces miré hacia arriba y vi un letrero en el camión que estaba frente a mí: CUIDE SU VIDA Y LA DE LOS OTROS.

No hay nada más claro que eso, ¿verdad?

LECCIÓN 38

Esa pequeña e inmóvil voz en tu interior, es el jefe al que más importa responderle

¿Alguna vez has trabajado para un jefe arrogante?

Quién no, ¿verdad?

De hecho hay una escala que fue diseñada para medir qué tan petulante es tu jefe. Se llama Escala de Arrogancia en la Zona de Trabajo, o WARS, por sus siglas en inglés (Workplace Arrogance Scale).

Stanley Silverman es un psicólogo de la Universidad de Akron especializado en el área industrial y de organización. Cada vez que pregunta en un salón lleno de gente, «¿Alguna vez han trabajado para un jefe arrogante», todos levantan la mano. A veces me pregunto cuántas de esas manos pertenecen a jefes que ni siquiera se dan cuenta de que *ellos* son los arrogantes.

¿Crees que tu jefe dispara la aguja del medidor de la escala?

Bien, pues ahora podrás verificarlo. Stanley y otros investigadores de la Universidad del Estado de Michigan desarrollaron la escala después de entrevistar a cientos de personas y enlistar todos los rasgos de sus jefes que consideraron arrogantes.

De acuerdo con la escala, tu jefe es arrogante si: toma decisiones que tienen un impacto en los demás sin escuchar la opinión de los afectados. Si lanza miradas fulminantes o se queda viendo feo a la gente para hacerla sentir incómoda. Si critica o minimiza a los demás. Si destruye las ideas de otros en público. Si les exige a otros que entreguen o realicen trabajos en periodos de tiempo poco realistas. También puedes añadir: el jefe grita, maldice, culpa a otros, avergüenza a los demás, se cree omnipotente, invencible y superior.

Todo mundo tiene una anécdota sobre un mal jefe. Yo una vez tuve uno que hizo que una empleada se sentara a trabajar dentro de un closet para castigarla por ser lenta. El jefe nos ordenó no hablarle a la mujer. Fue una situación muy humillante para todos, y la pobre sólo se esforzó al máximo para enfrentar el momento.

Al principio de mi carrera como periodista trabajé en un periódico que se puso a la venta. El problema fue que nos enteramos gracias a nuestra competencia. Naturalmente, eso nos hizo perder la confianza en el dueño porque descubrimos que él tampoco confiaba en nosotros. Organizó una reunión en la sala de prensa y nos dijo a todos los periodistas: «No pueden creer todo lo que leen en los periódicos». Genial. Nosotros, los reporteros, trabajábamos para un editor que no confiaba en nosotros.

A algunos jefes les encanta supervisar absolutamente todos los detalles. Yo, por supuesto, me vuelvo muy improductiva con jefes así. En cuanto los veo acercarse, me dan ganas de salir de mi cuerpo y escapar. Cada vez que un jefe de este tipo habla conmigo, me dan ganas de gritar: «¡Sólo déjame en paz y permíteme hacer mi trabajo!».

También hay jefes a los que les encanta corregir tu trabajo incluso antes de que lo termines. Una ocasión, en una sala de prensa, una editora utilizó los medios electrónicos para leer lo que yo había escrito. Yo redacté el artículo en mi escritorio y le envié la versión final. Sin embargo, ella me respondió con un correo electrónico en el que hacía comentarios sobre todas las versiones anteriores, es decir, las que yo ya había desechado. Resulta que había estado leyendo todo lo que yo escribía desde su computadora sin que yo me diera cuenta. Fue como trabajar para el Gran Hermano.

Hubo otro editor que gozaba borrar mis frases más poéticas. Le puse el apodo de Capitán Tachones. Antes de siquiera leer todo el artículo, comenzaba a hacer cambios sobre mi propia copia. Stuart Warner, por el contrario, fue uno de los mejores editores que tuve. Él prácticamente diseñó un nuevo modelo de lo que debería ser un editor o cualquier jefe. Cada vez que le entregaba un artículo, lo leía de principio a fin y hacía algunas sugerencias. Luego se levantaba de su silla y me invitaba a sentarme, entonces hacíamos los cambios juntos pero era yo quien los escribía. Qué diferencia. Con esa técnica podía imprimirle su delicado sello a todos los artículos y mejorarlos.

A mí me llevó demasiado tiempo llegar a creer que realmente podía confiar en un jefe. Sé que no siempre he sido una persona con la que resulte fácil trabajar. De hecho, antes tenía una calcomanía en mi escritorio que decía: CUESTIONA A LA AUTORIDAD. Y vaya que lo hacía.

Durante mucho tiempo detesté cualquier tipo de autoridad. Todos mis jefes se convertían en el padre al que nunca pude complacer, y de hecho, mi propio padre era un individuo muy difícil de satisfacer. Nada de lo que hice en mi infancia y mi juventud fue suficientemente bueno para él, y lo peor era que siempre me lo hacía saber con sus ataques de ira o con el cinturón. En mi cabeza todavía están grabadas sus frases: ¿Qué demonios pasa contigo? ¿No puedes hacer nada bien? Tengo la teoría de que eso fue lo que a él le dijo su propio padre cuando era niño. Por ahí dicen que, cuando sabes más, puedes comportarte mejor. El problema es que mi padre nunca aprendió gran cosa.

Si no resuelves tus añejos problemas con la autoridad materna o paterna, siempre terminas viendo a tu jefe como otro desagradable padre. En una ocasión, una compañera de trabajo tuvo un mal día con el jefe. Se quejó con el reportero que se sentaba junto a ella de que nada de lo que hacía servía para complacerlo. Entonces el reportero se rio y dijo: «Papi no te quiere. Ya supéralo».

A mí me ha tomado mucho tiempo llegar a entender que no todos los jefes tienen el objetivo de castigarme, sin embargo, hasta la fecha, cada vez que un superior me pregunta: «¿Tienes un minuto?», el corazón comienza a palpitarme a toda velocidad, y me imagino lo peor: *¿Qué hice mal? ¿Cómo me van a castigar ahora?*

Y, naturalmente, la situación empeora si eso es justo lo que sucede. Un día, hace muchos años, un editor quiso hablar conmigo. Antes de entrar a su oficina me detuve, recé y me recordé a mí misma que, de hecho, podría tratarse de algo bueno como un aumento. Pero no. Alguien había escrito una desagradable carta sobre mi trabajo y el editor me pidió que fuera a verlo para avisarme que la iba a publicar. No me defendió; decidió no apoyarme. Salí de ahí sintiéndome vapuleada, lastimada, igual que cuando era niña.

Cuando dejé mi empleo como columnista en el *Beacon Journal* para irme al *Plain Dealer*, sentí que tendría un nuevo comienzo. Imaginé que sería sencillo porque ya era columnista, sabía escribir y entregar a tiempo, y además, ya había ganado varios premios nacionales de periodismo. Pero entonces, ¿por qué me embargó la ansiedad una semana antes de empezar a desempeñar el mismo trabajo? No era lógico. Iba a realizar las mismas labores, lo único que cambiaría sería la gente.

¡Lotería! ¿Sería capaz de complacer a mi nuevo jefe? Sin querer oprimí el antiguo botón de mi infancia, el del miedo a no recibir la aprobación de papá. Pero entonces un amigo en rehabilitación compartió conmigo un pasaje del «Gran Libro» de Alcohólicos Anónimos, el cual me dio una nueva visión de quién estaba realmente a cargo. En este fragmento se describe el tercer paso de AA:

> Tomamos la decisión de dejar nuestra voluntad y nuestra vida en manos de Dios tal como lo entendemos...
> Decidimos que a partir de ahora Dios será nuestro director escénico en este montaje que es la vida. Él es el director y nosotros Sus agentes. Él es el Padre y nosotros Sus hijos.. Cuando adoptamos esta posición de manera sincera, empiezan a suceder muchas cosas importantes. Conseguimos un nuevo Jefe que, como es Todopoderoso, nos dará lo que necesitemos, siempre y cuando nos apeguemos a Él y realicemos bien Su labor.

El libro incluye una oración para acompañar este paso, la cual uso con frecuencia, particularmente cuando tengo que lidiar con un asunto de trabajo. Éstas son algunas de las frases a las que recurro: «Dios, Te ofrezco mi ser para que con él construyas y hagas lo que Tú desees. Libérame de la prisión de mí misma para poder cumplir mejor Tu voluntad».

En cuanto me rindo, ya no tengo nada que temer. Gracias a esta nueva perspectiva, ahora siempre tengo el mismo Jefe: un Dios que me ama y quiere lo mejor para mí.

Todos los días le pregunto a Dios cuál es mi tarea, cuáles son mis órdenes y mi bien perfecto. Pero por supuesto, la claridad no me llega como un golpe de martillo o un huracán; tampoco lo hace a través de un jefe terrestre, sino del jefe más importante de todos: Dios. La misión llega gracias a la vocecita inmóvil en mi interior que, en mi opinión, es la voz de Dios. Para otros llega como esa claridad y paz interna que proviene de conocer, aceptar y amar a quien realmente eres, y de honrarte por encima de todas las otras voces al principio, en el momento y siempre.

LECCIÓN 39

El poder se construye desde tu interior

A la oradora en el escenario no le importaba que todas notaran su sudor.

Se enjugó la frente pero juró que no estaba teniendo un bochorno.

«¡Es una descarga de energía!», gritó.

Y sí, todas sentimos la energía en la conferencia «El espíritu de las mujeres en los negocios», que se llevó a cabo en la Universidad Kent State. Más de 300 mujeres asistieron a la conferencia de todo un día sobre cómo controlar tu poder. En primer lugar escuchamos a DeLores Pressley, una oradora motivacional y *coach* que insta a las mujeres a ser «innegablemente» poderosas.

«Las mujeres cuidan y administran; los hombres se hacen cargo —explicó DeLores—. A los hombres se les enseña a disculparse por sus debilidades, y a las mujeres por su fortaleza.»

¡Cuán cierto! Recuerdo que una ocasión, en una conferencia nacional de columnistas, me senté con un grupo de escritores, y el hombre que estaba junto a mí me preguntó cuáles eran mis planes para el futuro. Él era como diez años mayor que yo y llevaba más tiempo escribiendo columnas. Le dije que esperaba llegar a tener una columna sindicalizada, dar pláticas motivacionales y escribir libros.

«¡Qué ambiciosa!», dijo, bufando, y luego se dio la vuelta y empezó a hablar con los otros hombres sentados a la mesa. Por el tono de su voz pude percatarme de que lo que me había dicho no había sido un cumplido en absoluto. Era más bien como un mensaje tipo: «¿Y quién crees que eres para tener sueños tan grandes?». Confieso que me hizo sentir poca cosa.

Me habría gustado erguirme, levantar la cabeza y decir: «Sí, estoy emocionada y agradecida porque Dios me bendijo con mucha ambición, pasión y entusiasmo para difundir mi mensaje a cualquier persona del mundo que quiera o necesite escucharlo».

Pero por desgracia me quedé pasmada y demasiado avergonzada como para responder con rapidez. Si tan sólo hubiera podido citar a Timothy Leary, quien solía decir: «Las mujeres que quieren equipararse con los hombres, carecen de ambición». O tal vez repetir las palabras de Marianne Williamson que, por cierto, todos deberíamos aprender de memoria: «Eres un hijo de Dios, al mundo no le sirve que juegues sin pasión. Mantener un perfil bajo para que la gente que te rodea no se sienta insegura cuando está contigo, no sirve para iluminar a nadie».

Tiene razón. Fingir ser pequeño o poco importante, no va a engrandecer el mundo. Mi éxito beneficia a todos y, a su vez, el éxito de los demás me beneficia a mí. Nuestra sombra y nuestra debilidad no son las únicas cosas a las que debemos dejar de tenerles miedo. Todos tenemos que dejar de temer a nuestra luz, a nuestro poder y a lo que podría significar usar todo su potencial, que incluye ese reactor nuclear que es el Espíritu de Dios viviendo en todos los seres humanos.

Así es, nacimos para glorificar al Dios que vive en nuestro interior estamos aquí para aprovechar cada fragmento de nuestro poder, energía, pasión y luz. Porque cada vez que brillamos, el mundo se hace más deslumbrante para todos, no sólo para nosotros.

La gente como DeLores nos recuerda este tipo de cosas. La oradora nos instó en su conferencia a conseguir un mentor y un entrenador de vida. Entre más gente tengas a tu lado, mejor. Deshazte de las creencias silenciosas, de las voces en tu cabeza que no dejan de repetirte, *No puedes hacerlo... Eres un fraude... Vas a fracasar.*

Tira el miedo por la borda. «Si el miedo toca a tu puerta, no le des la llave», dijo DeLores.

Descubrí que yo necesitaba cambiar mis cerraduras.

En esa misma conferencia escuchamos a otros oradores más, todos estupendos. Barbara Blake, de Longview Associates y Sherpa Coaching, nos enseñó a entrenarnos a nosotras mismas. El liderazgo no es un empleo sino un estado mental. Tienes que verte a ti mismo como líder, incluso si nadie más lo hace.

Barbara nos dijo: «Es común escuchar a la gente decir, "Sal de tu zona de comodidad". Pero creo que "Expande tu zona de comodidad" suena más invitante y menos aterrador».

También nos pidió que nos preguntáramos, ¿qué deberíamos dejar de hacer? «Porque el poder está en lo que dejamos de hacer», explicó. Yo solía pensar que el poder radicaba en realizar más proyectos y tener más planes. Pero, para empezar, podríamos dejar de quejarnos, de lloriquear y de dudar. Deja de interrumpir a otros, de opacar a la gente con lo que dices, y de temerle al éxito.

Barbara nos exhortó a dejar de usar una palabra que incluimos en casi cada frase.

No, no es en la que estás pensando.

Barbara hablaba de una palabra muy femenina que comienza con la letra «S»: *Siento*.

Por ejemplo, no les digas a los integrantes de tu mesa directiva cosas como, «Siento que deberíamos invertir más». A tu cliente no le digas, «Siento que podemos incrementar las ventas». A tus empleados no les digas, «Siento que podemos tener éxito», y tampoco le digas a tu jefe, «Siento que estamos haciendo nuestro mayor esfuerzo».

Deja fuera la palabra *siento*, y sólo da tu opinión con confianza: «Deberíamos... Podemos... Haremos... Somos».

Después, Leslie Ungar, presidenta de Electric Impulse Communications, nos dijo cómo desarrollar a la diva que todas llevamos dentro. Yo jamás le había pedido permiso a nadie para actuar como diva. Fue un ejercicio súper emocionante.

Diva es una palabra italiana que significa «deidad femenina». El término estaba reservado para referirse a una cantante famosa o para una mujer con talento sobresaliente, pero me gusta mucho la idea de celebrar a la diosa que vive en ti y dejarla salir.

Averigua qué necesitas para sentirte llena de poder. Según Leslie, todas necesitamos algo. Puede ser hombreras, una corbata atractiva, lápiz labial rojo, un collar de perlas o un tatuaje. La oradora nos contó la historia de un hombre que le mencionó los tacones que ella llevaba. Leslie le confesó que los usaba para sentirse poderosa, y él le dijo que él no necesitaba ningún fetiche para eso.

Entonces Leslie le preguntó qué automóvil manejaba.

«Un BMW», contestó él.

«Pues eso es lo que usted necesita para sentirse poderoso», le explicó ella.

Todas nos reímos mucho porque un par de zapatos Manolo Blahnik es muuuucho más económico.

¿Qué significa ser diva? Que cada vez que tengas la oportunidad de estar en el escenario, te apoderes de él. Apodérate de tus bienes raíces, de tu oficina, de tu cubículo, de tu zona de trabajo. Hazle creer a la gente que la vida sin ti, sería imposible. Ten suficiente confianza para hacer preguntas, para decir lo que piensas, para pedir lo que necesitas para desarrollar tu trabajo de la mejor manera posible, e incluso ir más allá. Conoce a fondo tu marca y comunícala. Destaca.

Cada vez que estés bajo la luz de los reflectores, deslumbra a todos. Pero cuidado: esto no significa que sólo te enfoques en ti, sino en la forma que la vida de los demás mejora cuando te conoce o entra en contacto contigo.

Y si te ven sudar, que sepan que se debe a tu energía, no a tu miedo.

LECCIÓN 40

Dar inicio a tu vida depende de ti

Mi tarjeta de felicitación preferida tiene la imagen de un biplano que va volando, y esta frase arriba:

Orville Wright no tenía licencia de piloto.

Y al abrir la tarjeta, se lee: *Ve y cambia el mundo.*

Eso fue lo que hicieron los hermanos Wright. Cambiaron el mundo para todos desde el momento que su avión despegó. Ellos fueron los verdaderos pioneros de la aviación, y los primeros en surcar nuevos caminos: en el aire.

Cada vez que veo mi pizarrón de planes y sueños, pienso en eso. De hecho tengo una fotografía de su avión pegada ahí.

Yo creo que todos podemos volar. ¿Por qué? Porque soy de Ohio.

En Ohio no solamente somos los primeros en el ámbito del vuelo aéreo: también somos los segundos y los terceros. Ohio es la cuna de la aviación. Orville y Wilbur Wright construían aviones en Dayton. Ohio, el estado de la castaña de indias, fue el lugar de nacimiento de John Glenn, el primer estadounidense en orbitar la tierra, y también fue cuna de Neil Armstrong, el primer humano que caminó sobre la Luna.

Se puede decir que en mi estado natal, hacemos posible lo imposible.

Cuando estaba en octavo grado tuve el honor de conocer a John Glenn. En aquel entonces el astronauta pecoso era el héroe más importante de los alrededores. Al hablar de la historia de Ohio, siempre se menciona a aquellos dos inquietos hermanos que abrieron una tienda de bicicletas en Dayton. Sin embargo, Orville y Wilbur no solamente construían bicicletas, también fabricaban planeadores, cometas, motores y hélices. De hecho construyeron el primer tubo de viento que existió, y lo usaron para poner a prueba la superficie de las alas de los aviones que inventaron.

Después del vuelo histórico en Kitty Hawk, regresaron a Ohio para perfeccionar el aeroplano, y ese trabajo condujo a la creación del primer aeroplano confiable. En el artefacto original, que se encuentra en el Museo Smithsoniano, se puede leer la siguiente inscripción:

> La primera máquina del mundo más pesada que el viento e impulsada por energía, en la que el hombre realizó un vuelo libre, controlado y sostenido. Inventada y construida por Wilbur y Orville Wright. Volada por ellos mismos en Kitty Hawk, Carolina del Norte [,] el 17 de diciembre de 1903. Por medio de una investigación científica original, los hermanos Wright descubrieron los principios del vuelo humano. Como inventores, constructores y pilotos, desarrollaron todavía más el aeroplano, le enseñaron al hombre a volar e inauguraron la era de la aviación.

Los Wright abrieron la puerta para Neil Armstrong, quien obtuvo su licencia de piloto a los 15 años: antes de aprender a conducir un automóvil siquiera. Armstrong nació en Wapakoneta, Ohio, un lugar con una población de 9,843 personas. Aquel callado y sencillo hombre fue ingeniero y piloto de combate de la Armada, y participó en 78 misiones de combate en la Guerra de Corea. Cuando alguien más rompió la barrera del sonido, él estaba en la universidad, y se sintió muy desilusionado cuando se enteró de que se había perdido lo que a él le parecía la aventura de vuelo más grande del mundo. Naturalmente, no se imaginaba lo que le esperaba más adelante.

En 1969, Neil Armstrong nos llevó a todos consigo hasta la Luna en el Apolo 11. Jamás olvidaré las palabras que dijo cuando hizo aterrizar la nave: «Houston, la Base Tranquilidad aquí. El Águila ha aterrizado». Tampoco olvidaré cuando dio el primer paso y afirmó: «Es un pequeño paso para el hombre, pero uno enorme para la humanidad». En ese vuelo, Neil llevó consigo una pieza del avión original que volaron los hermanos Wright.

Armstrong siempre fue un héroe que no quería serlo; se ocultaba de los medios y rara vez hablaba con reporteros. Tras el alunizaje se convirtió en profesor, compró una granja en Ohio y desapareció del ojo público para recuperar su vida: sabía que había cumplido su misión en la vida.

¿Cómo puedes saber cuál es la tuya?

Una vez vi un póster en una iglesia, y de inmediato supe que ésa era mi misión: *Inspira al mundo. Vive tu vocación.*

Inspira al mundo, ¡eso era!

Hace tiempo coloqué una plaquita en mi escritorio, en ella se puede leer la definición de inspirar: *Afectar, guiar o estimular por medio de la influencia divina. Llenar con emoción gratificante o exaltante. Estimular la acción; motivar. Afectar o conmover.*

Y debajo de la placa está la afirmación de mi misión personal: *Inspirar a los hombres y las mujeres a usar su Poder Interno, a encontrar y completar su Misión Sagrada, a crear una vida más grande para sí mismos y para otros.*

Si la palabra *misión* te asusta, puedes usar otra. Søren Kierkegaard lo describió de esta manera: «Dios nos ha dado a todos "órdenes de marcha". Nuestro propósito aquí en la Tierra es identificar esas órdenes y llevarlas a cabo».

A mí mi llamado me indicó que debía cumplir mis órdenes cerca de Kitty Hawk, en la remota franja de arena donde tuvo lugar el primer vuelo.

Casi todos los años vacaciono con mi familia en las riberas exteriores de Carolina del Norte, pero nunca visité el monumento sino hasta que mi amiga Beth se unió a nosotros en 2007. Realmente yo casi no la conocía, pero mi esposo era amigo del suyo y los invitó a que pasaran una semana con nosotros en la playa. En cuanto Beth llegó y vio mis libros de autoayuda, y yo los suyos, supimos que éramos almas gemelas.

Al final de una maravillosa semana en la que compartimos nuestros sueños más profundos, fuimos al monumento de los Hermanos Wright para llevar a cabo el lanzamiento de nuestra vida. De hecho bromeamos y dijimos que nosotras éramos las hermanas *Right* (que significa «correcto» en inglés). Subimos al monumento, una construcción de 18 metros, y lo que ahí leí me conmovió inmensamente: «Resolución valiente. Fe inconquistable». Ésas eran las cualidades de los hermanos, y las que yo quería adquirir.

En el monumento hay cuatro marcas de piedra con las que se conmemoran los cuatro vuelos realizados el 17 de diciembre de 1903. En el primer vuelo sólo volaron 36 metros; en el segundo, 53 metros; en el tercero llegaron a 61, y el último fue el mejor: el avión voló 260 metros.

Estando en el camino de vuelo que siguió el primer avión, una maravillosa brisa pasó alrededor de mí. Caminé del punto de inicio al punto de despegue, y luego hasta la marca que indica en dónde terminó el primer vuelo. Ahí di gracias por la primera parte del viaje de mi vida, la cual había compartido como madre soltera con mi hija Gabrielle.

Al llegar a la segunda marca di gracias por el viaje que realicé con mis amigos de la rehabilitación, quienes me ayudaron a sanar mis heridas de la infancia. Camino a la tercera marca agradecí el viaje con mi esposo. Su interminable amor y su lealtad me ayudaron a superar el cáncer. Bruce también me ayudó a construir mi carrera como columnista, y la verdad es que él creyó en mí mucho antes que yo.

Me quedé parada en la tercera marca y miré hasta la cuarta. Había llegado el momento de entregarme de verdad a mi escritura. Ahí, en Kitty Hawk, donde el hombre voló por primera vez, me deshice de mi temor al éxito y al fracaso. Antes de eso tenía miedo de dejar de ser periodista para convertirme en escritora, lo que, en realidad, fue mi primer sueño. Llevaba mucho tiempo con temor a dejar ir lo que había sido hasta entonces para convertirme en la persona que podía ser.

Mi único acompañante en la tercera marca fue la brisa. Era momento de decir «sí», de aceptar todo lo que estaba dentro de mí y que debía liberar a través de la escritura. Sentí al Espíritu agitarse en mi interior. Abrí mi corazón y le ofrecí a Dios todo de mí. Confesé el sueño de mi vida: escribir todos los libros que había en mí, contar todas las historias, compartir lo que la vida me había enseñado para inspirar a otros. Extendí mis brazos como si fueran alas, y puedo jurar que el Espíritu Santo me proveyó el impulso y me llevó hasta la marca final. Entonces sentí una libertad y una felicidad nuevas.

Una vez leí que existe lo que haces para ganarte la vida, y aquello para lo que naciste. Yo por fin estaba lista para realizar la tarea para la que había nacido.

En cuanto volví a casa pegué en mi pizarrón el folleto del Monumento de los Hermanos Wright junto a la fotografía en blanco y negro del avión. También hice las portadas de todos los libros que quería escribir y las pegué. Luego escribí en la parte superior: Esto o algo mejor.

¿Era correcto decirle a Dios lo que deseaba? ¿Debía ir en busca del deseo de mi corazón o de la voluntad de Dios? Entonces recordé algo que me había dicho Beth: la voluntad de Dios es también el deseo más puro de tu corazón. Son lo mismo.

¿Era correcto que mostrara al público lo que quería? Supe que sí cuando Beth me envió la siguiente cita de Habacuc, un capítulo de la Biblia del que ni siquiera había escuchado hablar:

> Y entonces el Señor me respondió y dijo: Escribe la visión con claridad en las piedras para que se puedan leer con facilidad, ya que a la visión aún le queda tiempo; presiona la satisfacción y no te desilusionará. Si se tarda, espérala, seguramente vendrá y llegará a tiempo.

Espera y vendrá.

Dios rara vez llega antes de tiempo, pero jamás llega tarde.

LECCIÓN 41

Las cosas no te suceden a ti, suceden para ti y para los otros

Una de las cosas más difíciles de tener cáncer es la pérdida del cabello durante la quimioterapia.

Cuando te quedas calvo por el tratamiento, de pronto te inunda una sensación de impotencia. Para el mundo sólo eres un paciente. La gente te mira. Tus amigos hacen muecas. Los niños te huyen.

Hace dieciséis años que tuve cáncer de mama planeé usar una peluca que era idéntica a mi cabello. Nadie tenía por qué saber que me había quedado calva por la quimioterapia. Mi esposo me llevó de compras y buscamos la peluca mientras yo todavía estaba bajo la influencia del diagnóstico de cáncer. No fue nada agradable. Creo que en las tiendas de pelucas deberían colocar advertencias que digan: *No compre nada hasta que se le haya pasado la conmoción.* Estando ahí, la ira, el dolor y el miedo me paralizaron. Terminé afuera de la tienda, llorando en las escaleras.

Tenía miedo, estaba triste y no sabía cómo comprar una peluca. Gastamos 500 dólares en una de cabello humano. El dueño de un salón de lujo me garantizó que podía hacer que luciera como mi verdadero cabello. Incluso me tomó una fotografía para cortar y peinar el cabello de la peluca. Me tomó de la mano y me prometió que estaría lista antes de que se me empezara a caer el cabello.

Pero en lugar de eso, la arruinó.

Cuando se me empezó a caer el cabello, le llamé varias veces pero no me devolvió las llamadas. Finalmente aceptó reunirse con nosotros, me enseñó la peluca dañada y me culpó por haberle llevado un producto de calidad «inferior». No ofreció una disculpa ni nos reembolsó el dinero. Me cobró 190 dólares por el «corte y peinado» de la peluca, pero yo estaba demasiado débil por la quimioterapia para discutir con él.

A la peluca le habían hecho un permanente tan excesivo, que parecía animal atropellado. La usé dos horas completas nada más. Se veía infernal, se sentía espantosa y, para colmo, me recordaba todo el tiempo el desagradable momento que nos hizo pasar el adulador aquel. La arrojé en algún lugar de mi armario y no volví a usarla jamás. Ahora sólo sirve para complementar disfraces de Día de Brujas.

El hombre nos dejó sin tiempo para comprar otra peluca, y a mí se me empezaron a caer mechones completos de pelo; parecía perro con melena. Mi esposo, mi príncipe, me ayudó a rasurarme la cabeza el día que de repente vi todo mi fleco en el plato de cereal que estaba desayunando. Al final tuve que andar calva por todos lados durante seis meses.

En este momento ya me puedo reír, pero, vaya, ¡cómo lloré entonces! ¿Qué podía hacer? ¿Reportar al dueño del salón en la oficina de asuntos del consumidor? ¿Demandarlo en una corte de reclamaciones menores? Estaba tan enfocada en el problema, que jamás se me ocurrió convertirme en parte de la solución para otros sobrevivientes del cáncer.

Los años pasaron y un buen día fui a Fort Wayne, Indiana, para hablar en una cena tributo a Cancer Services of Northeast Indiana. Cuando entré a la agencia de la institución, estuve a punto de caer de bruces. Tenían un salón completo de pelucas con más de 150 modelos en exhibición organizados por colores. Cuando descubrí que la agencia las prestaba y que la gente se las podía llevar a casa temporalmente gratis, lloré.

Las mujeres calvas por tratamientos contra el cáncer pueden pedir prestadas dos pelucas al mismo tiempo, de la misma manera que se hace con los libros en las bibliotecas. Y en cuanto las personas devuelven las pelucas, la agencia las envía directamente al salón, en donde los voluntarios las lavan y las arreglan para que otras mujeres puedan usarlas.

El lugar era cálido e invitante, como un verdadero salón de belleza.

Tiempo después me enteré de la labor de Debra Brown y supe que tenía que involucrarme. Debra fue un día a la agencia de Fort Wayne para buscar una peluca pero en ese momento sólo quedaban dos para mujeres afroamericanas, y a ella no le agradó ninguna. Debra ya estaba deprimida y desilusionada por los tratamientos contra el cáncer y la pérdida de su cabello. La falta de diversidad en el salón la hizo enojar lo suficiente para hacer algo al respecto. Llamó a su familia y a sus amigos, y convocó a todas las iglesias que quisieron prestarle atención. Solicitó donaciones de dinero o pelucas. ¿Su objetivo? Conseguir cien pelucas. Debra no quería que ninguna otra mujer afroamericana volviera a salir desilusionada del salón.

Tres meses después Debra ya tenía doscientas pelucas para donar. A la gente le dijo: «No se trata de mí, Dios puso esta misión en mi corazón».

Y entonces se me ocurrió crear un lugar en donde las mujeres que sufrían la pérdida del cabello debido a tratamientos para el cáncer pudieran conseguir una peluca gratis. En ese momento, The Gathering Place, una asociación que ofrece ayuda gratuita a cualquier persona afectada por la enfermedad, se sumó al proyecto.

En cuanto compartí mi idea con ellos, empezaron a preparar un salón en su sucursal de Beachwood. Armaron un espacio privado muy acogedor con un espejo grande, luces brillantes y montones de repisas para todas las pelucas que pensaban recolectar.

Yo escribí una columna en donde explicaba que necesitábamos pelucas para morenas, rubias y pelirrojas. Pelucas para mujeres canosas, para mujeres de todas las razas. Pelucas de todas las formas, colores y estilos. Pero sobre todo, pelucas de cabello sintético porque a las de cabello humano es más difícil darles mantenimiento.

En la columna le pedí a la gente que le solicitara a su iglesia, escuela o familia, que donaran a The Gathering Place pelucas nuevas, imbuidas de «amor previo». Necesitábamos dinero para comprar nuevas pelucas y productos para su mantenimiento. También necesitábamos estilistas dispuestos a donar tiempo para limpiar y peinar las pelucas.

Decidimos enviar un mensaje a todas las mujeres afectadas por el cáncer: perder el cabello no significa perder la esperanza. Queríamos darles paz a todas, por eso llamamos al salón HairPeace.

En tan sólo unas semanas reunimos quinientas pelucas donadas a Gathering Place, y más de 38,000 dólares. Había gente en toda el área de Greater Cleveland que quería participar. El filántropo Sam Miller donó 3,000 dólares. «Quiero donar unas doscientas pelucas —dijo—. Sé lo que esta enfermedad le hace a la gente». Debes saber que Miller ha luchado contra el cáncer durante más de diez años.

Los alumnos de la Academia Saint Bartholomew, en Middleburg Heights, recolectaron más de 700 dólares. En el salón de un jardín de niños, los chicos que donaron dinero recibieron la oportunidad de colocarle cabello a las pelucas. El día de San Patricio, otros estudiantes donaron un dólar para todas las personas que «vistieran casualmente» por un día. Los Ángeles Tejedores de Bainbridge, de la Iglesia de los Santos Ángeles, donaron más pelucas. Una agencia de enfermeras de cuidados a domicilio patrocinó un rally para recolectar pelucas con «amor previo».

Docenas de personas llamaron llorando y ofrecieron donar las pelucas de sus esposas, madres y hermanas que habían muerto siendo víctimas del cáncer. La respuesta fue tan abrumadora que The Gathering Place tuvo que abrir otro salón en su matriz, en la zona poniente de Cleveland.

Antes de abrir al público, una señora se presentó en The Gathering Place para solicitar un masaje. Llevaba una gorra de béisbol encima de una peluca de cabello largo y canoso. Cuando vio las pelucas preguntó si le podían apartar una para cuando se inaugurara HairPeace. Eileen Coan, la bibliotecaria médica, no quiso hacer esperar a la señora. A Eileen le encanta contar la anécdota:

«Cerramos la puerta, la señora se quitó su peluca y, vacilante, señaló otra de cabello corto y rizado. "Siempre quise cabello *rizado*", susurró. Se puso la peluca, sonrió de oreja a oreja y las lágrimas comenzaron a surgir lentamente de sus ojos. "Me *encanta*", dijo en un murmullo. Entonces puse la peluca vieja en una bolsa. "Oh, no, espere", dijo, en un tono confiado. "Ésa se queda aquí. ¡Esta que me dieron es todo lo que necesito!"».

En otra ocasión, una mujer, demasiado delgada por los efectos de la quimioterapia, llegó a su cita con el nutriólogo. La peluca que traía era corta y divertida. Estaba en buenas condiciones pero era demasiado grande para ella. Cada vez que estornudaba, la sujetaba porque le daba miedo que saliera volando. Eileen describió la alegría de la señora en un correo electrónico:

> Le preparé un forro y le dije que se tomara su tiempo para elegir. Escogió una apariencia más sofisticada con cabello lacio y luces discretas. Le bastó verse una vez en el espejo para comenzar a aplaudir. "¡Quiero ÉSTA!". Luego fue a la biblioteca, en donde había ocho desconocidos, y les dijo: "Miren mi cabello nuevo". Todos aplaudieron. La señora pidió que le dieran su peluca vieja a alguien más y salió directamente a enseñarle a su madre su nuevo *look*.

Una pareja llegó con los ojos enrojecidos de tanto llorar. Habían visitado muchas tiendas de pelucas y estaban a punto de darse por vencidos. De acuerdo con los médicos, el cabello de la señora comenzaría a caerse en cuestión de días. Todas las pelucas que se probó en el salón parecían tener demasiado cabello, pero de repente notó una peluquita de cabello corto y rubio tipo hadita. Le quedaba perfectamente. Su esposo sonrió. Cuando se fueron, salieron tomados de la mano.

Otra mujer que también llegó con su esposo, acababa de quedarse calva y se negaba a entrar. Pero entonces vieron una peluca que se veía igual al cabello natural que ella solía tener. La mujer se la probó y le encantó. Le pidió a su esposo que entrara. Él se quedó parado en silencio junto a la puerta, y dijo: «Mi bella novia ha vuelto».

Una mujer que acababa de enterarse de que necesitaría recibir quimioterapia, también visitó la tienda. Quería una peluca con cabello parecido al suyo: delgado y escaso. Naturalmente, encontró una. Se la probó y le dijo al personal: «Regresaré por ella cuando ya no tenga mi cabello. Espero que todavía esté aquí». Luego devolvió la peluca.

«No puede ser tan sencillo», agregó.

Sí, sí puede serlo.

Si deseas a donar dinero para pelucas, envía tu cheque a The Gathering Place, 23300 Commerce Park, Cleveland, Ohio 44122 o visita www.touchedbycancer.org

LECCIÓN 42

No mueras sin dejar salir la música que hay en ti

Rocco Scotti es el cantante deportivo por excelencia de Cleveland.

Rocco es, posiblemente, la persona que ha cantado más veces el himno nacional en la historia. Lo ha entonado en casi todos los juegos de los Indios durante veinte años.

En una ocasión lo cantó para un juego inaugural en casa, justo después de salir del hospital con varias puntadas que le tuvieron que hacer tras un accidente automovilístico que lo dejó inconsciente. Lo cantó para los presidentes Gerald Ford y Ronald Reagan. Lo cantó en seis lugares públicos en un solo día. Lo ha cantado en estadios de Nueva York, Pittsburgh y Baltimore; en el Salón de la Fama del Futbol en Canton; y en el Salón de la Fama del Beisbol en Cooperstown, Nueva York.

Rocco ha cantado el himno para casi todos los equipos de beisbol de las ligas mayores. Lo ha cantado en juegos de futbol. En promedio, lo ha cantado casi cincuenta veces al año durante dos décadas.

Llegó a hacerlo tan bien, que le otorgaron el Corazón Púrpura para Civiles por «inspirar el patriotismo a través de su extraordinaria interpretación de "The Star-Spangled Banner"».

Rocco cree que Dios lo llamó para que convirtiera el himno estadounidense en el único éxito de su carrera porque, en realidad, él nunca se lo propuso.

El cantante nació en Ambler, Pensilvania, en 1920 y creció en una familia con catorce hijos. A los tres años se mudó con su familia a Cleveland. Como la mayoría de los niños de aquel entonces, Rocco soñaba con llegar a ser jugador de beisbol, sin embargo, siguió el ejemplo de su padre y entró al negocio de la construcción, en el que tuvo que cargar costales de hasta cincuenta kilos sobre los hombros. Su padre siempre cantaba cuando estaba en casa, y el chico empezó a imitarlo. Luego trabajó con un maestro de canto. En junio de 1945 conoció a su esposa, y después de casarse, se mudaron a Nueva York porque ahí podría estudiar ópera.

La carrera de Rocco como cantante de ópera nunca despegó, así que se mudó a Los Ángeles y estudió con un tenor. Por algún tiempo cantó canciones populares en clubes nocturnos, pero su carrera se estancó, y tuvo que volver a Cleveland, donde trabajó en el negocio de la construcción, tomó clases de canto y empezó a interpretar el himno en eventos aleatorios. En ese tiempo lo cantaba de la manera tradicional, como todos los demás, pero un día decidió adornarlo un poco y agregarle algo único.

Le pidieron que cantara el himno en un juego de los Indios de Cleveland contra los Orioles de Baltimore. Camino al juego, se preguntó qué podría hacer para cantarlo de manera distinta, y añadió un Sol agudo al final. No estaba seguro de que Francis Scott Key lo hubiera aprobado pero, la primera vez que hizo la prueba, hace veinte años, a los seguidores de ambos equipos les encantó.

Cuando llega al verso de «the land of the free, and the home of the brave», se cuelga el mayor tiempo posible de la palabra *free* y del último *the*. Nadie había escuchado el himno así, y a todos les encantó. A partir de entonces, le pidieron que lo cantara en todos los juegos.

¿Cuál ha sido su interpretación preferida? Acababa de terminar su número, y le dijeron que alguien en las gradas quería conocerlo. Era Earl Averill, miembro del Salón de la Fama del Beisbol, seis veces ganador del juego All-Star... y el ídolo de Rocco. El cantante estaba tan emocionado que se sentó junto a Earl y se puso a llorar.

Esa vez, y las ocasiones que cantó para los presidentes, han sido las mejores.

«Me parece que les gustó», dice Rocco.

Rocco detesta que haya tantos cantantes que hacen chapuzas con el himno nacional. «Casi nadie lo canta bien —explica—. Es una canción difícil. Mucha gente trata de llevar por buen camino la interpretación, pero todos empiezan con el pie izquierdo».

Roseanne Barr lo cantó a chillidos, a Michael Bolton se le olvidó, Steven Tyler modificó la letra (en 2001, en una pista de carreras, terminó el himno cantando «and the home of the Indianapolis 500»). Y a pesar de ello, éstas no fueron las peores versiones. «Robert Goulet estaba demasiado borracho para llegar al final», cuenta Rocco, sacudiendo la cabeza.

«Hazlo bien o mejor ni lo intentes. Esta canción significa algo», dice el cantante.

Algunos intérpretes cantan el himno para alimentar su ego, para salir frente a una muchedumbre en televisión, explica

Rocco. «No les importa lo suficiente. Uno tiene que tratar el himno con respeto». Y eso es lo que él siempre ha hecho. Antes de que sus labios articulen la letra del himno, Rocco dice una oración.

Y tienes que practicar. El cantante solía practicar en su automóvil hasta el día que cantó una nota muy aguda y quebró la ventana del lado del conductor en tres puntos. A partir de entonces empezó a practicar con las ventanas abajo.

También ha cantado otros himnos como el himno nacional polaco, en encuentros de box. Cantó el himno nacional húngaro en juegos de baloncesto, el himno italiano en encuentros de futbol, y el Israelí, el día que el asistente del primer ministro de Israel visitó Cleveland.

Sin embargo, nunca se cansó de «Star-Spangled Banner». Cada vez que la canta siente un vínculo con su país. «Interpretar bien el himno en cada ocasión, se ha vuelto un desafío», me dijo.

Rocco y June han estado casados más de 60 años. Cuando hablé con él tenía 89 años y ya se había retirado de las ligas mayores. Cuando los Indios de Cleveland empezaron a jugar en su nuevo estadio, el equipo trajo nuevas voces pero Rocco lo toma de buena manera.

«Las cosas cambian, la vida sigue —le dice a la gente—. Todo tienen un fin.»

El cantante no se arrepiente de nada y no guarda resentimientos pero, si lo llamaran otra vez, ¿volvería a cantar para ellos?

Rocco sonrió y dijo, «Tendría que preguntarles, "¿A qué hora?"».

De vez en cuando se debate sobre cambiar el himno «The Star-Spangled Banner» por «America the Beautiful» o «God Bless America», y entonces los reporteros le llaman a Rocco y le piden su opinión.

«Ambas son canciones bonitas pero no tienen el mismo nivel de dramatismo de "The Star-Spangled Banner". Este tema tiene carácter y estimula el patriotismo. Exige mucha atención», explica.

A Rocco le fascina «The Star-Spangled Banner». «The rockets' red glare, the bombs bursting in air», no son sólo palabras para él, son historia familiar. Su hermano Nicholas murió en la Segunda Guerra Mundial. Nick era sargento de la infantería y sólo tenía 19 años.

Rocco tenía 24 cuando murió su hermano. El suceso le afecto demasiado. Cuando Nick entró al servicio militar, le dijo a su hermano, «No voy a volver». Rocco compartió conmigo un verso de un poema que escribió para Nick. «Ahora hay cruces blancas postradas una junto a la otra; cada noche elevo una oración para ellas porque ahí está mi hermano».

La diferencia entre la forma en que Rocco canta el himno nacional y la forma en que lo hacen todos los demás, radica en que, cada vez que interpreta las palabras finales, «O, say does that star spangled banner yet wave, O'er the land of the free, and the home of the brave?», él sabe, desde el fondo de su corazón, que la bandera siempre ondeará sobre la tierra de los libres y el hogar de los valientes.

Rocco se tornó melancólico cuando me dijo la forma en que esa canción se convirtió en el regalo que compartiría con el mundo. «Es raro pero algo pasó para que fuera así —dijo—. Es como alguien más me dijo: "Esto va a ser lo tuyo"».

Y en cuanto encuentras «lo tuyo», lo tratas con respeto.

«Trabaja lo tuyo con sinceridad —recomendó Rocco—. Haz que de verdad signifique algo para ti y para quienes lo van a escuchar.»

La historia de la vida de Rocco es un excelente recordatorio de que en todos nosotros hay música, hasta en quienes no podemos cantar ni una nota. Yo solía ir a una iglesia en la que el director musical exhortaba a todo mundo a cantar, incluso a aquellos que no estaban seguros de poder hacerlo. «Si cantas desafinado, entonces canta todavía más fuerte», nos decía.

Todos tenemos una canción que cantar. Una canción que alguien más necesita escuchar, tal y como salga de nuestro corazón.

LECCIÓN 43

Nada de lo que quieres está a contracorriente, así que deja de batallar

¿Estás atravesando una crisis? Entonces llama a mi esposo. Las crisis son su especialidad.

Bruce no sólo me ayuda a bajar del precipicio en que se convierten los bachecitos de los que me quedo colgada cuando estoy segura de que estoy al borde de la catástrofe, también es socio fundador de Hennes Paynter Communications, una agencia enfocada en el tratamiento de crisis de comunicación. Bruce y su socio se han especializado en ayudar a gente y a empresas del todo país a responder en momentos de crisis.

Cuando la gente se entera de la forma en que mi esposo se gana la vida, a menudo cree que les ayuda a las empresas y a los ejecutivos a salir de problemas, pero no es así en absoluto. Bruce le dice a todo mundo que uno no puede escapar de las consecuencias de un comportamiento incorrecto. De hecho, su lema es, «Di la verdad, di todo y dilo antes que nadie».

Como siempre hay empresas en crisis, a Bruce le va muy bien en su negocio. Hace algunos años un hombre se acercó a él y a su socio para solicitar un empleo, pero ellos decidieron no contratarlo. Meses después, al hombre lo contrató el competidor, quien tenía una empresa mucho más grande, capaz de ofrecer servicios completos de relaciones públicas, y que siempre quería estar a la par con la agencia de mi esposo. Luego Bruce leyó en el periódico que el competidor había contratado a dos personas más para inaugurar una unidad de crisis de comunicación que competiría con Hennes Paynter.

Al principio Bruce se preocupó. ¿Qué significaría tener competencia abierta y directa? ¿Cuántos negocios les quitaría la nueva unidad del competidor? ¿Habría suficientes casos para que ambas empresas tuvieran éxito? ¿Tendrían que luchar con uñas y dientes para ganarse a los clientes?

Pero entonces Bruce hizo algo que me instó a admirarlo todavía más de lo que ya lo hacía: se relajó. Tomó la decisión de no ceder ante el miedo, de no creer en la escasez, la competencia ni en la noción de que uno tiene que partirse la espalda todo el tiempo para avanzar en la vida y en los negocios. Decidió seguir haciendo lo que había hecho hasta ese momento, e incluso hacerlo mejor. También le escribió al dueño del otro negocio un correo electrónico para felicitarlo por el inicio de su nueva aventura de negocios y le deseó éxito. Incluso mencionó que le parecía que había trabajo suficiente para todos. Y luego se voló la barda, y añadió: «Si en algún momento estoy en posición de enviarle clientes, lo haré».

El hombre se quedó asombrado cuando recibió la elegante nota de una persona a quien otros podrían considerar su mayor competidor. Acto seguido, le marcó a Bruce y dejó un mensaje en el buzón de voz, en el cual le expresaba su más profunda gratitud. Cuando el hombre le estaba explicando a Bruce lo mucho que había significado recibir su mensaje, su voz se quebró.

Bruce me enseñó que no es necesario batallar para atraer más de lo que queremos o necesitamos. En realidad la competencia y la escasez no existen. ¿Y qué hay de la competencia global? ¿Qué pasa con la persona que compite con nosotros desde el cubículo de junto? Ése no es problema tuyo.

Un amigo me dio un CD de Esther Hicks. En él escuché ocho palabras que me cambiaron a vida: *Nada de lo que quieres está a contracorriente.*

En cuanto escuché a Esther decir esta frase, me ataqué de la risa. Muy a menudo descubro que, una vez más, estoy luchando contra la corriente; me enfrento a lo impensable con tal de llegar a un lugar en donde creo que seré más feliz que en los sitios adonde el flujo de la vida amablemente me invita a ir. Siempre gasto demasiada energía y tiempo antes de que la fatiga por fin me obligue a rendirme y a flotar sin resistencia hacia el lugar que la vida ha preparado sólo para mí. En cuanto dejes de luchar contra la corriente —que, por cierto, siempre va a ganar—, podrás alinearte con lo que hay. Podrás descansar y permitir que el río de la vida te lleve hasta el lugar donde podrás ejercer la mayor diferencia posible con tu vida.

La Biblia me recuerda constantemente que debemos dejarnos ir y permitir que Dios se encargue de cualquier cosa que estemos tratando de controlar. Tal como se indica en el Evangelio según San Mateo, los lirios del campo no se fatigan ni hilan:

> Pues si a la hierba del campo, que hoy es y mañana se echa al horno, Dios así la viste, ¿no lo hará mucho más con vosotros, hombres de poca fe? Entonces, no andéis preocupados diciendo,

¿Qué vamos a comer?, ¿qué beberemos?, ¿con qué vamos a vestirnos?... Que por todas esas cosas se afanan los gentiles; pues ya sabe vuestro Padre celestial que tenéis necesidad de todo eso. Buscad primero su Reino y su justicia, y todas esas cosas se os darán por añadidura. Así que no os preocupéis del mañana, que él se preocupará de sí mismo.

De acuerdo con Salmos 127, toda esa preocupación y trabajo adicional no te conseguirán ni una migajita de serenidad: «Es en vano que se levanten de madrugada, que se acuesten tarde, que coman el pan de su afanosa labor, pues Él da a Su amado, cuando todavía duerme».

Durante años viví azorada por la frase: «Toma el camino que ofrezca menos resistencia», porque, cuando uno se resiste a todas las posibilidades debido al miedo, resulta difícil identificar la mejor vía. Pero finalmente entendí de qué se trataba: Deja de resistirte. En *Star Trek: La nueva generación*, solían decir: «La resistencia es inútil». Y es cierto. El verdadero trabajo lo hace Dios, no nosotros. Lo único que nos resta es colaborar con elegancia, dejar de batallar o estresarnos. Antes yo sufría, me esforzaba, trabajaba demasiado, agonizaba, me preocupaba, sudaba y batallaba todo el tiempo. ¿Qué hago ahora? Nada, sólo dejo que todo fluya; permito, me rindo, confío, creo y me calmo. Dios es el atajo.

Porque no es necesario esforzarse tanto para ser genial. Un día estaba agitadísima porque no podía decidir qué columna escribir. Por lo general, mi problema no es que no se me ocurran ideas, sino que se me ocurren demasiadas y luego no sé en qué enfocarme. Ya le había pedido claridad a Dios, y ésta me llegó en cuanto mi hija me llamó por teléfono y dijo, «Haz lo que sea más sencillo».

Escribí la frase en un post-it que, ahora, me sonríe todos los días. Ya sé que Dios se encarga del levantamiento de pesas. Cada vez que veo la obra de Miguel Ángel quien, sencillamente, sólo liberaba las figuras del mármol, me quedo asombrada. Lo único que tengo que hacer es mover los dedos y liberar las palabras que Dios me entrega. Claro, eso no significa que todo me sea sencillo, pero sí que basta con que yo abra la compuerta para que la escritura fluya.

Por supuesto, lo que es fácil para una persona, no necesariamente lo es para las demás. A algunos se les facilitan las matemáticas, pero no a mí, y puedo probarlo con mis calificaciones del examen ACT, en el que obtuve 17 puntos. En aquel entonces la calificación más alta era 28. Al principio me sentí avergonzada, pero ahora lo tomo como un recordatorio de que debo apegarme a lo que se me facilita y se me da, y que las matemáticas no entran en ese grupo de materias. Escribir, por ejemplo, se me facilita siempre que trato de hacerlo exclusivamente como Regina Brett. Si me empeño en escribir como alguien más a quien considero mejor que yo, las cosas se complican y mi labor termina siendo un desastre.

Mi amiga Barb solía decirme que la competencia no existe. Cuando te extiendes bajo el sol para broncearte, en realidad no compites con nadie más para obtener los rayos porque hay suficiente sol para todos. El amor y la guía de Dios es suficiente para ti y para los demás.

Cuando empecé a escribir columnas para diarios, recordé las palabras de mi amiga. La buena noticia era que el editor me había dado una columna, la mala, que también les dio columnas a tres personas más de la sala de prensa. ¿Habría suficientes ideas para que todos trabajáramos? Llevo diecinueve años escribiendo columnas y todavía no se me acaban las ideas, así que el objetivo no es ser mejor que los otros escritores, sino escribir una columna superior a la entregué la última vez. El éxito no se basa en socavar a otros para llegar a la cima. ¿Y a la cima de qué, por cierto?

Hubo un tiempo en que le tuve una envidia inefable a otra periodista. Envidiaba su talento, sus premios y su éxito a pesar de que yo tenía todo eso también. Quería desaparecerla de la pantalla de mi radar pero, en lugar de darle una patada, la hice mi compañera de oración. Cada vez que pensaba en ella, que escuchaba su nombre o leía sobre su éxito, me decía a mí misma que se trataba de un llamado que su alma le hacía a la mía para que rezara por ella, así que seguí rezando por mi compañera. Naturalmente, cada vez tuvo más éxito, y eso me siguió enloqueciendo hasta que comprendí que sus logros eran una bendición para el mundo, y que también mis logros lo eran. El mundo nos necesitaba a ambas.

En nuestro lugar específico hay suficiente espacio para todos. Mi tarea divina tiene mi nombre grabado, sólo el mío. También tu tarea está marcada. Por esto, si vives la vida para la que fuiste creado, la competencia se desvanece. Créeme: hay suficiente para todos, no es necesario pelear.

LECCIÓN 44

Crea una zona de grandeza justo en donde estás

¿Quieres cambiar el mundo?

Primero cambia el lugar donde trabajas, y así podrás tener un impacto en el mundo.

La gente pasa casi un tercio de su vida trabajando, y por lo mismo, todos los jefes y los dueños de negocios —tanto grandes como pequeños—, pueden llegar a tener un impacto enorme en otras personas. Tú puedes cambiar el mundo si te enfocas en un empleado a la vez, en un cliente a la vez, en un comprador, un paciente, un colega. Además, en cuanto cambias el mundo para ellos, también lo haces para sus hijos, sus cónyuges y sus mascotas.

¿Cómo?

Cada vez que la gente tiene un mal día en el trabajo, regresa a casa y se desquita con sus cónyuges, y estos, a su vez, arremeten contra los niños. Los niños, por supuesto, hacen pagar al perro. En cambio, si la gente disfruta de su día laboral, emite ondas de gozo.

Imagina si todos los jefes analizaran con detenimiento lo que le pagan a su personal. En el papel, los salarios parecen nada más beneficios por los que la empresa paga, pero en la vida real son mucho más. Para algunas personas, un aumento de sueldo puede significar la posibilidad de comprar una casa en lugar de seguir rentando un departamento. Puede implicar la diferencia entre un automóvil que se descompone todo el tiempo y otro en el que toda la familia puede viajar e ir a la casa de la abuela para celebrar el Día de Gracias.

Lo que se le paga a una persona define qué aparece debajo del árbol en Navidad, o si un niño tiene la posibilidad de tocar en la banda de la escuela. Recuerdo que cuando estaba en octavo grado, quería tocar la flauta. Mi papá fue conmigo a la reunión de la banda pero sacudió la cabeza y me dijo: «No vas a poder participar», pero no fue suficientemente fuerte para decirme la verdad: que no podíamos cubrir los gastos.

Los empleadores tienen mucho poder en sus manos, como el permitir que la gente falte al trabajo si un familiar fallece. Cuando mi padre murió, ningún empleo pudo impedir que mis cinco hermanos y mis cinco hermanas viajaran a casa desde Arizona, Nueva York, Indiana, Florida y Michigan para pararse frente a la Iglesia de la Inmaculada Concepción y abrazar a mamá mientras ella se despedía de su esposo.

La capacidad de otorgar días personales puede significar que un empleado tome el día para pasarlo con su madre en su cumpleaños, el primero que va a celebrar tras la muerte de su marido. Los permisos de maternidad y paternidad sirven para que los nuevos padres puedan establecer un importante vínculo con su bebé. Las vacaciones son para que las familias creen recuerdos para toda la vida.

Y el permiso por enfermedad, qué maravilla. En 1998, cuando me afectó el cáncer, tenía que preocuparme por la caída de mi cabello y porque siempre vomitaba lo que comía debido a la quimioterapia, pero afortunadamente, nunca tuve que preocuparme de perder mi empleo por faltar tanto. No tuve que escatimar con los tratamientos de radiación diarios, gracias a que mi empresa me ofrecía una buena cobertura de seguro.

El seguro dental puede determinar si un niño con dientes chuecos se puede convertir en un adulto con una sonrisa hermosa. Los frenos que la aseguradora provee, aparecen en las muchísimas fotografías familiares con que la gente llena sus álbumes. Ahora imagina ver esa sonrisa y saber que tú fuiste el jefe que proveyó lo necesario para que se concretara.

Algunas compañías incluso ofrecen un seguro para gastos médicos de fertilidad. ¡Qué impactante! ¡Imagina proveer lo necesario para que un hombre y una mujer se conviertan en padres!

Ser flexible con los horarios puede significar que una madre salga de trabajar a tiempo para ir a ver cómo su hijo conecta un jonrón; o para que una hija sepa que su padre la vio meter el gol de la victoria para su equipo. Las empresas se preocupan mucho por el mercado global, pero no deben perder de vista lo importante que es que los niños puedan jugar a lanzar el balón con su padre en el patio trasero.

Finalmente, está el tema de la jubilación. Si las prestaciones son buenas, muchos adultos mayores no tendrán que partir en dos sus pastillas para la presión arterial o sentirse avergonzados porque se verán obligados a mudarse a casa de sus hijos.

Y todo esto depende de los riesgos que esté dispuesto a correr un jefe, de las elecciones que haga el empleado. No se trata nada más de generar empleos o generar empleos magníficos, sino de ofrecer lugares de trabajo desde donde los empleados puedan construir un mundo mejor.

Los empleadores también tienen un poder increíble sobre la vida de la gente. Dos de las palabras más importantes del idioma inglés son: *Queda contratado*. ¿Recuerdas el impacto que estas palabras han tenido en tu vida? ¿Recuerdas el día que recibiste aquella llamada y te dijeron, «Queda contratado»? Seguramente llamaste a tu esposa, a tus hijos y a tus padres. ¿O qué tal cuando te dijeron, «Le vamos a dar un aumento»? ¿Recuerdas el alivio que sentiste? ¿Recuerdas cómo lo celebraste? ¿El orgullo? ¿La gratitud? ¿Los recibos que por fin pudiste pagar?

Es asombroso lo que las empresas pueden hacer para que otros sean felices. Una vez di un importante discurso en NorthCoast 99 para celebrar a los mejores 99 lugares para trabajar en la zona Noreste de Ohio. El programa lo desarrolló el Consejo de Recursos para Empleadores, el cual se dedica a fomentar las mejores prácticas, programas y servicios en el área de recursos humanos. Me sorprendió ver todo lo que hacen las compañías para celebrar y honrar a sus empleados. Algunas ofrecen clases de aeróbicos, salones para practicar yoga, centros de ejercicio o membresías en gimnasios. Otras ofrecen centros de cuidado infantil en sus instalaciones y reembolso de colegiaturas. Por supuesto, me encantó descubrir que Hyland Software organiza visitas sorpresa de un camión de helados a las oficinas. A la hija de ocho meses del empleado de otra compañía, se le atoró una pieza de plástico en la garganta y no podía respirar. Su mamá salvó su vida gracias a que en el trabajo le habían enseñado la maniobra de Heimlich.

En ADP, en Independence, Ohio, los empleados visitan a adultos mayores que sufren de Alzheimer, y a otros que están en asilos. Los empleados adoptan a los ancianos, sirven comidas y recolectan útiles escolares para niños. En una ocasión, en Weaver Leather, en Mount Hope, cada empleado adoptó a un niño para el Día de San Valentín, y todo el personal llenó morrales con artículos sacados de una lista de deseos. Esa bolsita era, en algunos casos, la única posesión que habían tenido los niños en la vida.

MCPc Inc., una compañía de Strongsville IT, lleva a cabo reuniones para cocinar chile con carne, el Día de la Camisa Hawaiana, Cacerías de huevos de Pascua, y Días de lavado de auto en los que, quienes lavan los coches, son los jefes.

Me resultó fascinante saber que algunas empresas proveen servicios de lavandería y tintorería, salón de belleza y peluquería en sus instalaciones, acceso a enfermeras o doctores en el horario laboral, y mastografías gratuitas. Otras ofrecen cambios de aceite gratis, los servicios de agentes viajeros y presentación de declaraciones fiscales.

Cuando el evento terminó, me fui con la esperanza de que más empleadores pudieran ser creativos y les dieran a sus subordinados un mes completo de sueldo cada cinco años, vacaciones con todos los gastos pagados cada veinte, descuentos en computadoras o servicios de telefonía celular, o que compartieran el acceso de la empresa a descuentos en hoteles, restaurantes y parques de diversiones.

Incluso en negocios pequeños, es relativamente económico llenar un frasco de dulces o comprar donas para que en una reunión aburrida el tiempo se vaya más rápido. Ningún banco va a terminar en bancarrota si permite que sus empleados salgan algunas horas antes un viernes, si llena un refrigerador con fruta fresca, o si construye una barra de café con café, té y chocolate caliente gratis para los empleados.

Hay que pensar que los mejores empleadores permiten que, además de ganarse la vida, sus subordinados puedan vivirla y, mejor aún, marcar la diferencia. Con el simple hecho de modificar el área de trabajo, los empleadores pueden cambiar la vida de quienes los rodean y, a su vez, el mundo entero.

LECCIÓN
45

Aunque te sientas invisible, tu trabajo se nota

A mucha gente le parece natural sentirse invisible en el trabajo.

Cada vez que salíamos a pasear en auto, mi padre señalaba todos los techos que había reemplazado o reparado; de hecho podía contar anécdotas sobre cada casa por la que pasábamos en Ravenna, Ohio. Nos decía quiénes vivían en cada una, con quiénes estaban emparentados, cuántos hijos tenían y cómo se ganaban la vida. Nosotros creíamos que la gente que habitaba esas casas tal vez había olvidado quién subió por la escalera con las canaletas a la espalda y martilló las tejas bajo el rayo del sol, pero resulta que no era así.

Cuando mi padre murió a los 83 años, la funeraria se llenó de gente agradecida por los techos bajo los que se resguardaba, y porque hubo un hombre que los colocó y les dio mantenimiento toda su vida.

El mundo está lleno de gente que realiza una labor importante y perdurable; me refiero a personas como Tony, el cartero, quien también asistió al funeral de papá. Tony era puntualísimo, todos los días llegaba a la calle Sycamore a las diez de la mañana en punto y, con una sonrisa y una anécdota sobre cómo ganó la última vez en el boliche, amortiguaba el golpe que significaba recibir la factura del gas.

Nuestra vida está repleta de gente así. Como el doctor Neely, el médico familiar que por muchos años siguió atendiendo a mis padres a domicilio y rara vez les envió un recibo; gente como Sruly Wolf, mi técnico de aparatos electrodomésticos, quien siempre viene aunque le llame con poca anticipación, y me salva cuando la lavadora se detiene justo en el ciclo de enjuague o la secadora se niega a funcionar estando llena de ropa húmeda. Sruly siempre descuenta algunos dólares del total, y el Día de Gracias nos envía una canasta con pavo y otros víveres para agradecernos por ser clientes leales.

En la otra vida que lleva en Cleveland, Ohio, Sruly es un humilde rabino y forma parte del programa de ministros que colaboran con la policía. Una vez recibió un premio por salvar la vida de un oficial que quedó inconsciente. Sruly había viajado a Chicago para hacer negocios e iba caminando por la calle cuando, de repente, vio al oficial en el interior de un automóvil lleno de humo, y se acercó y lo sacó del vehículo. Pero cuando un reportero lo entrevistó, trató de restarle importancia a su acto heroico y dijo: «Verá, yo sólo fui a Chicago esa semana para asistir a una feria de negocios».

Todos dejaremos huella, pero de nosotros depende cómo lo haremos y en dónde. Mi esposo y yo decidimos reemplazar el mosaico de la chimenea hace tiempo, y el hombre que realizó la labor pasó muchas horas trabajando para colocar la capa a prueba de fuego sobre el muro para protegernos. Nuestra casa fue construida en 1920 y los ladrillos tenían casi cien años de antigüedad, por lo que su labor se convirtió una pesadilla:

casi todos los tornillos se rompían cuando trataba de insertarlos y enroscarlos. Cuando finalmente terminó el trabajo, le pedí que autografiara la lámina contra fuego y él garabateó con un marcador su nombre: Donovan. Nadie podría ver la firma cuando colocaran el mosaico, pero nosotros sabíamos que era una obra de arte y queríamos que el autor la firmara.

Tenemos la tendencia a medir lo que valemos de acuerdo con nuestros grandes logros en lugar de tomar en cuenta los pequeños momentos que significan más para otros. En una ocasión tuve el privilegio de conocer esos momentos gracias a un hombre que fue bombero veintiocho años.

En ese tiempo, Tom Schultz recibió llamadas que lo hicieron reír, otras que lo hicieron llorar, y muchas más que le hicieron temer por su vida.

Una vez, una madre que acababa de tener a su bebé se quedó dormida en el sofá con el nene de un mes. «Uno de ellos despertó pero el otro no», dijo Tom en voz baja.

En otra ocasión, una anciana dejó de contestar el teléfono y de recibir sus envíos. Los vecinos la llamaron pero ella no atendió. Llamaron a su hijo, que vivía en Toledo; él también le marcó pero como la mujer no contestaba, llamó al 911. Los bomberos tocaron con fuerza por las ventanas pero no hubo respuesta. Se asomaron y no vieron a nadie. El supervisor les ordenó que derribaran la puerta y, cuando lo hicieron, encontraron a la anciana sentada en una silla, con el teléfono al lado. Los bomberos dijeron: «Señora, sus vecinos le han estado llamando y también le marcó su hijo, ¿por qué no contestó?». La mujer levantó la mirada y dijo: «Es mi teléfono y sólo contesto si se me da la gana».

También está la historia de la mujer que huyó porque dejó una salchicha cocinándose en la estufa e incendió su casa. Sacó a sus hijos, cerró la puerta de golpe y se fue. Eso apagó las llamas pero el fuego continúo derritiendo todo.

Un incendio puede duplicar su tamaño con cada minuto que pasa. Cuando Tom abrió la puerta, el humo negro se escapó de golpe; él sostenía el extremo de la manguera y fue el primero en entrar. El siguiente bombero detrás de él, estaba atrás, a casi dos metros de distancia. Tom no podía verlo, sólo lo escuchaba. Ambos entraron a la casa negra y achicharrada. El aire que se coló al abrir la puerta avivó las llamas. El tercer bombero que iba a entrar, jaló la manguera por error y a Tom se le fue de las manos de golpe.

Oh, no, pensó. La manguera es la línea de salida. En esa oscuridad no puedes ver dónde están las puertas, por lo que la manguera es lo único que te puede ayudar a salir.

Fueron lo diez segundos más largos en la vida de Tom. Pensó en su esposa y sus hijos, a quienes no volvería a ver jamás, pero entonces escuchó la voz del bombero que venía detrás de él: «Todavía tengo la manguera», y ambos salieron de la casa a salvo.

Sin embargo, nadie lo conmovió más que la anciana de las ciruelas.

Tom trató de narrarles la anécdota a los otros bomberos durante el desayuno que organizaron para celebrar su jubilación, pero las palabras se le atoraron en la garganta. Cuando me contó la historia a mí, lloró.

Un día de verano, muy al principio de su carrera, recibió una llamada del 911: *una señora inconsciente en su jardín*. La señora tenía noventa y tantos años y se había caído de la escalera cerca de un árbol de ciruelas. Era ya casi final del verano y la fruta estaba madura. La mujer tenía una fractura compuesta en el tobillo y los vecinos llamaron solicitando ayuda. Tom ayudó a vendar y entablillar la herida, y luego la anciana fue llevada al hospital.

Uno de los médicos dijo que se necesitaría cirugía para reparar la fractura; la señora tendría que pasar la noche hospitalizada. Tom no recuerda su nombre pero sí que no pudo dejar de pensar en ella todo el día. Jamás se habría imaginado que la señora lo acompañaría por el resto de su carrera.

El bombero siguió preguntándose, *¿Por qué una anciana lúcida se treparía a una escalera para recoger ciruelas y se pondría en peligro de esa manera?* A la mañana siguiente, cuando terminó su turno, fue a casa de la señora; todavía llevaba el uniforme. Llenó una bolsa con ciruelas y las llevó al hospital.

Cuando encontró la habitación de la anciana, se presentó y le entregó la fruta. Ella se quedó un rato callada y luego le explicó por qué las ciruelas eran tan importantes para ella.

Le dijo que no tenía familia, que había sobrevivido a todos. El día del accidente había estado recogiendo las ciruelas para hacer mermelada y así agradecerles a todos los vecinos que veían por ella, a toda la gente que se había convertido en su familia.

La señora le agradeció a Tom las ciruelas. «Yo le alegré el día pero ella me alegró toda la carrera —dijo el bombero—. Soy un individuo promedio, pero esa señora me demostró que podía marcar la diferencia en la vida de la gente».

Antes de ser bombero Tom tuvo un empleo que detestaba en un taller de maquinaria en donde, por supuesto, se sentía como un autómata. A Tom le encantaba estar en el exterior, y odiaba checar tarjeta y trabajar en un edificio diez horas continuas.

Cuando empezó a trabajar como bombero a los treinta y cinco años, el 7 de mayo de 1984, se convirtió en el novato de mayor edad de la central. Se retiró a los 63 años. Tenía la intención de contar la anécdota de las ciruelas en su desayuno de despedida pero se emocionó tanto que no pudo acabar. Tom quería dejar algo más que su fotografía en la pared de la estación, quería darles a los novatos la historia de la señora.

También quería que los bomberos más jóvenes recordaran que debían tratar a toda la gente con el mayor respeto, dignidad y compasión posibles, en todas y cada una de las emergencias a las que asistieran. Quería que supieran que lo más importante era tener un impacto en la vida de alguien más.

LECCIÓN 46

La vida te la ganas con lo que recibes, pero la construyes con lo que entregas

¿Quieres ser rico?

Comparte lo que tienes en el bolsillo. De todas maneras ese dinero no es tuyo.

Suena absurdo, ¿no crees?

Eso es lo que yo solía pensar pero cambié de opinión.

Uno de los hombres más adinerados del mundo se hizo rico cuando se deshizo de su dinero. Millard Fuller fue famoso por decir cosas como: «Considero que la vida es un regalo pero también una responsabilidad. Mi responsabilidad es usar lo que Dios me dio para ayudar a Su gente, a quienes lo necesitan».

Fuller se fijó una meta muy al principio: ser rico.

Y a los veintinueve años se convirtió en millonario gracias a su negocio de mercadeo, el mismo negocio que lo hizo sentirse miserable. Cuando el matrimonio y la salud de Fuller se vieron afectados, el joven millonario vendió sus automóviles y su bote, y les dio todo su dinero a los pobres. Luego empezó a construir casas para los necesitados de todo el mundo. Linda, su esposa, trabajaba a cambio de nada. El salario de Fuller era de sólo 15,000 dólares.

«El dinero es de Dios, sólo que está en los bolsillos de la gente —solía decir el otrora empresario—. Nosotros tenemos que sacarlo de ahí.»

El fundador de Habitat for Humanity International murió a los 74 años, pero el dinero que logró reunir permaneció en los techos, muros y ductos de los hogares que construyó para 1.5 millones de personas en todo el mundo. Una vez escuché a alguien decir: «Lo único que Dios quiere es que cuides bien a Sus hijos». Eso era lo que hacía Fuller. También Laura Bickimer.

Laura llevaba una vida sencilla; era maestra de matemáticas retirada y siempre vivió en la casa en la que creció. Falleció a los 93 años y le dejó 2.1 millones de dólares a la Universidad Baldwin Wallace en Berea, Ohio, de donde se graduó en 1936 después de estudiar en la institución gracias a una beca. Laura nunca olvidó el impacto que puede tener la generosidad de alguien más. Parte de su herencia servirá para otorgar becas a otros estudiantes.

Laura Bickimer nunca ganó más de 40,000 dólares al año, así que imagina lo que debe ser vivir así a pesar de tener 2 millones en el banco. Fue dinero que ahorró para otros.

Una vez escribió: «He descubierto que la vida de uno puede ser bastante sencilla y ordinaria, pero al mismo tiempo, ¡plena y digna de vivirse!»

La vida de Laura terminó siendo sencilla pero espectacular.

Hasta las donaciones pequeñas pueden tener un gran efecto en el mundo. Mi amigo Kevin Conroy es sacerdote católico y se ha enfocado en servir a los más pobres entre los pobres. En una ocasión escribí una columna en la que narré que Kevin dejó Cleveland para ir a trabajar a Camboya con los misioneros Maryknoll. Ahí ayuda a Little Sprouts, un grupo de 270 niños huérfanos cuyos padres murieron de SIDA. Todos los pequeños son seropositivos. A veces Kevin hace excursiones a los tiraderos de basura en donde las familias buscan alimento y cosas para vender.

Cuando la gente leyó acerca de la labor de Kevin, muchos le enviaron cheques de 10, 20 o 50 dólares. Una persona donó 1,000. Todas las donaciones se usaron para construir diez salones en un edificio de dos pisos. La dedicatoria de la escuela pública recién construida se llevó a cabo el Día Internacional de los Niños.

«Al principio sólo íbamos a construir un piso y rezar para conseguir dinero suficiente para terminar la labor en el futuro —me contó Kevin—, pero usé los 10,000 dólares que reunimos gracias a tu columna para construir la escuela completa.»

El director le preguntó a Kevin cómo quería llamar a la escuela, y él le dijo, «Se me ocurre algo como "Amigos de Cleveland, Ohio, E.U"».

No es necesario donar millones. Lo importante es dar un regalo genuino que venga del corazón. Antes de que Bruce, mi esposo, y yo nos conociéramos, él tuvo muchos problemas económicos y apenas le alcanzaba para sobrevivir. Pero luego su vida cambió en un instante. Acababa de abrir su propia agencia de relaciones públicas y asistió a un evento de caridad para la Federación de la Comunidad Judía. La reunión se llevó a cabo en la casa de uno de los desarrolladores de bienes raíces más importantes del país. Después de que los treinta invitados cenaron, todos subieron a la habitación en donde Sam Miller, uno de los filántropos más generosos de Cleveland, dio un apasionado discurso sobre la importancia de ayudar a la comunidad judía.

La gente estaba sumamente conmovida. Un hombre se puso de pie y dijo: «Quiero que sepan que el regalo de mi familia de este año será de 1.2 millones de dólares». Mi esposo se quedó sin aliento. Otro hombre se levantó y dijo: «Este año quiero regalarle a la Federación de la Comunidad Judía 750,000 dólares». Entonces mi esposo tragó fuerte. Toda la gente del salón se estaba levantando para anunciar su donación y el pobre Bruce sólo sudaba. Había gente muy adinerada en aquel lugar pero él no era parte del grupo. La mayoría tenía unos veinte años más que él, y tenían ese mismo tiempo de ventaja en el camino del éxito financiero.

Cuando llegó su turno, Bruce se puso de pie y dijo: «Soy la persona más joven aquí y acabo de abrir mi negocio. Estoy endeudado hasta el cuello porque financié el negocio con las tarjetas de crédito. Es evidente que no estoy al mismo nivel que ustedes pero, ¿cómo podría no conmoverme su generosidad? No sé cómo lo haré pero, el año pasado di 100 dólares, y éste, doblaré la cantidad».

La gente se puso de pie para aplaudirle. Muchos le dieron palmadas en la espalda y lo felicitaron emocionados. Sabían que él había tenido que hacer el mayor sacrificio para ayudar. Al ver la reacción de los otros, Bruce comprendió que no importa el tamaño del regalo sino la calidad.

Claro, una buena cantidad siempre es agradable también. Hubo un tiempo en que Bruce trabajó en una concesionaria de automóviles para Lee Seidman. Lee abrió Motorcars Group en 1958, y una vez decidió apostarle a una franquicia de automóviles que nadie más quería. La gente pensó que estaba loco. La franquicia se llamaba Toyota. Sobra decir que Lee se convirtió en uno de los distribuidores más grandes del país. Hizo millones de dólares y... lo regaló todo.

Lee pudo haberles heredado a sus hijos una fortuna importante y convertirlos en multimillonarios. También pudo pasar su retiro en cruceros por todo el mundo, pero en lugar de eso fue a Harvard para aprender a deshacerse de su dinero.

El empresario donó diecisiete millones de dólares a la Clínica Cleveland para la creación de un puesto pagado en el área de neurocirugía funcional; para ayudar a pagar la investigación médica y para la construcción del centro de cardiología de la clínica. Donó un millón de dólares a Rainbow Babies & Children's Hospital, una institución de University Hospitals, para fomentar la innovación en el tratamiento del cáncer pediátrico. Dio seis millones al Hospital Hillcrest para su expansión. Y luego se superó a sí mismo al donar 42 millones de dólares a University Hospitals para la construcción de un hospital oncológico. El Centro Oncológico Seidman es un edificio de diez pisos con 120 camas para pacientes, y es el único hospital oncológico autónomo en el Noreste de Ohio.

Cada vez que Jane, la esposa de Lee, ve el edificio, piensa en su padre, quien murió de cáncer a los 56 años. El señor no llegó a conocer a sus nietos, pero el regalo de los Seidman les permitirá a incontables abuelos vivir lo suficiente para ver a sus nietos crecer. Los Seidman están usando sus años otoñales para motivar a otros a donar su dinero mientras estén vivos, con el propósito de que puedan ver y darle forma al impacto de su regalo. A Lee le encanta ver cómo el saldo de su cuenta bancaria baja de manera inversamente proporcional al crecimiento de cada hospital, y nada nunca lo hizo sentir más bendecido.

Al compartir lo que Dios pone en tu bolsillo, te das cuenta de que eres más rico de lo que jamás imaginaste. Donar dinero en realidad te garantiza que después tendrás más. Y por cierto, yo creo que hay suficiente para todos. De hecho todos los días me repito: *Mi abundancia beneficia a los otros, y la de ellos me beneficia a mí.* Entre más dinero gano, más puedo donar y, en cuanto me deshago de él, siempre me llega más.

Hace años, cuando era madre soltera y no tenía dinero, la familia de una amiga perdió todo porque su casa se incendió. Le hice un cheque a mi amiga por 80 dólares. En ese momento era lo único que podía donar. Tal vez 80 dólares parezcan muy poco ahora, pero en esa etapa en que no tenía ni en qué caerme muerta, era bastante. Semanas después recibí un cheque de 80 dólares de la universidad a la que asistía; habían cometido un error en los datos de la ayuda económica que me proporcionaban, y me enviaron la diferencia.

Hace poco sentí que el espíritu me instaba a ser más generosa. Era hora de inyectarle más abundancia al planeta, por eso hice algunos cheques para organizaciones de caridad, y para mi sobrina y mis dos sobrinos que están en la universidad. Me sentí muy bien de retribuirle algo al mundo.

Una hora después, me llamó mi prima. «¡Felicidades! ¡Seguramente tu teléfono no deja de sonar!», exclamó.

«¿De qué estás hablando?», le pregunté, asombrada.

«¡Tu libro salió en televisión!», gritó.

¿De qué diablos estaba hablando? Resulta que mientras yo hacía cheques de la abundancia, Hoda Kotb, anfitriona del programa *Today*, les mostró a sus televidentes mi primer libro, *Dios nunca parpadea*, y los exhortó a leerlo.

Cuando colgué con mi prima, me detuve un instante, sacudí la cabeza y dije, «Vaya, Dios, ¡eres genial!». En ese momento yo ni siquiera lo sabía, pero los treinta segundos de efusivos halagos de Hoda dispararon mi libro hasta el número 11 de la lista de Amazon. *Dios nunca parpadea* llegó al tercer lugar en los libros de autoayuda, al segundo lugar en libros religiosos, y al primero en los de espiritualidad. *Dios nunca parpadea* había sido publicado tres años antes.

Y luego, Dios hizo algo todavía mejor.

Esa misma semana me enteré de que el esposo de mi amiga viajaría a París para una firma de libros, y le llamé a ella para felicitarla. Ir a París, qué emocionante. Mi amiga cuidó a su esposo cuando tuvo cáncer y cuando lo operaron del corazón, y definitivamente merecía que la vida le diera una gran recompensa. Sin embargo, me contó que no iría con su esposo porque todavía no recibían las regalías del libro y en casa las cosas no andaban bien en el aspecto económico.

¿Cómo no compartir mi abundancia con una de mis amigas más queridas? Decidí colgar el teléfono y entrar a internet para averiguar el costo de un viaje a París. Luego hice un cheque para mi amiga y se lo envié por correo. ¡Fue tan agradable retribuirle al mundo con más abundancia!

Pero mi amiga no lo necesitó porque el mismo día que lo recibió, también llegó a su casa el cheque de las regalías. Se fue a París, y al final sólo la acompañé al aeropuerto, pero nos divertimos increíblemente en el trayecto.

Te puedo jurar que cuando uno da, es como si proveyera el primer eslabón de una cadena que nunca termina.

Entre más creas en la abundancia, más creerá ella en ti. Cada vez que compartes lo que Dios pone en tu bolsillo, te conviertes en un ser más afortunado de lo que imaginas.

LECCIÓN 47

Sé el héroe de alguien

Una vez escuché a alguien preguntar: ¿Cuál es tu misión heroica en la Tierra?

¡Vaya!

¡Qué pregunta tan fuerte!

¿Acaso todos tenemos una misión heroica? Por lo general la palabra «héroe» está reservada para los bomberos, paramédicos y los agentes de policía que salvan vidas, o para quienes mueren por su patria. Sin embargo, la palabra «héroe» a veces también se utiliza indiscriminadamente para referirse a individuos que ganan un partido de baloncesto o futbol.

Yo tuve la suerte de conocer a un héroe de verdad que, sin embargo, no lo parecía. Cualquier persona que haya pasado manejando por nuestro vecindario lo habrían podido confundir con un hombre viejo y cansado, que era justamente lo que parecía, así encorvado sobre una silla y tomando el sol en la terraza como un gato feliz, y con la sombra de sus lentes sobre aquellos ojos debilitados por sus 96 años de edad y por las terribles cosas que vieron en la playa de Normandía.

Pero, sin importar cómo se sintiera, Joe siempre mantenía su buen humor, su espíritu humano y su humildad.

La vida del doctor Joseph Foley comenzó sin grandes posibilidades de triunfo. Sus padres eran inmigrantes irlandeses; su padre recolectaba basura en Boston. Cuando a Joe le estalló el apéndice a los catorce años, un amable doctor dejó un importante recuerdo en su memoria, y desencadenó su interés por la medicina. Gracias a eso, Joe terminó estudiando neurología.

De hecho reunió varios títulos: profesor emérito de neurología, presidente de la División de Neurología en la Escuela de Medicina de la Universidad Case Western, presidente de la Academia Estadounidense de Neurología y de la Asociación Estadounidense de Neurología. Joe exhortó constantemente a los doctores a que escucharan a los pacientes, y a que se enfocaran en ellos, no en la enfermedad.

También les enseñó a mirar a sus pacientes directo a los ojos y a saludarlos de nombre. En una ocasión, una mujer llegó a la sala de urgencias y dijo que sufría de dolores de cabeza abrumadores pero, como nadie pudo averiguar la causa, fue enviada al pabellón de psiquiatría. La mujer murió antes de llegar. Resulta que tenía un tumor cerebral que estalló de repente, y nadie se dio cuenta.

Quienes la examinaron se dieron topes en la pared porque no pudieron detectar el problema de la mujer, pero entonces, Joe señaló algo aun peor: se negaron a tratarla con compasión. Joe les dijo que la dejaron morir y que nadie se acercó para consolarla como lo merecerían todas las personas.

Una vez, Joe fue con sus compañeros de clase a visitar a un amigo que estaba en el hospital. El hombre sufría de depresión y tuvo que ser internado en una institución. No quería, o no podía, comunicarse. Durante media hora, los visitantes contaron un sinnúmero de anécdotas acerca de los viejos tiempos. Joe se aseguró de incluir a su amigo enfermo en todas a pesar de que éste no respondió ni agregó nada en todo ese tiempo. Ni siquiera abrió los ojos durante la conversación.

Cuando llegó el momento de irse, todos se pusieron de pie para salir y, uno a uno, estrujaron la mano del hombre. De repente, el enfermo abrió los ojos y dijo: «¡Fue la mejor media hora que he tenido en meses!».

Joe vivía obedeciendo las palabras de Winston Churchill: «Nunca, nunca, nunca te des por vencido». Siempre comunícate con la persona más enferma o débil en cualquier lugar. Uno nunca sabe la esperanza que esa persona podría llegar a escuchar, ver o sentir en una auscultación, durante una conversación o en medio de una plegaria.

Tras mencionar brevemente a Joe en una de mis columnas periodísticas, recibí el siguiente correo electrónico de una mujer de Nashville:

> El doctor Foley fue mi neurólogo hace muchos años. Lo recuerdo vívidamente. En el verano de 1968 sufrí un ataque epiléptico, y me hospitalizaron toda una semana. Tenía ocho años y mis padres tenían otros cuatro hijos que cuidar en casa.
>
> Pasé buena parte de ese tiempo sola en el hospital. Fue una experiencia aterradora pero el doctor Foley se comportó como un héroe. Fue amable y cariñoso, justo lo que necesitaría cualquier niño de ocho años. En mi mente todavía queda el recuerdo de su gentil rostro y su apacible voz. Fue una bendición para la niña que yo era en julio de 1968.

Antes de regresar a estudiar para obtener un doctorado, pasé seis años trabajando como patóloga especializada en problemas del lenguaje. Durante todo el tiempo que desarrollé mi labor médica, trabajé con muchísimos niños. Y fue hasta mucho después que descubrí que mi capacidad para ser compasiva y ayudar a los niños y sus familias provenía de la interacción que tuve siendo chica con el doctor Foley y otros profesionales compasivos y amables como él.

Por supuesto, le envié el correo a la familia de Joe, y ellos lo leyeron para él. El neurólogo se rio mucho.

«¿Ya ves? No soy tan malo». No, no lo era. Ni siquiera le envió un recibo a la familia de aquella niña para cobrarle.

Joe tenía la intención de escribirle a su paciente pero nunca recobró su fuerza para hacerlo. Nosotros creímos que el buen doctor nunca se cansaría; ya había vencido al cáncer cinco veces y había sobrevivido a un ataque, además fue sometido a cirugía para que le reemplazaran una válvula cardiaca y, debido a la degeneración macular, había perdido la visión casi por completo.

Sin embargo, nunca olvidó aquella escena en la playa. Joe fue uno de los médicos que prepararon la playa de Normandía antes de la invasión del Día D. En aquel entonces tenía 28 años y era uno de los doctores más jóvenes que atendieron a los soldados heridos y agonizantes en Licata, Palermo, Termini, Imerese y Normandía. Joe formó parte de la primera unidad que llegó a la playa. Corrió rápidamente y esquivó las balas. Recibió la Estrella de Bronce y la Cruz Francesa por su desempeño en la invasión del Día D. De hecho se reía mucho cuando le contaba a la gente sobre la Estrella y decía que el galardón tenía grabada la frase: «Por su repetida exposición en batalla».

Joe llegó a contar sobre cómo se subió a un botecito aquella mañana, vadeó en el agua hasta que llegó a la playa, y corrió escurriendo para evitar las balas de las ametralladoras. Jamás olvidó a los heridos que tuvo que arrastrar jalándolos del cuello para ponerlos a salvo ni a los que fallecieron en la arena o en sus brazos. Siempre decía que cada vez que veía a un hombre morir, se preguntaba quiénes serían sus padres, su esposa o sus hijos; quién le guardaría luto.

El día que Joe murió, se presentaron cientos de personas en su funeral, pero no para guardar luto sino para celebrar la existencia que tuvo y todas las vidas que tocó. Seis sacerdotes y un obispo celebraron la misa. Mi amigo, el padre Don Cozzens pronunció el panegírico. Dijo que a Joe le agradaba que le prestaran atención pero también tenía muy claro el peligro de ser la persona más inteligente o divertida del lugar. Sabía que la manera de estar más vivos era limitar nuestro ego y servir a otros.

Don dijo que, al igual que Jacobo en la biblia, Joe siempre luchó con su fe, su Dios y su iglesia. Joe era un teólogo de cafetería que vivía de acuerdo con las palabras del Libro de Miqueas 6:8, «Actúa con justicia, ama con ternura, camina con humildad al lado de tu Dios».

Casi al final de la misa se leyó lo siguiente: «Nadie muere en verdad, a menos de que sea olvidado». La frase me recordó la cita del filósofo William James: «La mejor manera de aprovechar la vida es invertirla en algo que perdure».

Es lo que todos queremos: inmortalidad.

Es el producto de una gran vida. Lo que te hace inmortal,

lo que perdura aun cuando tú ya no estás. Joe vivirá en mí, en sus pacientes, en sus amigos, en su familia, en el intendente del hospital que llamó para decirme que el doctor Foley siempre lo hizo sentir importante; en los innumerables nietos de todas aquellas personas a las que salvó en las playas y en los hospitales.

Joe estuvo casado 59 años, crió a seis hijos y definió su vida con amor y servicio. Solía decir: «Asegúrate de amar a la gente y de comportarte de tal forma que te permita ser amado». Ese amor lo guió en todo lo que hizo, desde las playas hasta las clínicas y la terraza de su casa en donde aquel hombre que presenció tanta guerra, nunca dejó de rezar por la paz.

Cada vez que paso por su casa y veo la silla vacía en la terraza, me cuestiono sobre mi misión heroica en la vida.

Todos tenemos una, y si logramos encontrarla, podremos, como él, vivir por siempre.

LECCIÓN 48

Para que el trabajo en red funcione, todos tenemos que ser parte de la red

Las cifras enormes no te pegan con tanta fuerza como lo hace un solo asiento vacío.

O un casillero desocupado.

O ese lugar en el que no se sienta nadie a la hora de la comida.

Vacíos, así es como muchos nos sentimos en esta montaña rusa de la economía. Si no te han despedido en los últimos cinco años, seguramente conoces a alguien que sí. Todos conocemos a alguien.

Si no has perdido tu empleo, entonces sufrirás de la culpa del sobreviviente mientras te mantengas entre los últimos que todavía quedan en pie. Quieres hacer algo pero estás paralizado.

El periódico *Plain Dealer*, en donde trabajo como columnista, perdió a veintisiete personas en una semana debido a los recortes. Fue espeluznante pasar por un cubículo vacío en donde solía sentarse alguien que fue mi amigo por veintidós años y que planeaba jubilarse como periodista, pero que de repente se encontró desempleado y sin esperanza de que lo contratara alguien más.

Todos nos preocupamos y nos preguntamos en silencio, ¿quién sigue?

Esa misma semana, el Departamento del Trabajo anunció que el índice de desempleo había llegado al 6.7 por ciento debido a la desaparición de 533,000 empleos tan sólo en noviembre. Era el índice más alto en 34 años.

Al igual que muchas personas más, estoy en un negocio que, cualquier buen día, podría volverse obsoleto. En todos lados seguimos leyendo sobre la decadencia de los periódicos, sobre la forma en que nuestra profesión se balancea al borde del olvido. A lo largo de todo el país ha habido recortes en todos los periódicos. Los diarios están a la venta, en bancarrota, o han sido vendidos incontables ocasiones y reducidos casi a los huesos. Ya nada es sagrado, ni siquiera la confianza a la que denominamos El Cuarto Estado. Algunos periódicos han fracasado; otros han dejado de entregarse a domicilio y otros ya sólo se publican en línea.

Nuestro modelo de trabajo cambió con el Internet. Ya no hay suficiente dinero de la publicidad para cubrir los gastos. Los anuncios de bienes raíces ahora se transmiten en línea, en donde la gente puede explorar las propiedades viendo un video. Los anuncios de empleo también son mejores en internet porque uno puede dar un clic y enviar su currículum. Además están los anuncios clasificados de Craiglist. ¿Cómo compite uno con servicios gratuitos? No importa qué tan buenos sean los contenidos, si no hay suficiente dinero por parte de los anunciantes, es imposible sostener un periódico.

En todo Cleveland he visto que las empresas están haciendo recortes de personal o subcontrataciones. Los bancos, las fábricas, las plantas acereras y las plantas de fabricación de automóviles han despedido a cientos de trabajadores. En mi columna a veces bromeo y digo que «Tengo el mejor asiento en el *Titanic*». Pero la verdad es que planeo seguir en el juego hasta que el barco se hunda. Espero que el negocio de los periódicos se mantenga a flote durante mucho, mucho tiempo, pero cada vez que veo recortes en otros diarios, me empiezo a preguntar dónde estarán los botes salvavidas.

¿Y quién no?

¿Qué hace uno? ¿Salta del barco? Si así es, ¿en qué momento?

Creo que los puentes se construyen colocando los tablones de uno en uno, y luego, cuando llega el momento indicado, ya hay sobre dónde caminar para cruzar al otro lado. Uno puede construir ese puente con la ayuda de otros, y también *para* los demás.

Eso fue lo que hicimos en el *Plain Dealer*. No podíamos impedir que la empresa hiciera recortes, pero si permanecíamos juntos podríamos formar una red de protección para que la caída de quienes perdieran el empleo no fuera tan dura. Juntos podríamos ayudarnos a construir el puente.

Como producto de una lluvia de ideas, mi esposo y yo organizamos un evento al que llamamos Día de la Transición de Carreras en los Medios. El evento se convirtió en un suceso fundamental en el que el personal de la sala de prensa ofreció ayuda a quienes perdieron sus empleos, y todos los demás nos preparamos por si llegaba a sucedernos también a nosotros.

El propósito era ofrecer entrenamiento para crecer en la carrera; enfocarse en el futuro, no en el pasado. No íbamos a hablar mal de nadie ni a culpar a otros por la situación en que nos encontrábamos. El tono era muy importante porque queríamos que nuestros esfuerzos sirvieran para fortalecer a la gente y que pudiera enfrentar el futuro.

Nuestro público principal lo conformaban los 27 empleados que habían sido despedidos, el resto eran todos los empleados del *Plain Dealer* interesados en adquirir habilidades para hacer crecer su carrera. También queríamos ayudar a cualquier persona que trabajara en el medio y estuviera enfrentando la misma situación.

Decidimos que la entrada sería gratuita para quienes hubieran perdido el empleo, y que los demás pagarían 25 dólares. Todas las ganancias irían a un fondo para ayudar a los desempleados. Establecimos un sistema de inscripción en línea para que la gente pudiera pagar con tarjeta de crédito o a través de PayPal. Exigimos que todos se registraran para calcular cuánta comida necesitaríamos.

Elegimos un sábado de enero y encontramos una iglesia dispuesta a donar el espacio gratuitamente entre las 8:00 a.m. y las 3:00 p.m. La Catedral Trinity, en Cleveland, contaba con un auditorio, cocina grande y cuartos para descansar. Pasamos todo un mes organizando el evento y reclutando a un equipo enorme de voluntarios de la comunidad y del *Plain Dealer*. Cien personas se registraron para el evento, y contamos con la ayuda de cuarenta voluntarios. Nadie recibió un centavo por dedicarse un sábado completo a ayudar a otros.

La noche antes del evento, empezó a nevar. Y a nevar. Y a nevar más. De hecho la nieve no dejaba de caer, y yo empecé a preocuparme porque pensé que no iría nadie. Pero cuál sería mi sorpresa al ver que prácticamente todos se presentaron. Algunos viajaron varias horas desde Toledo, Akron, Elyria y Columbus para llegar al evento. No hablo de empleados del *Plain Dealer*, sino de reporteros de otros periódicos como el *Beacon Journal*, *The Chronicle* de Elyria, *Blade* de Toledo, los periódicos *Sun* y *The Cleveland Jewish News*.

La gente que asistió ya había perdido su trabajo o temía que eso sucediera pronto y quería tener un plan B para construir una carrera más sólida en el futuro. Reunimos a un grupo de expertos que estuvieron disponibles todo el día para ayudarle a la gente a pulir su currículum, a definir cuáles serian los siguientes cinco pasos y a encontrar la manera de conseguir una segunda entrevista de trabajo.

A cada participante le dimos cuatro boletos para motivarlos a hablar con por lo menos cuatro de los *coaches* de carrera que teníamos. Cada persona imprimió su nombre en los boletos y cada vez que se reunía con algún experto, lo entregaba para participar en una rifa.

El día comenzó con un desayuno de panquecitos y otros panes que cocinaron nuestros colegas. A las 9:00 a.m. un orador motivacional le infundió ánimo a los asistentes y, en cuanto acabó, dimos inicio a una sesión sobre cómo redactar un currículum y cartas de presentación para que las habilidades como periodistas que tenían los asistentes, se pudieran transferir a otros empleos.

La siguiente sesión se enfocó en las habilidades necesarias en las entrevistas de trabajo y en cómo negociar el salario y las prestaciones. También ofrecimos un taller sobre habilidades de Internet, recursos, y cómo utilizar sitios como LinkedIn, CareerBoard, Monster.com y otros similares, para encontrar empleo. A la hora de la comida el orador principal habló sobre trabajo en redes, entrevistas informativas y cómo dedicarse de lleno a buscar empleo.

A lo largo de toda la tarde se ofrecieron varias sesiones que incluyeron información de las áreas en que los periodistas despedidos tendrían más oportunidades de encontrar trabajo: mercadotecnia, relaciones públicas, publicidad, fundaciones, organizaciones no gubernamentales, escritura *freelance*, edición de libros, radio, televisión y trabajo en línea. Contamos con la participación de profesores, especialistas universitarios en colocación laboral, y un panel de gente que trabajó en periódicos en el pasado pero ya había encontrado excelentes empleos en otros ámbitos. Los reclutadores, por su parte dieron asesorías individuales

Terminamos el día con una recepción para la construcción de redes, y postres que proveyeron nuestros compañeros de trabajo. Durante toda la jornada le repetimos a la gente que ése era *su* día y que debía aprovechar al máximo todos los recursos que estábamos ofreciendo; que nadie debía irse arrepentido y que nuestro futuro estaba en nuestras manos.

Al ver el salón lleno de esperanza, pensé en lo que mi amiga Barb solía decirme: que la vida es una serie de barras de trapecismo. Si uno tiene el valor suficiente, sube 50 metros hasta arriba. Ahí se para en la plataforma, sujeta la barra y se mece hacia la vida. Es divertidísimo. Uno siente la brisa en la cara y no para de reír hasta que, un buen día, mira hacia abajo y entra en pánico porque alguien quitó la red. O tal vez nunca hubo una. Quizás te sucede algo —bajas de nivel en tu trabajo, te despiden, te enfermas, te divorcias o alguien muere—, y entonces la vida empieza a separarte los deditos de la barra a la que te has estado sujetando.

Es difícil imaginar que la vida pueda enviarte una oportunidad mejor que la que tienes ahora, y por eso te aferras a la barra. No puedes ver la otra venir o, si puedes, te parece que es inalcanzable. Y eso es lo más aterrador.

Para tomar la siguiente barra tienes que soltar la que estás sujetando, y en cuanto lo haces, te quedas en el aire sin nada a qué asirte.

Miré alrededor y vi a la gente soltar poco a poco la barra del presente y emocionarse mientras imaginaban cómo se vería la siguiente. Al final de la jornada, muchas personas lloraron y nos agradecieron por haberles dado esperanza.

En lugar de temerle a lo desconocido, ahora muchos estaban ansiosos de volar y encontrarse con el porvenir. Estaban listos para dejar ir a quienes eran para descubrir en quiénes podrían convertirse ahora.

LECCIÓN 49

Si no quieres arrepentirte al final de tu vida, no te arrepientas al final de cada día

Aquella frágil y canosa mujer llegó a mi vida diez años antes, y sólo se quedó cinco minutos. Era verano y un amigo nos presentó. Su nombre era Olga. Jamás volví a verla; pudo ser una de esas miles de personas que te presentan y olvidas cinco minutos después.

Olga tenía la apariencia de una mujer de ochenta años, pero la energía de una niña de tres. Cuando escuchó que me iba de vacaciones, se emocionó como si ella también fuera. Me dijo que sólo existían dos reglas para vacacionar, y que si las seguía, me divertiría increíblemente sin importar adonde fuera:

Regla 1: Di con claridad qué quieres hacer, y hazlo.
Regla 2: No te arrepientas al final del día.

Excelentes reglas para vacacionar.

También para vivir.

El consejo de Olga me hizo preguntarme por qué guardamos lo mejor de nuestras vidas para las vacaciones, y el resto del tiempo nos lo pasamos esperando, quejándonos y suspirando por la oportunidad de vivir de la manera que realmente queremos.

La Regla 1 suena sencilla, pero a menudo queremos que la gente adivine lo que queremos y, por supuesto, no lo obtenemos. No me refiero a los días especiales como los de vacaciones, o los cumpleaños y días festivos, sino a los días normales como el martes, por ejemplo. Todos lo hemos hecho. Tienes ganas de comer comida italiana y tu esposo te pregunta: «¿Qué quieres cenar, cariño?» y tu respondes: «Me da igual» y terminas comiendo comida china. Quieres ver un juego de futbol y tu esposa te pregunta: «Mi amor, ¿qué quieres hacer?». Tú contestas: «Lo que tú quieras», y terminas atrapado comprando cortinas.

Si dices las cosas con claridad, corres el riesgo de no conseguir lo que deseas, pero si no hablas, te garantizo que no obtendrás nada ni medianamente cercano.

En cuanto a la Regla 2, creo que depende de nosotros vivir sin arrepentimientos. Podemos culpar de nuestras limitaciones a nuestros empleos, nuestros jefes, nuestros cónyuges, nuestros padres, nuestros hijos o a nuestro material genético, pero al final, la vida será lo que decidamos hacer con ella.

Annie Dillard una vez escribió que la forma en que pasas tus días es, a final de cuentas, la forma en que pasas toda la vida. En cuanto leí eso, me quedé fría. Era como una sentencia de muerte. O de vida. ¿En verdad pasaría la vida de la misma manera que pasaba los días? Vaya, eso sonaba terrible... hasta que cambié mis días.

Antes pasaba mucho tiempo quejándome de que había demasiadas cosas para las que no tenía tiempo, y lamentándome de lo que podría hacer si tan sólo... Pero, ¿qué diablos estaba esperando?

Si es verdad eso de que la forma en que pasamos nuestros días es la misma en la que pasamos la vida, entonces la mayoría de los obituarios no nos están diciendo la verdad. Porque, por ejemplo, en ellos no se menciona que Juanita Pérez se pasó la vida comiendo malvaviscos y viendo telenovelas. Y si así pasó sus días, ¿no quiere decir eso que también así se le fue la vida?

¿Y qué hay de Juan Pérez, que invierte sus días en un empleo que detesta, y el resto del tiempo lo pasa sentado en el banquillo de un bar quejándose al respecto? A él tal vez le puede parecer que desperdició un día, pero en realidad desperdició toda su existencia. En su obituario se mencionará a los hijos que tuvo, incluso a los que dejó de hablarles hace años. También se enlistará a sus nietos aunque no los haya visto en cuatro años y jamás se haya enterado de cómo se llamaban.

En una ocasión leí que uno debe escribir su propio obituario —es decir, lo que uno quiera que diga—, para averiguar cuáles son nuestros verdaderos deseos. Inténtalo. Invierte una hora de tus vacaciones, de tu fin de semana, o de tu descanso para comer, y escribe cómo te gustaría haber vivido. Este ejercicio podría hacerte encender motores y comenzar una nueva vida.

Hay dos cosas que yo hago para evitar los arrepentimientos. Después de ver un video de Steve Jobs dando un discurso en la Universidad Stanford, escribí en una tarjeta la pregunta que él se hacía todos los días, y ahora la leo cada mañana. Siempre que abro el botiquín para sacar mi cepillo de dientes, veo mi tarjeta: «Si éste fuera el último día de mi vida, ¿me gustaría hacer lo que planeé para hoy?». Entonces hago una pausa, pienso y me aseguro de que la respuesta sea afirmativa. Si no lo es, vuelvo a planear el día.

Luego, por la noche, practico el décimo paso de Alcohólicos Anónimos que me enseñaron mis amigos en rehabilitación: «Continuamos haciendo nuestro inventario personal y cuando nos equivocábamos lo admitíamos inmediatamente». Mis compañeros me enseñaron a hacer una revisión somera del día antes de acostarme para ver si le había cerrado mi corazón a alguien, si había sido egoísta, deshonesta o injusta, o si guardé resentimientos, tuve miedo o sentí ira. ¿Fui amable y compasiva? ¿Pensé en otros o sólo en mí? ¿Herí a alguien? ¿Tenía disculpas que ofrecer? Pero claro, se trata de hacer una revisión general, no de darse azotes. Luego le pido a Dios que bendiga a cualquier persona que yo haya lastimado con mis acciones o mis omisiones, y elevo una plegaria para tener la fuerza necesaria para corregir mis errores al día siguiente.

Haz este ejercicio durante suficiente tiempo, y arreglarás todo lo que vaya mal antes de desviarte en el camino. Gracias a esta actividad puedes detenerte a tiempo, disculparte, arreglar tu trayectoria y seguir adelante. No te lleves rehenes a la cama ni despiertes con ellos, no los sigas arrastrando al día siguiente. Todos somos libres. Ya no más resacas emocionales.

El cuestionamiento cotidiano te mantiene en el buen camino para que no te pierdas en la vida. Algunas personas hacen un inventario rápido en el día, justo en cuanto sienten que algo anda mal. Sólo tienes que detenerte, dar un paso atrás y examinar tus pensamientos, tus sentimientos y tus acciones. Los tuyos, no los de otras personas.

Yo no quiero llegar al final de mi vida enterrada debajo de una montaña de arrepentimiento. Mucha gente hace justo eso. Los trabajadores de los asilos me han contado del remordimiento que la gente confiesa tener en los últimos meses de su vida: tuvieron demasiado miedo de vivir como realmente querían. No se reconciliaron con sus hermanos, sus padres, sus cónyuges o sus hijos. Trabajaron demasiado y ahora les gustaría recuperar todo ese tiempo. Se preocuparon demasiado por detallitos sin importancia. Desearían haber dicho más veces «Te amo», y menos veces «Te lo dije». Perdieron el contacto con amigos muy queridos y permitieron que se les escaparan sin volver a verlos. Jamás averiguaron cómo ser felices bajo los términos que les impuso la vida.

Mi amiga Sarah Maxwell trabajaba como terapeuta musical en el Asilo de la Reserva del Oeste, en Cleveland. Ahí ayudaba a la gente a hacer la paz con su pasado, y a arreglar sus relaciones antes de dejar este mundo. Un día me preguntó si podía hacerle un favor a uno de sus pacientes. Una mujer quería compartir conmigo su último remordimiento. La señora R. tenía 80 años y escribió este mensaje en su agonía:

> Ahora que estoy en mi lecho de muerte, muchos voluntarios han alegrado mis días. Al ver el gozo que brindan y reciben, me he sentido arrepentida porque yo viví a una cuadra de un asilo y jamás pensé en regalar mi tiempo para ir ahí y poner una sonrisa en el rostro de una persona solitaria. Si logro convencer a otros de que den por lo menos una hora a la semana como voluntarios, sentiré que hice una diferencia. Usted puede ser voluntario en un asilo, visitar a ancianos o ser tutor en una escuela. Hay muchas personas haciendo cosas buenas, sea una de ellas.

Ése era su último deseo. Da una hora de tu tiempo para que no termines muriendo arrepentido.

¿De qué te arrepentirás cuando llegue el final de tu vida?

¿Qué hay en el vacío entre tu existencia y la vida que de verdad te gustaría tener? En cuanto lo sepas, podrás empezar a vivir como quieres, como realmente vale la pena.

LECCIÓN 50

Encuentra tu grial. Sé quien Dios quiere que seas: así incendiarás el mundo

Los padres entran en pánico cada vez que llega la primavera. En cuanto los estudiantes del último año se empiezan a preparar para graduarse de la universidad, la gente que los ama me escribe pidiendo consejos: *Mi hija [mi hijo], se gradúa de la universidad y sé que no hay empleos. Los chicos invirtieron todo ese tiempo y dinero para prepararse y emprender una carrera que tal vez no exista. ¿Qué puedo hacer para darles esperanza?*

Antes de que empieces a hacer espacio en tu sótano para que tus hijos vuelvan a vivir a casa, dales el mejor regalo de graduación que puede haber: cree en ellos.

La esperanza para la nueva generación no está en los anuncios clasificados de empleos. Uno crea su propia esperanza. Ningún empleo de todos los que tuve en la vida lo encontré en un anuncio del periódico ni en internet. Todos llegaron a mí cuando alineé mi interior para luego conectarme con la gente correcta que, por cierto, ya estaba en mi vida. Todas estas oportunidades me llegaron cuando soslayé las estadísticas y el índice de desempleo y recordé que Dios siempre tiene vacantes, que Dios era quien me estaba buscando empleo.

Deja de creer en las cartas de rechazo. Tienes que creer más allá de las estadísticas, creer a pesar de los hechos, creer en el lugar que te corresponde en el mundo, incluso a pesar de que el mundo no crea en ti.

Tienes que creer en ti mismo cuando nadie más lo haga. Tienes que creer mucho más y vencer a la desesperanza que te rodea. Tienes que creer en los milagros, en lo que no puedes ver.

Esto puede significar que tengas que inventar el empleo que deseas. Tal vez tengas que diseñar la vida que anhelas. Hace tres años diseñé la falsa portada de un libro y escribí mi nombre en ella: yo sería la autora. Este ejercicio me inspiró a ponerme las pilas y escribir mi primer libro. El verdadero ejemplar es el que se vende ahora en las librerías.

Antes de terminar de escribirlo, imprimí la lista de los más vendidos del *New York Times* y la pegué en la puerta de mi oficina. Luego me atreví a escribir el título de mi propio libro en ella. Y sí, *Dios nunca parpadea* estuvo en la verdadera lista de los más vendidos del *New York Times* tres semanas consecutivas.

En mi pizarrón de sueños hay una foto de mí platicando con Oprah. De acuerdo, confieso que tuve que recortar la cabeza de Sally Field (lo siento, Sally, en realidad me agradas mucho), y poner la mía en su lugar. ¿Pero por qué no soñar en grande?

Tienes que diseñar la vida que anhelas. Tienes que ponerle nombre, reclamarla y empezar a vivirla.

Deja de decirte, *No sé qué hacer*, porque ya sabes algo y puedes empezar con eso. Pregúntate, *¿qué sí sé?*, *¿de qué sí estoy seguro?* Comienza por ahí.

Antes solía decir *Tengo miedo* todo el tiempo, y por eso atraía más temor cada vez. Eran cantidades enormes y llegaba en algo parecido a esas pelotas de ligas que no dejan de crecer. Ésa era yo. Mi enorme pelota de miedo crecía cada vez que yo agregaba otra liga, otra capa. Pero eso se acabó. De repente me dije, ¡Despierta! Ve y haz algo posible.

Jamás olvidaré la primera vez que escuché a los estudiantes del programa de teatro musical de la Universidad Baldwin Wallace cantar con todo su corazón en Nighttown, en Cleveland Heights. Me enloquecieron. Esos chicos van camino a Broadway. Qué sueño tan grande. Tienen las cosas en contra pero no les importa. Su alegría fue tan contagiosa que me dolió la cara de tanto sonreír cuando los escuché cantar una canción de *Spamalot*: «Si confías en tu canción, mantén los ojos en tu objetivo y el premio no te fallará. Ése es tu grial. Así que sé fuerte y sigue luchando hasta el final de tu canción. No fracases, encuentra tu grial».

Sí, tal vez el Santo Grial sea una reliquia mítica, pero también es precisamente lo que somos todos: un recipiente de lo sagrado, de Dios. Santa Catarina de Siena dijo: «Sé quien Dios quiere que seas, y así, incendiarás el mundo».

Y es muy obvio cuando alguien lo logra, como es el caso de Jeffrey Zaslow. Jeffrey era un recipiente de lo sagrado. Uno podía conocerlo por los libros que escribía. Jeff le dio voz a Randy Pausch en *The Last Lecture*. Le dio al Capitán Sully más que un momento en el río Hudson en un avión en el agua. A las chicas de Ames les dio la oportunidad de compartir su amistad e inspirar ese mismo amor por otros alrededor de todo el mundo.

A Jeff lo conocí en el año 2000, cuando ganó el Premio Humanitario Will Rogers que otorga la Sociedad Nacional de Columnistas de Diarios. Por algún tiempo fui presidenta de la Sociedad, que en realidad es un grupo de columnistas de todo el país que adoran la diversión. Eligieron a Jeff para otorgarle la distinción porque él siempre ayudaba a destacar lo positivo y a la gente decente que realizaba buenas acciones para el mundo.

Jeff siempre fue eso: un ser humano bueno y decente que cuidaba a otros y buscaba el bien en los demás. Jeff capturaba lo bueno y, de paso, desaparecía y permitía que los otros brillaran a través de sus palabras. Una vez, el monje trapista Thomas Merton escribió: «Permíteme, por lo menos, desvanecerme en lo que escribo... El trabajo podría ser una plegaria».

Eso fue la vida de Jeff: una oración, una plegaria por otros.

Jeff escribía una columna en Chicago llamada «All that Zazz», y organizaba el Baile Zazz Anual para solteros, al que asistían miles de personas. Jeff les ayudó a 78 personas a encontrar a su media naranja y casarse.

El columnista estaba escribiendo para *The Wall Street Journal* el año que escuchó la última conferencia de Randy Pausch, un profesor de ciencia de la computación de la Universidad Carnegie Mellon, en Pittsburgh. Randy tenía cáncer de páncreas. La mitad de la gente a la que se lo diagnostican, muere en menos de seis meses. Las probabilidades de sobrevivir a un accidente aéreo son de 24 por ciento; las de sobrevivir al cáncer de páncreas, son de 4.

A Randy sólo le quedaban algunos meses de vida cuando Jeff compartió su historia con el mundo. El profesor murió el 25 de julio de 2008, a los 47 años, y dejó a su esposa y tres hijos de 6, 3 y 2 años. Vi su última conferencia por internet y, cuando terminó, rompí en llanto. Ese día también era el cumpleaños de su esposa, el último que celebrarían juntos. En cuanto subieron el pastel gigante al escenario en un carro de servicio, ella corrió con los brazos extendidos, lo abrazó, y le susurró al oído: «Por favor no te mueras. La magia desaparecería de nuestras vidas».

No sé si eso fue lo que sucedió, lo que sí sé es que, gracias a Jeff, la magia de la pareja apareció en *nuestras* vidas. El libro ya fue traducido a 48 idiomas, y millones de personas han podido ver la última conferencia en Internet y han comenzado a escalar muros en lugar de permitir que estos se conviertan en obstáculos. Jeff nos proveyó el apoyo para que todos empezáramos a escalar.

«Ve y abraza a tus hijos —decía—. Ve y ama tu vida».

La última vez que estuvo en Cleveland, hablamos antes y después del evento de presentación del libro. Jeff me dijo que tanto viaje había sido brutal y que se moría de ganas por volver a casa y estar con su esposa y sus hijas.

Todavía no puedo creer que haya muerto en un accidente automovilístico cuando se dirigía a casa, después de firmar libros, un nevado día de febrero de 2012. Tenía 53 años.

Jeff me ayudó en muchas ocasiones que me quedé estancada. Platicábamos por teléfono o por correo electrónico, y él nunca estaba demasiado ocupado para devolverme la llamada o instarme a entrar al asombroso mundo de los escritores en el que él mismo habitaba con tanta humildad y gracia. Incluso llegó a escribir un texto publicitario sobre mi libro *Dios nunca parpadea*, el cual atesoro ahora más que nunca.

Jeff sigue inspirándome todos los días. Junto a mi computadora tengo su tarjeta de presentación: Jeffrey Zaslow, Escritor *especial senior*, *The Wall Street Journal*. Y junto a ella tengo una cita de Randy Pausch: «La inspiración es la herramienta más importante para hacer el bien».

En una ocasión, después de una firma de libros, Jeff me dijo que estaba cansado de viajar, que sólo quería abrazar a sus hijas y besar a su esposa. Para su último libro se inspiró en el amor que les tenía a sus tres niñas: *The Magic Room: A Story about the Love We Wish for Our Daughters*.

The Magic Room... El cuarto mágico.

Imagino que ahora Jeff está en un cuarto así, entrevistando a toda la gente, fascinado por las historias.

Agradecimientos

No hay manera de agradecer a todas las personas que hacen posible un libro, y en particular si se trata de un libro sobre el trabajo. La persona que soy ahora tomó forma gracias a incontables jefes y colegas, y ahora me resulta imposible mencionarlos a todos, sin embargo, estoy agradecida por la huella que dejaron en mi vida.

Mi primer y más importante maestro fue Tom Brett, mi padre. Él trabajó más arduamente de lo que cualquier ser humano debería hacerlo. A sus once hijos les inculcó una ética laboral más fuerte que el acero. Mary Brett, mi madre, también trabajó más que nadie cambiando pañales, cocinando y lavando montañas de ropa sucia todos los días, año tras año. Con ambos tengo una enorme deuda que jamás podré pagar.

También quiero agradecer...

A mis hermanos, cuñados, y a todos sus hijos por amarme más de lo que merezco.

A todos mis maestros de la Escuela Primaria de la Inmaculada Concepción, de la Preparatoria Ravenna, de la Universidad Kent State, y de la Universidad John Carroll por abrir mi mente y llenarla de asombro.

A toda la gente que me contrató a lo largo de los años en empleos geniales y otros no tanto, y que me dio la oportunidad de conocer a los maravillosos colegas que me impartieron tantas de las lecciones de vida que he incluido aquí.

A los fieles lectores de mis columnas, a quienes asisten a mis pláticas, compran mis libros, me envían correos electrónicos y confían en que podré contar sus historias. Gracias por compartir sus experiencias, su fortaleza y sus esperanzas.

A mis editores polacos Tomasz, Maria y Pawel Brzozowski de Insignis Media, y a los muchos lectores en Polonia que convirtieron a mis libros en *best-sellers* en su hermoso país. DziĘkujĘ! Un agradecimiento especial a Dominika Pycińska por hacer que mi viaje a ese país fuera una bendición y una gran alegría.

A los muchos escritores cuyo amor y apoyo ha servido para mantenerme de pie durante décadas, como Sheryl Harris, Thrity Umrigar, Bill O'Connor, Dick Feagler, Ted Gup, Susan Ager y Stuart Warner.

A dos grandes mentores que abandonaron este mundo demasiado pronto: Gary Blonston y Jeffrey Zaslow.

A la ministro Joyce Meyer, cuyo tuit inspiró el título de este libro.

Al *Plain Dealer* y el *Beacon Journal* por darme la libertad de hacer mi mejor trabajo y por permitirme compartirlo aquí.

A mi agente, Linda Loewenthal de la Agencia Literaria David Black, porque su gran sabiduría, su claridad como de láser y su honestidad me guiaron como una brújula.

A mi equipo de Grand Central Publishing: la editora Jamie Raab por creer en mí y en mi escritura con tanta pasión y exuberancia. A la editora Karen Murgolo, cuya amabilidad y pasión hicieron que el proceso de edición fuera un enorme placer. A Matthew Ballast y Nicole Bond por divulgar mi obra en todo el mundo. Y a todos los demás que dejaron su huella en este libro.

A mis amigos que siempre están en la fila del frente, en especial a Beth Welch, Kay Peterson, Vicki Prussak, Sheryl Harris, Katie O'Toole, Suellen Saunders y Sharon Sullivan.

A mis nietos Asher, Ainsley y River, que son la gran alegría de mi vida y siempre me recuerdan que debo jugar con más ganas y estar de manera absoluta en el momento para poder saborear cada migajita de diversión.

A mis hijos Gabrielle, James, Ben y Joe, por tener esas vidas tan interesantes y felices que no dejan de obligarme a abrir mi mente y mi corazón a maravillas nuevas.

A Bruce, mi esposo, quien creyó en mí mucho antes de lo que yo lo hice, y que me apoya y celebra todo lo que la vida nos ha dado.

Y como siempre, mi agradecimiento infinito a la Fuente de todo, al Dios de mi alegría.

Sobre la autora

Regina Brett es autora de *Dios nunca parpadea: 50 Lecciones para los malos momentos de la vida* y de *Tú puedes ser el milagro: 50 Lecciones para hacer posible lo imposible*. Sus libros han sido traducidos a numerosos idiomas y publicados en más de 26 países.

Sus famosas Lecciones han viajado por todo el mundo pero, contrariamente a lo que se rumora en Internet, Regina no tiene noventa años.

Regina vive en Cleveland, Ohio, con su esposo Bruce, e invita a los lectores a visitarla en www.reginabrett.com, y a seguirla en Facebook, en ReginaBrettFans, y en Twitter, en @reginabrett.